AF226860

LE BAILLI DE SUFFREN

DANS L'INDE.

LE
BAILLI DE SUFFREN
DANS L'INDE

PAR

J. S. ROUX.

—◆—

> « Le Cap protégé, Trinquemalay pris,
> Goudelour délivré, l'Inde défendue, six
> combats glorieux. »
>
> *Exergue d'une médaille que firent*
> *frapper les états de Provence en 1784.*

MARSEILLE.

TYP. ET LITH. BARLATIER-FEISSAT ET DEMONCHY,

RUE VENTURE, 19.

—

1862.

A Monsieur le Comte Bouët-Willaumez, vice-amiral.

AMIRAL,

Les éclatants services que vous avez rendus à la France, l'admiration que vous professez pour le grand homme de mer dont j'ai tenté de retracer l'histoire, et votre exquise bienveillance à mon égard, m'encouragent à vous offrir la dédicace de cet ouvrage.

Mettre nos fastes militaires et maritimes à la portée de toutes les intelligences, fut aussi le but d'un beau livre dans lequel vous avez étudié les révolutions que l'enchaînement des siècles a fait subir aux tactiques des armées et des flottes.

Nul ne fut mieux autorisé à entreprendre une pareille tâche.

Mogador ! St-Louis ! Sébastopol................!

Qui peut désormais évoquer les glorieux faits d'armes que ces trois noms rappellent, sans y joindre le souvenir de la part que vous y avez prise ?

Votre belle conduite sur les côtes du Maroc vous valut
la noble mission de rapporter en France les étendards
qui flottaient sur Mogador.

Administrateur des plus habiles, vous avez su, plus
tard, faire du Sénégal la plus productive de nos colonies.

Chacun sait, dans la flotte, le rôle brillant que vous
avez joué dans la mémorable expédition de Crimée, où
vous avez eu l'heureuse fortune de planter le premier
pavillon français sur le sol ennemi.

Votre savoir et votre expérience vous ont fait tracer,
pour nos vaisseaux à hélice, une tactique navale devenue
rapidement populaire dans notre marine.

En daignant accueillir avec bonté une étude historique sur l'illustre amiral de Suffren, dont vous avez si
bien caractérisé le beau génie, vous acquerrez un titre
de plus aux yeux de tous ceux qu'enthousiasme un
passé glorieux.

Marseille. — Février 1863.

J.-S. ROUX.

PRÉFACE.

En livrant à la publicité une étude historique sur la mémorable campagne du bailli de Suffren dans l'Océan indien, l'auteur s'est attaché à faire ressortir la grandeur des actes de l'illustre capitaine à côté de la faiblesse de ses moyens d'action ; l'énergie, l'opiniâtre volonté et l'immense talent du chef comparés à l'incapacité, à la mollesse et à l'indiscipline des subordonnés ; enfin le contraste de ses victoires avec la presque stérilité de leurs résultats.

Ce brillant épisode de nos guerres maritimes, qui fait encore aujourd'hui l'admiration des gens de mer, a donné naissance à quelques écrits dans lesquels les beaux combats du Bailli

et l'habileté qu'il déploya dans le commandement de son escadre sont appréciés au point de
vue de l'art.

Diverses notices ont aussi fait connaître des
détails sur les opérations maritimes auxquelles
prit part M. de Suffren, en mettant en saillie les
traits principaux de ce grand caractère. Ces
ouvrages ressemblent à des rapports officiels ou
laissent trop voir derrière l'écrivain, l'homme
du métier.

La biographie d'un marin, lorsqu'elle ne se
compose que du récit circonstancié de ses campagnes, peut bien être de quelque utilité pour
le manœuvrier ; la reproduction d'anecdotes
plus ou moins authentiques peut bien piquer la
curiosité de quelques lecteurs désœuvrés ; mais
ces écrits n'ont d'attraits que pour un petit
nombre.

L'auteur de cette étude a cru devoir omettre
les détails techniques ou inutiles pour restrein-
dre son œuvre à une appréciation sérieuse des
faits et de leurs conséquences.

Il n'existe dans les archives du ministère de
la marine aucun document relatif à M. de

Suffren qui n'ait été compulsé avec soin. Les dossiers du Bailli et de plusieurs de ses contemporains, la correspondance secrète de divers ministres avec les gouverneurs qui se sont succédés dans nos colonies orientales ont aussi fourni de précieux renseignements.

Un intérêt tout particulier à l'auteur de ce livre l'a porté, en outre, a étudier les relations de notre patrie avec le monde indien pendant le dernier siècle. Les hasards d'une carrière maritime l'amenèrent, il y a environ douze ans, à parcourir plusieurs des parages que sillonnaient jadis les glorieux vaisseaux de M. de Suffren. Il put saluer sur cette admirable côte de Coromandel, la gracieuse ville de Pondichéry, dont le génie de Dupleix fit un moment la reine de l'Orient. Un séjour suffisant à Calcutta lui permit d'observer la domination anglaise sur ces magnifiques alluvions du Gange qui portent le nom de Bengale.

L'évocation de ces souvenirs, entourant d'un charme infini pour un ancien navigateur l'histoire de ces riches contrées, l'a aidé à supporter l'ennui de recherches laborieuses, qui lui permettront de produire des faits assez peu connus pour éveiller l'intérêt autour d'une de nos plus pures gloires Provençales.

De crainte, cependant, que cet enthousiasme parut à quelques lecteurs une exagération patriotique , qu'il lui soit permis d'invoquer l'opinion d'un homme dont les jugements ont été presque tous religieusement acceptés par l'histoire :

« Un jour de libre entretien avec Las-Cases, à Sainte-Hélène, il fut question de la marine ; le front de l'empereur se rembrunit et l'on eut pu lire sur son visage l'expression d'un douloureux regret. »

« Portant ses regards un peu en arrière, vers le règne qui avait précédé le sien, Napoléon y admirait nos armées navales victorieuses, soutenant, dans les mers de l'Inde, la gloire de notre pavillon, sous le commandement d'un homme audacieux et habile. »

« Oh ! pourquoi cet homme, s'écria Napoléon, n'a-t-il « pas vécu jusqu'à moi, ou pourquoi n'en ai-je pas trouvé « un de sa trempe ? j'en aurais fait notre Nelson, et les « affaires eussent pris un autre tournure ! »

« De tels regrets ainsi exprimés par l'Empereur, dit M. Ortolan, renferment le plus bel éloge. »

(Moniteur, 1er novembre 1859).

Cette étude historique est divisée en huit livres précédés d'un avant-propos dans lequel vont être esquissés les nobles services, les navigations, les faits d'armes, qui ont rempli les trente sept années de la carrière de ce grand marin, sous les règnes de Louis XV et de Louis XVI, jusqu'au moment où il appareilla de la rade de Brest, pour aller sauver le cap de Bonne-Espérance et humilier par l'éclat de ses succès, l'orgueil de la marine anglaise.

AVANT-PROPOS.

Biographie de M. de Suffren jusqu'à son départ
pour les Indes-Orientales.

1729 — 1780.

Origine de la famille de Suffren. — Naissance de Pierre-André de
Suffren, 17 juillet 1729. — Son admission dans les gardes de la
marine. — Il est embarqué sur *Le Solide*, *La Pauline*, *Le
Trident*. — Enseigne de vaisseau, il est fait prisonnier sur *Le
Monarque*. — Suffren, chevalier de Malte. — A bord du *Dauphin
royal*. — Georges de Roux armateur marseillais. — Prise de
Mahon. — Défaite de l'armée française sous le cap Santa-
Maria. — Deuxième captivité. — Paix de 1763. — Lieutenant
de vaisseau, il commande *Le Caméléon*, *Le Singe* à l'expédition
de Larrache ; capitaine de frégate et commandeur de Malte, il
fait des courses contre les barbaresques. — Commande *La
Mignone*, *Le Fantasque*, sous les ordres du comte d'Estaing,
— Lettres à Mme de Seillans. — Combat glorieux près de la Grenade. — Suffren est récompensé de ses succès. — Réuni à l'escadre espagnole de Cadix, il capture un convoi anglais. — Son
mémoire au ministre relatif au doublage en cuivre des vaisseaux.
— Rupture de la Hollande et de l'Angleterre, 20 décembre 1780.

Dans le cours du XIVe siècle, plusieurs grandes
familles italiennes, fuyant les troubles qui déso-
laient la péninsule, vinrent chercher en France
un lieu de refuge. — Entraîné par ce mouvement
d'émigration, Hugon de Suffren, d'une ancienne

famille de la République de Lucques, s'établit à cette époque (à Salon) dans notre Provence, qui se considère avec fierté comme la patrie des hommes remarquables issus de cette maison.

Un chevalier Antoine de Suffren, seigneur d'Aubes et de Moulèges, marié en 1591 à Louise de Châteauneuf, tint un rang distingué dans la noblesse du pays et fut l'auteur de trois branches dont une s'établit en pays étranger et deux autres en Provence.

C'est à la seconde branche qu'appartiennent les Suffren-Saint-Tropez, marquis de Saint-Cannat, ancêtres du Bailli : Paul de Suffren, premier procureur du pays de Provence, en 1725, et procureur joint de la noblesse, en 1749, épousa Marie de Bruny de la Tour d'Aigue. De ce mariage naquirent quatre fils et deux filles. L'aîné des fils, marquis de Saint-Tropez, maréchal de camp et chevalier de Saint-Louis, s'illustra en 1745 dans la campagne que fit en Italie le maréchal de Maillebois. Le second devint évêque de Sisteron et de Nevers. Le quatrième, commandeur de Malte, réunit sous son pavillon, en 1783, les frégates de la religion dans l'expédition contre Alger de l'amiral espagnol Antonio Barcelo.

Le troisième, dont nous avons à retracer la glorieuse histoire, fut *Pierre-André de Suffren*, qui naquit au château de St-Cannat (canton de

Lambesc, arrondissement d'Aix), le 17 juillet 1729 *.

Passons rapidement sur les premières années de ce grand homme. Mis en nourrice chez une femme Guès, dont la famille existe encore à St-Cannat, le jeune Suffren acquit au village cette robuste santé qui est indispensable pour supporter les fatigues de la mer ; mais le contact très fréquent des jeunes paysans dont il partageait les jeux et les combats**, laissa à son caractère une rudesse dont un nasillement naturel ne contribuait pas à adoucir l'expression.

Destiné par son père à entrer dans l'ordre de

* Une erreur populaire, accréditée par des discours officiels, à la fête agricole de Salon, le 15 septembre 1858, aurait fait du Bailli *un enfant de Salon*, sans le patriotisme des habitants de Saint-Cannat qui protestèrent par la publication de l'acte de naissance du Bailli. Peu après, les recherches laborieuses de M. Roux-Alphéran vinrent apporter plus de lumière dans la question. Il résulte, des travaux de ce savant compatriote, que les Suffren, originaires de Salon, ont fourni deux branches, celle de Salon, dont il existe encore des représentants, et une branche collatérale à laquelle appartient l'illustre Bailli et dont les ancêtres ont toujours résidé à Aix où ils ont fourni six conseillers au parlement, depuis 1568 jusqu'en 1789. C'est à Aix, selon toute apparence, et dans l'hôtel qui appartient aujourd'hui à M. le marquis de Forbin d'Oppède, que serait né Pierre-André de Suffren Saint-Tropez, si sa mère n'était accouchée au château de Saint-Cannat où elle passait l'été, et où le père du Bailli, Paul de Suffren, avait aussi vu le jour.

** Il avait quelquefois le dessous, mais lorsqu'il allait se plaindre au château, son père lui répondait invariablement l *hé ! que ne te défends-tu !*

St-Jean-de-Jérusalem , les études de Pierre-André furent dirigées vers la navigation. Mais ses sollicitations impatientes firent devancer le terme de son éducation préparatoire, et, à quatorze ans, son père le conduisit à Toulon.

Le jeune gentilhomme provençal, qui vit un jour créer pour lui seul une charge de vice-amiral hors-cadre, devait parcourir un à un tous les échelons qui conduisent au commandement général.

Pendant le cours du mois de février 1743 , le chevalier de Court reçut l'ordre de réunir dix-sept vaisseaux pour délivrer la flotte espagnole que l'amiral Mathews bloquait dans Toulon avec une escadre de quarante cinq vaisseaux de ligne. Pierre-André de Suffren fut embarqué pour faire ses premières armes , avec le grade de garde de la marine, sur le *Solide*, de 74 canons, sous les ordres du capitaine de Châteauneuf.

Les deux escadres alliées, réunies le 19 février hors de la grande rade en ordre de bataille , se tinrent pendant trois jours en observation. Les bâtiments espagnols , mauvais marcheurs, se trouvant à l'arrière garde, finirent par être attaqués par le corps de bataille de l'amiral anglais et séparés de la flotte française. Pendant trois heures ces alliés soutinrent bravement le feu de Mathews et de l'arrière garde que commandait Lestock, tandis que Rowley, avec ses gros trois-ponts, se portait sur le corps de bataille du chevalier de Court. Ce général voulut alors réparer la faute qu'il avait commise en se tenant à une trop grande distance des Espagnols. Le vaisseau amiral le *Terrible* engagea le combat ; le *Solide* l'imita en dirigeant un feu très vif contre plusieurs adversaires et en attaquant bord à bord le *Northumberland* *.

Le jeune de Suffren voyait le feu pour la première fois ; il montra sous un ouragan de fer cette bravoure et ce sangfroid qui devaient faire de lui un des plus grands capitaines de la marine française. Le combat dura plus de cinq heures, puis les vaisseaux espagnols, protégés par l'escadre de France, rallièrent Carthagène.

Malgré la valeur incontestable de M. de Court, sa manœuvre inhabile méritait une peine plus sévère que son exil au château de Gournay ; aussi sa promotion au grade de vice-amiral, en 1750, éveilla-t-elle de vifs mécontentements dans l'armée navale. Quant au vice-amiral Mathews, moins heureux que de Court, bien qu'il eut fait preuve de courage pendant l'action, il fut, à son retour en

---

(*) D'après M. Ortolan, Suffren serait passé, après ce combat, sur l'un des vaisseaux de Brest, commandés par le comte de Roquefeuil, et ce vaisseau, croisant dans la Manche en compagnie d'un autre de la même escadre, aurait fait amener et pris le vaisseau *Le Northumberland.*

(*Moniteur* du 1ᵉʳ novembre 1859).

Angleterre, cassé par un conseil de guerre et condamné à ne plus servir.

Une escadrille composée de cinq vaisseaux et de
deux frégates, sous les ordres de Macnemara, fut
destinée en mars 1743 à explorer les îles d'Amérique.
De Suffren obtint de faire partie de l'expédition sur
la frégate la *Pauline*. Dans le cours de cette campagne l'escadre française rencontra plusieurs fois
l'ennemi et soutint bravement l'honneur du pavillon.
Notre futur héros montra, au milieu d'un état-major
peu discipliné, l'exemple de l'ordre, de la subordination aux chefs : il avait fait l'épreuve de son
courage à bord du vaisseau le *Solide*, pendant cette
croisière il s'attacha à compléter son instruction
dans l'art nautique.

Après le désarmement de la *Pauline*, Suffren, ambitieux de conquérir de l'avancement par son mérite,
se fit attacher au capitaine d'Estourmel qui commandait le *Trident*. La marine française cherchait à se
relever de l'état d'humiliation ou l'avait plongée
l'incurie du cardinal de Fleury. Quatorze vaisseaux
furent confiés au duc d'Anville, improvisé marin
par le ministre Maurepas.

Cette escadre fit voile le 22 juin des ports de
l'Océan pour aller reprendre Louisbourg, à l'île du
cap Breton, et ruiner la colonie anglaise d'Anapolis.
Malheureusement le mauvais temps et la mésintelligence entre un chef incapable et des officiers

qui *devaient le conseiller*, firent manquer l'expédition. Après la mort du duc d'Anville, les vaisseaux se dispersèrent sur les côtes de l'Acadie ; Les uns se rendirent à St-Domingue et devinrent pour la plupart la proie de l'ennemi ; les autres, au nombre desquels était le *Trident*, décimés par des maladies épidémiques, parvinrent péniblement à gagner le port de Brest.

Ce désastre, résultat de l'insubordination et de la jalousie des capitaines de vaisseaux, dut frapper vivement l'esprit du jeune de Suffren et influer dans la suite sur ses relations avec les officiers supérieurs de ses escadres. Il est certain que si Maurepas avait imité l'inflexible rigueur que l'Angleterre déploya peu de temps après envers l'amiral Byng, le bailli n'aurait pas eu, plus tard dans l'Inde, à gémir sur bien des actes d'indiscipline et de défection au plus fort de ses batailles.

L'activité, le zèle, et le courage du jeune officier avaient été signalés par M. d'Estourmel au ministre de la marine, qui lui envoya son brevet d'enseigne de vaisseau avec l'ordre d'embarquer sur le *Monarque* en armement à Rochefort.

Tandis que l'Angleterre promenait insolemment sur toute l'étendue des mers plus de deux cents bâtiments de guerre, la marine française présentait l'aspect le plus déplorable : ses ressources étaient tellement épuisées, que ce ne fut qu'avec la plus grande peine qu'une division de huit vaisseaux put être confiée à un vaillant officier, Desherbiers de l'Etenduère, afin de protéger un convoi de 252 bâtiments marchands.

L'escadre poursuivie par 19 vaisseaux de l'amiral Hawke, fut entourée et soutint, le 25 octobre 1747, à 90 lieues du cap Finistère, un combat sanglant à la faveur duquel le convoi fut sauvé, mais qui amena la prise de six vaisseaux français.

Les Anglais avaient établi leur tir de manière à désemparer nos bâtiments. Le *Monarque* soutenait une lutte inégale contre trois vaisseaux ennemis ; bien qu'allégé de son mât d'artimon et de sa grande vergue, il s'était tellement couché sur un bord qu'il fallut forcément amener les couleurs ; on venait d'emporter, de son pont balayé par les projectiles, le brave commandant la Bédoyère heureux, d'expirer avant la reddition de son vaisseau.

Alors se passa, sous les yeux du jeune enseigne resté, bien malgré lui, spectateur inactif de la bataille, un terrible épisode qui fit sur son esprit une impression ineffaçable. Longtemps après, dans ses courses sur l'Océan indien, il se plaisait à raconter les détails de ce merveilleux fait d'arme. — Le *Tonnant*, assailli par cinq vaisseaux, combattait sous les basses voiles : malgré la chute inévitable de son mât d'artimon, l'Etenduère électrisait son équipage par son héroïsme, lorsque de Vaudreuil, pour partager le sort de l'intrépide amiral, traverse la flotte anglaise en rendant bordée pour bordée. Le *Tonnant* et l'*Intrépide*, exposés à toute l'artillerie ennemie, font des prodiges, désemparent plus de cinq vaisseaux anglais et ne battent en retraite qu'à la nuit.

De Suffren, prisonnier, fut conduit à Londres. Le triomphe de l'amiral Hawkes, traînant orgueilleusement à sa suite nos six malheureux navires, et cette triste captivité, furent l'origine de cette haine profonde qu'il voua à l'Angleterre et qu'il chercha toujours à faire partager à ses compagnons d'armes.

La France, livrée aux caprices des maîtresses du roi, n'osait plus hasarder son pavillon sur l'Océan couvert des débris de ce dernier désastre. Heureusement la prise de Maëstrich, par le maréchal de Saxe, fit hâter les négociations d'Aix-la-Chapelle, et la paix, signée le 18 octobre 1748, rendit la liberté à nos prisonniers de guerre. De Suffren, mécontent de l'inaction à laquelle le condamnait le malheureux état de notre marine, ne pouvait se résigner à de pacifiques croisières. A son ardeur, à son activité, il fallait les hasards des combats : Pour les trouver, il résolut d'entrer dans l'ordre de Saint-Jean-de-Jérusalem et se rendit à Malte, dont il augmenta le nombre des Chevaliers. Suivant les règlements de l'ordre, il accomplit divers pélerinages et, sous le pavillon du grand-maître, prit part à plusieurs courses contre les Barbaresques jusqu'en 1754, époque de son retour à Toulon.

Dans le traité d'Utrecht, si funeste à la France, les limites de l'Acadie, qu'elle venait de céder, avaient été trop mal établies pour ne pas donner naissance à des difficultés. L'Angleterre fit sortir de ses arsenaux 63 vaisseaux, divisés en cinq escadres, et envahit le Canada.

La France ne pouvait rester indifférente à cet outrage : Vingt vaisseaux furent armés. — Le chevalier de Suffren, toujours prêt à la lutte lorsqu'il s'agit de combattre les Anglais, sollicite et obtient l'ordre d'embarquer à bord du vaisseau de 70 canons, le *Dauphin-Royal*, qui faisait partie de la deuxième division. Je ne veux point ici passer en revue les fautes de nos officiers dans cette campagne ; l'erreur que commit le ministre en armant en flûte la plupart des vaisseaux de l'escadre de M. Dubois-Lamothe. Parti de Brest le 3 mai 1755, le *Dauphin-Royal* croisa dans le fleuve Saint-Laurent ; plus heureux et meilleur marcheur qu'un grand nombre d'autres vaisseaux, il échappa aux escadres ennemies, put atteindre le port de Louisbourg, et de là, rentrer à Brest.

Cette époque fut vraiment honteuse pour la marine anglaise qui, sans déclaration de guerre positive, se mit à écumer les mers et enlever tous nos bâtiments marchands richement chargés. 300 navives furent ainsi capturés avant la signification de la rupture, et 6000 prisonniers conduits en Angleterre.

Tandis que la cour de Versailles était encore plongée dans une sorte de stupeur, un simple négociant marseillais, furieux de ce que les Anglais venaient de lui enlever huit navires dont les cargaisons valaient au-delà de six millions de livres, résolut de *tirer raison de ces insultes et pirateries*. Avant que les escadres françaises pussent sortir de Toulon et de Brest, il arma plusieurs vaisseaux au prix de sommes énormes. A mesure qu'un bâtiment capturé entrait dans le port, il devenait un hardi corsaire, et notre armateur parvint ainsi à lancer en mer 17 vaisseaux. On se souvient encore, à Marseille, du manifeste qu'il publia pour exposer ses griefs, et surtout du début : *Georges de Roux contre Georges III, roi d'Angleterre*, etc. Georges III, ayant envoyé une escadre dans la Méditerranée, triompha de son hardi rival, qui, enivré de ses premiers succès, voulut continuer à tenir en mer toutes ses forces.

Sortant enfin de l'étonnement dans lequel l'avait plongée une agression inopinée, la France voulut user de représailles. Le 13 janvier 1756, soixante vaisseaux existaient encore de nom, mais en réalité, on ne pouvait compter que sur quarante-cinq ; malgré cette pénurie, l'armement de trois escardres fut ordonné.

Le chevalier de Suffren, récemment nommé lieutenant de vaisseau, rejoignit le port de Toulon, où il fut embarqué sur l'*Orphée*, l'un des douze vaisseaux destinés à protéger le siège de Mahon, sous les ordres de la Galissonnière. Cette escadre, escortant les 150 transports chargés des troupes du maréchal de Richelieu, partit le 10 avril 1756, força la citadelle à se rendre, et fut ensuite établir sa croisière entre Mayorque et Minorque. Dans une rencontre avec 13 vaisseaux que commandait l'amiral Byng, les Anglais commirent des fautes dont sut habilement tirer parti M. de la Galissonnière, et cet avantage décida la prise de Mahon. (29 juillet.)

Depuis cette époque, la marine française n'éprouva plus que des pertes. Machault venait de quitter le ministère, Moras qui lui succéda, vit consommer notre ruine.

En 1757, six vaisseaux et deux frégates confiés à M. de la Clüe, appareillèrent de Toulon pour secourir notre colonie du Canada.* Mais Holburne gardait le détroit, et ces forces se virent bientôt bloquées dans Carthagène. Deux vaisseaux envoyés pour les rallier furent pris sous les yeux de M. de la Clüe, qui ne fit aucune tentative pour les secourir. De Suffren fut si outré de la lâche inaction de cet officier général qu'il conserva un amer souvenir de ce

---

* Le chevalier de Suffren avait reçu l'ordre de passer sur le vaisseau amiral l'*Océan*.

spectacle, et, bien des fois depuis, il donna un libre cours au sentiment de fureur qu'il avait ressenti lors de la prise de ces deux bâtiments. La division française s'estima heureuse de pouvoir rentrer à Toulon, serrée de près par l'amiral anglais Boscawen.

La grande âme du chevalier de Suffren, indignée des malheurs de Boursier, de la perte du Canada, un des plus beaux fleurons de notre couronne coloniale, dut souffrir cruellement de l'humiliation de notre pavillon, insulté par les Anglais jusque sous le feu de nos batteries.

Boscawen, ne pouvant attirer hors de la rade M. de la Clüe et sachant que l'escadre était destinée à renforcer celle de Brest, fut l'attendre à Gibraltar. Mais malgré sa vigilance, nos vaisseaux, profitant d'une brise d'est, franchirent le détroit : L'ennemi prévenu les poursuivit et les atteignit avec 14 vaisseaux, près du cap *Santa-Maria*. (17 août 1759). Le général, abandonné par cinq vaisseaux et ne voulant point laisser en arrière le *Souverain*, très-lourd de marche, établit sa ligne de combat. Le vaisseau amiral l'*Océan*, sur lequel Suffren donnait le bon exemple, tira à lui seul 2,500 coups de canon, et fut vaillamment secondé par le *Centaure*, que M. Sabran-Grammont ne rendit que réduit à l'état de ponton.

A la nuit, ces deux vaisseaux vinrent se réfugier avec le *Téméraire* et le *Modeste* dans le port de Lagos; mais, sans respect pour la neutralité du Portugal, Boscawen fit attaquer ces glorieux débris. L'*Océan*, échoué sur la plage et canonné par une escadre entière, se défendit noblement et n'amena son pavillon que lorsqu'il ne resta plus à bord que le commandant hors de combat, quatre officiers et soixante hommes d'équipage. Quant au chevalier de Suffren, il se vit, pour la deuxième fois, emmené prisonnier de guerre, jurant de prendre un jour une terrible revanche.

Rentré en France, au bout de deux années de captivité, par suite d'un cartel d'échange, notre jeune officier, que l'épuisement des ressources maritimes et la paix de 1763 menaçaient de laisser sans emploi, songea à retourner à Malte. Heureusement pour la France que son courage et son talent avaient été appréciés : Tandis que M. de Sabran-Grammont et ses vaillants officiers étaient fêtés partout où ils se montraient, notre héros se vit récompensé selon ses désirs par un commandement et fit, pour la première fois, partager à des subordonnés son audacieuse énergie. Il eut mission, avec le *Caméléon* chébec de 20 canons, de protéger le commerce de la Méditerranée, et s'en tira avec honneur.

Plus tard, sur le *Singe*, de l'escadre de Duchaffaut, il prit part à une expédition contre les Saletins et brûla, dans le port de Larrache, un vaisseau ennemi (26 juin 1765). Enfin, après une autre croisière dont il avait reçu l'ordre, Suffren rentra, le 10 juillet, à Malaga, où la bonne tenue de son équipage, de son navire et sa belle conduite lui valurent les éloges de tous les marins expérimentés et le grade de capitaine de frégate.

Deux ans après cette expédition, M. de Breugnon, ambassadeur au Maroc, le fit désigner pour commander la frégate l'*Union*, sur laquelle il venait de faire hisser son pavillon. Cette mission de paix convenait peu à l'humeur belliqueuse du chevalier ; au retour de ce voyage il se rendit à Malte d'où pendant quatre années il combattit les Barbaresques sur les galères de *la religion*. Il se couvrit de gloire dans maintes rencontres et fut élevé au grade de commandeur de l'Ordre. C'est vers cette époque que l'escadre de Malte, jointe à la division française commandée par M. de Broves, alla canonner diverses places appartenant aux Tunisiens. Mais le bruit des exploits du commandeur était parvenu à la cour de Versailles et la France revendiqua avec raison un de ses meilleurs officiers.

En février 1772, le commandeur de Suffren, promu au grade de capitaine de vaisseau, quitta Malte pour revenir en France. Il prit le commandement de la *Mignonne* de 26 canons, sur laquelle il fit, avec le chevalier de la Brillanne, deux croisières *en Levant* à l'effet de protéger le commerce. Une phrase de l'ordre approuvé par le roi, le 16 septem-

bre 1774, rendait justice en ces termes à ces officiers :
« Tous deux capitaines de vaisseau en réputation et qui ont l'expérience de ces missions, auxquelles ils ont été déjà employés. »

En effet, M. Duchaffaut avait distingué les talents de ces deux gentilshommes, et lorsque ce général entreprit une campagne d'évolution (1776) dans l'éventualité d'une nouvelle guerre, il se garda d'oublier le commandeur de Suffren auquel il donna la frégate l'*Alcmène*.

L'année suivante (1777) le commandement d'un vaisseau de 64, le *Fantasque*, lui fut confié pour une deuxième campagne d'évolution sous les ordres de M. de Broves.

Mais la France avait gardé un amer souvenir de la violation des traités de 1755, de ses désastres maritimes et saluait avec joie l'ère de la liberté Américaine : 12 vaisseaux et 4 frégates, sous les ordres du comte d'Estaing, étaient prêts à voler au secours des provinces insurgées contre leur métropole. Le *Fantasque* fit partie de l'arrière garde de cette escadre qui appareilla le 13 avril 1778. Nous ne redirons pas après tant d'autres historiens distingués, la mémorable campagne du comte d'Estaing, nous bornant à mettre en relief les services que M. de Suffren rendit à l'escadre.

D'Estaing, mécontent d'avoir manqué l'amiral Howe à l'embouchure de la Delaware, donna l'ordre (le 8 août) au commandant du *Fantasque* de prendre avec lui les trois frégates l'*Aimable*, la *Chimère*, et l'*Engageante*, et d'attaquer, dans la rade de New-Port cinq frégates anglaises. — Ce fut une joie indicible pour notre vaillant capitaine de pouvoir enfin se venger d'un ennemi détesté. En vain les frégates ennemies cherchent-elles à abriter leur mouillage sous les batteries d'un fort bien armé ; le commandeur pénètre à pleines voiles dans la rade et embosse sa division à très petite distance. Cette hardie manœuvre porte un trouble si grand dans l'escadrille anglaise, qu'elle juge prématurément la résistance impossible et que bientôt après l'échange de quelques volées, les frégates et deux corvettes vont s'échouer et s'incendier à la côte.

Suffren avait bien mérité de l'armée, l'amiral satisfait, lui continuant le commandement de sa petite division, le laissa en arrière avec l'ordre de le rejoindre à la Martinique.

Les évènements qui survinrent pendant les cinq mois qui s'écoulèrent après ce succès, furent loin d'être au gré du commandeur, car, dans une lettre datée de Fort-Royal, le 5 janvier 1779, à madame de Seillans, comtesse d'Alais, nous trouvons l'appréciation suivante :

« Nostre campagne a été un enchaînement de vicissitudes, de bonheur, de malheur et de sottises. Depuis 35 ans que je sers, j'en ai beaucoup vu, mais jamais en aussi grande quantité. On ne pourrait imaginer les sottes manœuvres qui ont été faites; les conseils sots et perfides qui ont été donnés. Enfin, on m'a su mauvais gré d'avoir été d'avis d'attaquer avec douze gros vaisseaux sept petits, parce qu'ils étaient défendus par quelques batteries à terre. Je suis on ne peut plus dégoûté de tout ceci, et j'ai bien regret de n'avoir pas été à Malte. Les Anglais ignorant que nous estions ici avec 12 vaisseaux, sont venus avec 7 débarquer cinq mille hommes à l'île de Sainte-Lucie, qui n'est qu'à sept lieues de nous et s'en sont emparés. Nostre général a esté donner une bataille à terre et l'a perdue.»

Continuons à prendre dans la correspondance de M. Suffren ses impressions sur la station de l'escadre à la Martinique, c'est le meilleur moyen d'apprécier le rôle qu'il joua dans cette campagne.

« * Nous sommes depuis un mois dans la même position. Peu de jours après que nous eûmes laissé Sainte-Lucie, l'escadre de Barington fut jointe par celle de Biron : comme ils sont maintenant les plus forts, nous sommes renfermés et comme ils ne sont point en trop bon état ils ne nous provoquent point. Nous attendons une escadre de France qui, si elle arrive, nous donnera au moins l'égalité. On dit qu'alors nous irons les chercher. Je pense que cela aura l'air de la reconnaissance d'Arlequin et de

* Fort-Royal, 8 février 1779.

Scaramouche. Au resté, ce qui est bien a désirer, c'est que tout cecy finisse. Une campagne d'un an, est bien ennuyeuse, surtout quand, ayant eu dix occasions de faire les plus belles choses, on n'a fait que des sottises. Le malheur est que le public ne peut point connaître ceux qui ont bien ou mal fait.»

Le reste de cette lettre indique dans l'esprit du commandeur, cette fièvreuse ambition, ce besoin insatiable de renommée que nous retrouverons dans toutes les lettres où il épanche ses sentiments les plus intimes, son humeur de se voir confiné au fond d'une rade et ses regrets de n'être point à Malte où le grand maître l'attendait.

« Jamais campagne n'a esté aussi ennuyeuse ; nous avons eu la douleur d'avoir les plus belles occasions et de n'avoir profité d'aucune et nous avons la certitude de n'estre capables de rien. »

Le 2 avril, en effet, l'escadre était encore au mouillage de Fort-Royal à attendre des renforts.

« Nostre séjour est, je crois, motivé sur plusieurs bonnes raisons : 1° défendre la colonie ; 2° faire consumer les Anglais à Sainte-Lucie. Mais la vérité est que nostre général ne sait, ne veut et ne peut rien faire et qu'en restant dans un port, on ne fait qu'une sottise qui est celle d'y estre. Nous affamons la colonie ; la faim nous faira partir bientôt, et si le convoi qu'on attend n'arrive pas, je ne sais comment on faira. On fait des mouvements comme

pour une expédition, mais je crois qu'ils ont rapport à notre départ. Au reste, on ne peut rien calculer. Imaginez-vous un général de mer dont le
moindre défaut est de n'estre point marin, qui a
16 vaisseaux contre 25 qui sont à sept lieues. Je
crois à la vérité qu'ils manquent de beaucoup de
choses et que leur général n'est point entreprenant. »

Cependant les ennuis de la campagne touchaient
à leur terme; la prise de Saint-Vincent par trois
frégates était le prélude de nouvelles entreprises et,
dans le courant du mois de juin, un renfort en
vaisseaux et en troupes permit à d'Estaing de sortir
de son inaction.

Ce Général venait de prendre la Grenade;
l'amiral Byron, accouru trop tard pour la secourir,
attaque l'escadre française avec vigueur, le 6 juillet
1779. Au premier signal, le *Fantasque* appareille
avec tant de célérité, quoique le plus éloigné, qu'il
arrive à la tête de l'avant garde où de Suffren
combat successivement deux vaisseaux anglais
supérieurs.

« J'eus le bonheur d'être chef de file; j'essuyai par
ma position le feu des vingt premières bordées,
serrant le vent le plus que je pouvais. Cette passe
dura une heure un quart. Après que la ligne anglaise m'eût dépassé, je pris mon poste dans la ligne de bataille. »

« Quoique maltraité par la perte de monde, par

les avaries, je l'ai été bien moins que le poste honorable que j'ai occupé pouvait le faire craindre. C'est au feu vif et bien dirigé que j'ai fait qu'est dû cet avantage. »

Il terminait ce rapport écrit à bord du *Fantasque* le 10 juillet 1779 par la demande de grâces pour son équipage et ses officiers*.

Nous lisons, dans une lettre écrite le 10 juillet à Mme de Seillans, la relation de ce combat par de Suffren lui-même.

« Nous partîmes, mercredi 30 juin, de la Martinique, renforcés par six vaisseaux et des troupes, pour attaquer la Grenade. Le 2, nous y arrivâmes et la descente fut faite à deux tiers de lieue de la place. Le soir, les troupes marchèrent et un détachement s'étant égaré souffrit un peu d'un poste que les Anglais avaient fortifié. Le 3, on reconnût le poste et on jugea qu'il serait trop long de le ré-

---

* La belle conduite de Suffren sur le vaisseau le *Fantasque*, fut récompensée, ainsi qu'on le voit par la pièce officielle suivante qui existe encore aux archives du ministère de la Marine.

« Le 1er mars 1780, le roi a accordé à M. le commandant de Suffren, capitaine de vaisseau, une pension de 1,500 livres pour lui marquer sa satisfaction du zèle et de l'activité qu'il a apportés à remplir diverses missions particulières, commandant le vaisseau le *Fantasque* de l'escadre de M. le comte d'Estaing, ainsi que de la bravoure et de l'habileté dont il a donné des preuves dans les combats qu'il a eu à soutenir, et particulièrement dans celui de la Grenade, où il était chef de file de l'escadre. »

duire par le canon, et qu'il fallait l'emporter l'épée à la main. Effectivement, le 4, à deux heures et demie on commença une fausse attaque et à trois heures et demie, **M.** d'Estaing, marchant à la tête d'une des trois colonnes, enleva le poste, où il y avait beaucoup de milices, mais peu de troupes réglées. Au jour, le lord Macartney, gouverneur général, demanda à capituler et se rendit à cinq heures à discrétion, trouvant les conditions de la capitulation trop dures. »

« Le 5, on a eu des nouvelles que l'amiral Byron avait porté sur Saint-Vincent. Il y avait quelques vaisseaux à la voile. A quatre heures, le 6, ordre d'appareiller. Nos frégates tiraient du canon qui annonçait l'escadre anglaise composée de 21 vaisseaux ; les deux escadres allaient à l'encontre l'une de l'autre. J'estais à la tête, de sorte que j'essuyai le premier feu de l'ennemi ; cela dura près d'une heure et demie. L'escadre anglaise revira, de sorte que les deux lignes se trouvèrent à peu près parallèles. J'eus alors près d'une heure et demie d'intervalle, après quoi le combat recommença et dura près de deux heures et demie. Mon vaisseau a été fort maltraité, mais point en proportion du feu que j'ai essuyé. J'ai le cœur navré de la perte de mon second, le chevalier de Camprédon, qui jouait si bien du *piano-forte*. J'ai eu 22 hommes tués et 43 blessés, dont 20 grièvement. »

« Ayant attaqué à un poste d'honneur qui ne lui était pas destiné, et pendant une heure et demie essuyé le feu des 21 vaisseaux, les gens désintéressés en diront du bien, et mes ennemis n'oseront pas en dire du mal. »

« Les Anglais avaient en mer un convoi de troupes, dans l'espoir que l'escadre serait battue, l'armée prise, et la Grenade sauvée. L'escadre anglaise est fort maltraitée et, si elle ne reçoit des renforts très-considérables, elle ne se montrera plus. »

« Le général s'est conduit, par terre et par mer, avec beaucoup de valeur. La victoire ne peut lui estre disputée ; mais s'il avait été aussi marin que brave, nous n'aurions pas laissé échapper quatre vaisseaux anglais démâtés. »

En récompense des brillants succès du *Fantasque*, le comte d'Estaing confia au commandeur une division de deux vaisseaux et trois frégates qui fit capituler les îles de Cariacou et de l'Union.

Après avoir désarmé Cavialon , une des Grenadines, Suffren rejoignit l'escadre à la Guadeloupe pour y prendre des troupes de débarquement. D'Estaing ayant vainement cherché à provoquer Biron, qui ne voulut point sortir de Saint-Christophe avec ses vaisseaux avariés, revint à Saint-Domingue, (21 août, 1779). Mais bientôt l'escadre se dirigea vers les côtes de l'Amérique du nord, où les circonstances l'amenèrent à tenter une attaque contre la ville de Savannah.

L'amiral, voulant empêcher la fuite des bâtiments ancrés dans la rivière de Côte-Pur, donna (le 7 septembre 1779), ordre au commandeur de Suffren d'appareiller avec les vaisseaux l'*Artésien*, la *Provence*, les frégates la *Fortune*, la *Blanche* et la *Chimére*, pour aller bloquer tous ces navires. Il lui recommanda d'opérer des sondages réitérés, de franchir la barre, et de mouiller aussi avant qu'il pourrait le faire sans danger.

Suffren montra beaucoup de talent et de connaissances pratiques dans cette opération délicate. Le 9, il forçait l'ennemi à détruire les fortifications de l'Ile Tibée et quatre navires armés à se mettre à couvert sous les murs de Savannah. Le 12, le débarquement s'opéra à Beaulieu, point désigné par Suffren à l'amiral. On sait l'insuccès de cette expédition en Géorgie.

A son retour en France, le commandeur se trouva désigné par d'Estaing à la reconnaissance publique et à la faveur du roi, qui, le 1er mars 1780, lui accorda une pension de 1,500 livres.

En avril, de Suffren appareillait du port de Brest avec deux vaisseaux destinés à une courte croisière. Mais, quelques mois après (août 1780), il dut rejoindre la flotte Franco-Espagnole réunie à Cadix sous les ordres de Don Luis de Cordova, auquel il amenait le *Zélé* qu'il montait, et le *Marseillais*.

Le commandeur fut accueilli honorablement par

l'amiral espagnol, et le 9 août, à la tête de la division légère, réunie sous son guidon, il poursuivit des vaisseaux de guerre, convoyeurs de 64 transports anglais. La supériorité de marche des ennemis, due aux feuilles de cuivre qui doublaient leurs navires, leur permit de s'échapper, et Suffren dut se rejeter sur les bâtiments du convoi : soixante-deux restèrent au pouvoir de l'escadre alliée*.

Cette riche capture fit une impression si pénible en Angleterre que la Bourse de Londres s'en ressentit. Les événements extérieurs avaient pourtant à cette époque moins d'influence qu'aujourd'hui sur les fluctuations financières.

Malgré la tenue admirable du *Zélé* et l'activité qu'il venait de déployer aux yeux de l'escadre combinée, son commandant ne pouvait se consoler de la supériorité de marche des vaisseaux anglais qu'il n'avait pu joindre et forcer au combat, à la hauteur du cap Saint-Vincent. Il attribuait, avec raison, au doublage en cuivre, mis depuis peu en usage dans les arsenaux de la Grande-Bretagne, l'évasion du *Ramillies* et des deux frégates qui escortaient le convoi ; cette conviction l'engagea à adresser à M. de Sartines un mémoire sur la nécessité de doubler en cuivre les navires de l'Etat. Suffren insis-

---

* Un des bâtiments amarinés portait deux mille sept cents barils de poudre et une infinité de munitions pour l'artillerie.

tait sur les moyens d'accélérer une opération qui pouvait procurer de grands avantages à nos escadres. Il faisait sentir au ministre que, malgré la manœuvre remarquable qui aurait dû lui faire aborder le *Ramillies*, il n'avait pu le joindre à son grand regret, et que cette chasse lui avait fait manquer la prise de plusieurs bâtiments marchands.

« Ne croyez pas, Monseigneur , disait-il, que je cherche à me faire valoir en vous adressant des mémoires, je ne suis déterminé que par l'amour du bien de la chose et de notre gloire ; un militaire doit se distinguer par des faits, point par des écritures. »

M. de Sartines, à qui l'on reprochait de l'hésitation, avait été remplacé au ministère (12 octobre 1780) par le marquis de Castries qui venait de réunir 38 vaisseaux sous le pavillon du vice-amiral d'Estaing aux 26 vaisseaux espagnols que commandait l'amiral Luis de Cordova.

Le 7 novembre 1780, l'escadre combinée appareilla de Cadix : d'Estaing, sur le *Terrible*, prit pour vaisseau matelot de l'arrière le *Zélé* de 74, que montait le commandeur de Suffren. Mais la marche de ces forces importantes fut entravée par les vents contraires, l'ennemi ne pût être joint, et dans les derniers jours de décembre, nos divisions vinrent mouiller dans la rade de Brest.

Pendant ce temps les puissances du Nord, par

leur attitude imposante faisaient respecter leur neutralité et une rupture devenait imminente entre la Hollande et l'Angleterre (20 décembre 1780).

« Certes voilà depuis l'année 1743 une existence noblement remplie : bien des navigations, bien des combats, bien des batailles dont la moitié suffirait à la gloire d'un marin. Toutefois, pour celui dont il s'agit, l'éclat qui accompagne une telle vie n'est que le prélude d'actions plus éclatantes encore. »

« La haute illustration de Suffren ne commence, à vrai dire, qu'à l'époque des deux dernières années de la guerre de l'indépendance américaine, mais ces deux années lui suffirent pour atteindre, par une série de faits mémorables, une réputation qui fit de lui le héros le plus populaire en France et en Hollande, et l'homme de mer le plus redouté en Angleterre. C'est que, pendant cette période de la guerre, il lui fut enfin donné, pour la première fois, de commander en chef des escadres ; c'est que dans cette position élevée, tant de fois ambitionnée par lui, il put enfin mettre en action tout son génie militaire. » (Ortolan, *Moniteur* du 1er novembre 1859).

LE BAILLI DE SUFFREN

DANS L'INDE.

——◦◦✛◦◦——

LIVRE PREMIER.

—

Les Colonies Françaises dans les Indes Orientales avant l'arrivée du bailli de Suffren.

1665 — 1781.

Premiers établissements français dans l'Asie méridionale. — Compagnie des Indes orientales. — Labourdonnais. — Dumas. — Capitulation de Madras.— Dupleix. — Défense de Pondichéry.— Bussy l'Indien. — Godeheu. — Lally-Tollendal. — Pierre Poivre. — Abolition des priviléges de la Compagnie des Indes. — M. de Sartines.— Le chevalier de Saint-Lubin.— Lettre de Louis XVI. — Bellecombe. — Tronjoly. — Hyder-Aly. — D'Orves. — Ministère de M. de Castries.

Les grands noms ne se font qu'en Orient. C'est dans l'Océan Indien, dans ce cadre merveilleux où tout semble revêtir aux regards éblouis un éclat inaccoutumé, que nous voulons montrer un de nos plus illustres amiraux, promenant son pavillon victorieux dans des parages où les vaisseaux anglais croyaient avoir établi pour toujours leur domination.

Mais avant de retracer les faits d'armes par lesquels le bailli de Suffren signala son apparition sur les mers de l'Inde, et qui firent de ce personnage un héros légendaire d'une popularité encore si vivace, résumons à grands traits l'histoire de nos colonies orientales et leurs rapports avec la métropole dans le cours du XVIIIe siècle. Nous aurons de cette manière, après des alternatives d'éclatants succès et de tristes revers, le tableau du déplorable dénûment de ces possessions, au moment où l'amiral de Suffren vint prouver au monde étonné, ce que peut un homme de génie, dépourvu même des ressources les plus ordinaires, sur les destinées d'un grand pays.

Lorsque l'esprit veut se pénétrer des relations de la France avec l'Inde avant l'époque révolutionnaire, et rechercher les causes de prospérité, de grandeur et de décadence de nos établissements dans cette admirable contrée, il reste frappé de surprise. L'histoire nous montre le génie de la nation résistant opiniâtrement à l'enthousiasme presque universel pour le commerce de l'Orient, et des compagnies éphémères se dissoudre presque aussi rapidement qu'elles avaient pris naissance. Malgré l'éblouissant prestige offert à l'imagination du peuple par les merveilleuses richesses de l'Asie, son peu de tendance à se porter dans ces colonies, entraîne souvent les gouvernements qui se succèdent à les négliger, à affaiblir leurs moyens de défense en présence d'un ennemi vigilant et jaloux de nos succès.

On peut distinguer trois périodes dans l'histoire de l'Inde française jusqu'à l'ère républicaine.

La première embrasse l'intervalle qui s'est écoulé depuis le moment (1616) où le pavillon français flotta pour la première fois dans les parages du Carnatique et du Coromandel, jusqu'à l'époque (1754) où Dupleix, disgracié, quitta le magnifique empire dont son génie venait de doter la France. Cet intervalle offre une série de jours de gloire, une existence politique telle, qu'elle fait rejaillir sur la nation francaise le respect et l'admiration des peuples indiens. Jamais notre influence ne fut si puissante, et nos armes n'eurent plus d'éclat, que sous la direction de ce gouverneur, dont la domination s'étendait des côtes du Coromandel, des rives poétiques d'Orixa, au féérique royaume de Golconde, et dont le bras puissant, s'allongeant vers Delhi, pouvait soutenir ou ébranler à son gré le trône du Mogol.

Dans la deuxième période, qui comprend de 1755 à 1763, nous n'avons à enregistrer que des malheurs, la ruine de nos établissements, l'anéantissement de notre commerce et l'humiliation de nos armes.

Dans la troisième, on voit se dérouler les glorieux évĕnements qui font en partie le sujet de notre étude depuis la reprise de possession de nos colonies Asiatiques, après la paix de 1763, jusqu'au jour à jamais néfaste où, par l'infâme trahison du gouverneur Conway, Pondichéry retomba au pouvoir des Anglais.

re Période.　Depuis une époque reculée, la France consommait plus de productions orientales que les autres états européens, et pas un de ses souverains ne songait aux avantages que pouvait procurer le commerce de l'Inde, lorsque quelques négociants de Rouen hasardèrent en 1503 un faible armement sous les ordres de Gonneville, qui ne sut pas le diriger. Ce fut réellement vers l'année 1665 , que nos premiers établissements dans l'Inde furent fondés sur des points de la côte de Coromandel, qui nous furent librement concédés par les princes souverains du pays.

Pendant que le puissant empereur des Mogols , Aureng-Zeb, écrasait les Anglais pour punir les exactions de leurs gouverneurs, ces établissements s'élevaient péniblement, mais échappaient par leur médiocrité même aux armes du redoutable conquérant.

Compagnie des Indes. La compagnie des Indes orientales , créée par Richelieu, et reconstistuée sur des bases plus larges par Colbert, traînait une existence difficile au milieu de conflits défavorables pour ses intérêts et sa prospérité. A peine quelques vaisseaux, échappés aux tempêtes et aux croiseurs anglais , parvenaient-ils à débarquer à Lorient de rares échantillons des richesses de l'Asie. Mais en 1715, un marin de mérite, Dufresne, prit possession en son nom de la deuxième des Mascaraignes, que les Hollandais venaient d'abandonner en lui laissant le nom de Maurice de Nassau. Six ans plus tard, elle obtint un nouveau privilége, et eut le bonheur d'enrôler à son service Garnier de Fougerai, qui commença dans l'Inde l'œuvre de colonisation que devait porter si haut Labourdonnais, dont il fut le précurseur.

L'année 1723 voit la compagnie des Indes orientales, surchargée d'une dette croissante, opérer sa fusion avec celle des Indes occidentales. D'Osirès de Pardailhan prend le commandement d'une petite escadre, sur laquelle il embarque quelques soldats que lui prête le ministre Maurepas, pour conquérir à la nouvelle compagnie le poste important de Mahé, sur la côte de Malabar. Heureusement pour la compagnie, l'expédition n'avait point encore quitté Pondichéry (1725) lorsque Labourbonnais vint offrir les services de son épée à Pardailhan. Grâce à l'esprit inventif du jeune capitaine, les obstacles qui devaient faire échouer le débarquement furent surmontés et l'entreprise couronnée de succès.

En 1733, nous retrouvons le vainqueur de Mahé et de Calicut occupé à faire ressortir au yeux des commissaires royaux, à Paris, la valeur de l'île de France, la fertilité de ce sol de soulèvement volcanique, et l'utilité de ses ports naturels. Orry et Fulvy, convaincus, le firent nommer gouverneur de Bourbon et de l'île de France. — Dès ce moment, une ère de prospérité s'ouvrit pour l'agriculture et le commerce de ces îles, qui furent vraiment transformées par les soins de l'habile administrateur dont le nom est resté gravé sur tous les monuments de nos colonies orientales (1740).

Louis XV, affranchi de la tutelle du cardinal Fleury, voyait la France frémir d'indignation au récit des odieuses infractions au traité de 1741, et des actes de piraterie commis par les vaisseaux anglais dont une escadre insultait Toulon. Un des plus vieux généraux de l'époque, le chevalier de Court, reçut l'ordre de

venger les injures faites au pavillon fleurdelysé , et
Pierre-André de Suffren , ce rude adversaire que les
Anglais devaient rencontrer dès ce moment dans toutes
les batailles navales , mit pour la première fois le pied
sur un vaisseau de haut bord.

Labourdonnais propose hardiment à la Compagnie
des Indes d'opérer des courses. Mais son plan, à la fois
militaire et commercial , est entravé par l'agression
des Mahrattes contre nos possessions de l'Hindoustan.
Tandis que Dumas , par sa ferme contenance , sauve
Pondichéry menacé, Labourdonnais dégage Mahé, bat
ces Indiens redoutables , découvre les Seychelles et
s'assure de l'île Rodrigue , près de l'île de France.

Jalouse de la gloire de son gouverneur , la Compagnie , qui ne sut jamais vouloir (au dire de
Voltaire) ni la paix , ni la guerre , lui intima l'ordre
de désarmer ; mais ce grand homme , n'écoutant que
son patriotisme , fit taire son amour-propre blessé
pour sauver ces belles colonies dont il avait doté la
métropole.

Lorsque la déclaration de guerre de 1744 fut connue dans l'Inde , Dumas , plein de finesse et d'habileté dans ses rapports avec les princes Indiens , avait
obtenu de la cour de Delhi d'immenses priviléges et
le riche territoire de Karikal ; mais , pas un vaisseau
ne gardait l'île de France , tandis que le commodore
Barnett enlevait nos bâtiments marchands et attaquait
nos comptoirs.

Labourdonnais livré aux inspirations de son génie,
arme les nègres , réunit autour du vaisseau l'*Achille*

qui venait de mouiller, les débris des vieux navires, ceux nouvellement construits sous ses yeux, et conduit cette escadre improvisée à Madagascar. Là, des prodiges d'activité sont accomplis ; en 48 jours, neuf navires sortant de la baie d'Antonguil, se mettent à la recherche de l'escadre de Peyton, qui, attaquée avec impétuosité à la hauteur de Negapatnam (7 juillet 1746), est forcée de se réfugier dans la baie de Trinquemale !

Après la disparition de Peyton, la mer des Indes appartint à nos vaisseaux, et Labourdonnais mit le comble à sa gloire par le siége et la capitulation de Madras.

Dupleix, d'abord simple membre du conseil supérieur, avait deviné les ressources que pouvait procurer le commerce particulier d'Inde à Inde. Nommé gouverneur de Chandernagor, il réunit en association tous les Français de ce comptoir, et, par ses intrigues, parvint à s'ouvrir des débouchés dans le golfe Persique, à Surate, aux Maldives, à Goa, à Manille, dans tout l'empire Mogol, jusque dans les montagnes du Thibet. Depuis douze ans, cet esprit supérieur soutenait le prestige du nom français sur le Gange, quand il fut appelé au gouvernement général des Indes, à Pondichéry, où son orgueilleuse rivalité avec Labourdonnais créa d'abord à la Compagnie bien des embarras et des malheurs.

La capitulation de Madras permettait aux Anglais de racheter cette ville au prix de 11,000 piastres (12 millions de francs). Cette dernière stipulation devint le point de mire des sarcasmes et des critiques sans fin de Dupleix, dont la haine et la jalousie ne connaissaient plus de bornes.

A son retour à l'île de France (décembre 1746), Labourdonnais trouva son successeur David qui l'attendait. Dès ce moment, tous les malheurs vinrent fondre sur ce grand homme ; les bâtiments qu'il s'était chargé de ramener en Europe furent dispersés au Cap par les tempêtes, et lui-même fut conduit prisonnier à Falmouth. L'Angleterre rendit au grand capitaine tous les honneurs qui pouvaient le consoler dans sa disgrâce ; mais, à son arrivée à Paris, les membres de la Compagnie, que *Messieurs de Pondichéry* avaient gagnés à leur cause, le firent mettre à la Bastille.

Dupleix, concevant le premier le vaste système d'envahissement suivi depuis par les Anglais, devina que pour arriver à la suprématie commerciale, il fallait que la compagnie française devint d'abord puissance territoriale. Bien qu'entravé par les directeurs, qui ne voulaient point entrer dans ces rêves magnifiques, Dupleix ne tarde pas à devenir le centre de ce réseau presque inextricable d'intrigues qui rendaient si difficiles les relations avec les princes indiens, il traite d'égal à égal avec les grands feudataires, et commence à s'ériger en protecteur de quelques-uns. Poursuivant Labourdonnais jusque dans sa glorieuse conquête, il obtient la rupture de la capitulation de Madras, où il fait une entrée triomphale, traînant le gouverneur anglais à sa suite. C'était vouloir attirer la foudre sur sa tête superbe.

Défense
de
Pondichéry
par Dupleix.

L'amiral Boscawen, qui avait manqué Bourbon, arriva en août 1748, sur la côte de Coromandel, avec une grosse escadre de 40 bâtiments, résolu à bombarder Pondichéry par terre et par mer, et à ensevelir son gouverneur sous ses ruines. Mais il perdit un temps précieux devant le fort d'Ariancoupam, où de Latour et l'ingénieur Paradis lui firent subir divers échecs, et le retinrent un temps suffisant pour mettre Pondichéry à l'abri de fortifications sérieuses.

Le 8 septembre, l'armée anglaise ouvrit ce siége mémorable. Dupleix, devenu ingénieur habile et soldat infatigable, s'immortalisa par les nombreux revers qu'il fit subir à l'ennemi, dont il occupa les tranchées le 16 octobre. L'escadre de Boscawen se retira toute honteuse à Goudelour, et Dupleix, parvenu au faîte de la gloire, remplit l'Orient de son nom.

La paix d'Aix-la-Chapelle vint arrêter ses progrès : il fallut rendre Madras, et la rançon stipulée par Labourdonnais fut perdue. Cependant le traité conclu en Europe n'enraya point entièrement le mouvement belliqueux qui régnait dans la presqu'île indienne. Impatient de réparer l'échec que la restitution de Madras avait fait éprouver à son système d'occupation continentale, Dupleix s'immisça plus que jamais dans les querelles des princes du pays ; il en souleva, en organisa de nouvelles sans s'inquiéter de l'intervention anglaise. Bientôt ce fut, *derrière un rideau* d'alliés, une véritable guerre qui se termina par le triomphe de la politique de Dupleix, dont la créature, Mouzafir-Sing, fut proclamé Subah du Decckan. Le nouveau prince, par reconnaissance, fit don à son protecteur d'immenses trésors, le combla d'honneurs et le nomma gouverneur d'un territoire presque aussi grand que celui de la France.

Dupleix, dont le caractère était un mélange d'orgueil national et de vanité personnelle, revêtit alors le splendide costume oriental ; il eut une cour fastueuse, au milieu de laquelle il apparaissait seulement les jours de cérémonie, monté sur un éléphant de parade. Il obtint qu'il n'y aurait point d'autre monnaie courante dans le Carnatique, que l'argent français frappé à Pondichéry, et le produit des territoires cédés à la compagnie des Indes égalèrent plus d'un million de francs.

Bussy
l'Indien.

Un de ses lieutenants, Bussy, adroit politique et hardi capitaine, régnait dans le Decckan et sur le royaume de Golconde, sous le nom de Salabet-Sing, qui lui devait l'héritage de Mouzafir, et ses victoires sur les Mahrattes. Un instant son influence parut compromise. Une insurrection qui éclata à la cour du Decckan força ce général à battre en retraite à la tête de 5 à 600 Européens ; mais, arrivé devant la forte position d'Hyderabad, à trois lieues de Golconde, Bussy se retourne, et dédaignant l'abri des hautes murailles de la forteresse, charge impétueusement l'ennemi et fait prévenir Dupleix. Le chevalier Law débarque aussitôt à Mazulipatnam, franchit avec une rapidité merveilleuse (1753), l'espace qui le sépare d'Hyderabad, passe en plein jour au milieu de l'armée de Salabet-Sing, qui n'ose bouger, et délivre Bussy.

Ces expéditions téméraires, au milieu d'insurgés innombrables, forment un singulier contraste avec les désastres éprouvés, en 1858, dans les mêmes lieux, par les meilleurs officiers anglais, placés à la tête de forces imposantes, envoyées à grands frais au secours des possessions britanniques.

Le soubab s'estima heureux d'acheter son pardon par l'abandon de l'alliance anglaise et la concession de quatre provinces, donnant un revenu de douze millions de livres.

Presque toute la côte de Coromandel et d'Orixa se trouva dès ce moment au pouvoir des Français, qui possédèrent un territoire habité par quarante millions d'hommes, et constitué par le tiers environ de l'empire Mogol. Dupleix étala avec orgueil le faste et la magnificence des plus riches princes de l'Orient, se rendit, à leur exemple, presque invisible, et put écrire sans forfanterie aux directeurs de Paris : « S'il vous faisait plaisir de vous emparer du royaume de Tanjaour, un sol productif, population nombreuse et industrieuse, quinze millions de revenu immédiat et un avenir plus riche encore ; parlez : ce royaume est à vous, je l'aurai à votre heure et à votre convenance ; que si telle autre province vous plaît encore, parlez, vous dis-je, elle est également à vous. La France règne ici ; quand elle se montre, tous s'inclinent. » Dupleix rêva un instant l'empire du Mogol, puisqu'il demanda à Bussy s'il n'entrevoyait pas la route qui pouvait conduire à Delhi. « Mettez-vous en force, répondit ce général, et avant un an l'empereur Mogol tremblera au seul nom de Dupleix. » Dix mille Français auraient en effet, à cette époque, achevé la conquête de cet empire.

Les Anglais, jaloux de l'accroissement de notre puissance, opposèrent Mehemet-Ali-Khan à notre allié Chanda-Saïb ; Saunder, Lawrence et Clive, dont les talents devaient tant coûter à la France, à Law et d'Auteil, officiers du plus grand mérite. Lawrence fut défait à Seringham, mais un ordre de *Messieurs de Paris* vint faire plus de mal à nos colonies que vingt batailles perdues : ce fut le rappel de Dupleix. La disgrâce de cet illustre gouverneur fut un triomphe pour l'influence anglaise.

Aujourd'hui, en présence du tableau de la puissance britannique dans l'Inde, de cette œuvre gigantesque accomplie avec la ténacité du patriotisme insulaire, on demeure confondu d'admiration devant le génie de cet homme qui avait rêvé pour la France ce que l'Angleterre a réalisé.

2me Période. Quand les hostilités cessèrent, les revenus acquis par la Compagnie française étaient de beaucoup supérieurs à ceux de la Compagnie anglaise. Mais, après le départ de Dupleix, le commerce d'Inde à Inde qui, fait avec intelligence, avait produit de si beaux résultats, cessa presqu'entièrement.

Godeheu. Godeheu avait pour mission d'abandonner les glorieuses conquêtes de ses prédécesseurs. Il renonça à toute espèce de dignité et refusa de se mêler de ces querelles de princes dont Dupleix avait su tirer un si grand parti. On établit, au préjudice de la France,

une sorte d'équilibre entre les deux Compagnies rivales, qui s'engagèrent à ne plus solliciter de nouvelles
concessions des Soubabs. Partout le commerce dût
être libre pour les deux nations.

Lally
Tollendal.

Le départ de Dupleix avait donné le signal du
désordre et de la ruine de nos colonies. Une escadre
et des convois furent dirigés sur l'Inde pour soutenir
la puissance française qui s'écroulait, et l'on crut
avoir fait beaucoup en envoyant Lally-Tollendal avec
3,000 hommes, escortés par l'escadre du comte d'Aché
forte de huit vaisseaux. Ces secours mirent plus d'un
an à se rendre dans l'Inde. Habile à profiter de ce
retard , Clive imposa une dure capitulation à Chandernagor. Sa conduite envers les malheureux habitants de cette ville a été justement flétrie par l'histoire.

Lally-Tollendal était un vieux partisan des Stuarts,
animé d'une haine vigoureuse pour l'Angleterre, mais
dont les talents n'étaient point à la hauteur de l'en-
prise. Mal secondé par d'Aché , dont les équipages
indisciplinés se laissent battre par les forces impo-

(3 août 1758). santes de Poeck, Lally ne commet que des fautes. Outre
son ignorance des lieux, des intrigues de ses alliés , il
se prive du concours de Bussy auquel il enlève son
commandement ; il prend, il est vrai, Goudelour, mais
il vient échouer devant Madras qui lui coûte beaucoup
d'argent , de temps et de sang, perd Mazulipatnam ;
et , abandonné par d'Aché, finit par se laisser bloquer
dans Pondichéry. Alors , devant l'énormité de ses
pertes , devant l'insubordination et la lâcheté de ses
soldats que le jésuite Lavaur excite à la révolte ,

 Lally devient fou de douleur et se laisse imposer une honteuse capitulation.

La paix de Paris ou de Fontainebleau (10 février 1763) vint mettre un terme à cette série de revers. De nos belles possessions, il nous resta Pondichéry, Karikal, sur la côte de Coromandel ; Mahé, sur celle de Malabar, Mazulipatnam et Janaon, ce qui donnait encore un revenu de 120,000 roupies. Pondichéry se releva lentement de ses ruines ; mais ce ne fut plus la fière et opulente cité que le génie de Dupleix avait couronnée reine de l'Orient.

Ces revers ne furent cependant pas sans quelque compensation. Sous l'habile administration de l'inten- dant Pierre Poivre, les îles de Maurice et de Bourbon virent doubler le nombre de leurs productions. Dix mille muscades germées et une caisse de baies de girofle, furent l'origine de ces riches plantations que l'on admire encore à Bourbon et à Maurice. Poivre avait obtenu du savant jésuite Cœurdoux, des indications sur la manière dont les Indiens peignaient leurs toiles ; mais ses essais ne furent pas aussi heureux que ses plantations.

Lally-Tollendad, iniquement condamné, fut heureusement la dernière victime de l'ingrate Compagnie des Indes. A bout de ressources, ruinée par les concussions de ses officiers et de ses commis, cette Compagnie célèbre ne donnait plus que des pertes au gouvernement, qui fit suspendre son privilége par un arrêt du conseil (13 août 1769). Les actionnaires, pour assurer le sort de leurs créanciers et les débris

Abolition des priviléges de la Compagnie des Indes. 13 août 1769.

de leur fortune, cédèrent au roi leurs vaisseaux au nombre de trente, tous les magasins et les édifices qui leur appartenaient au port de Lorient et aux Indes ; la propriété de leurs comptoirs et des aldus qui en dépendaient ; tous les effets de marine et de guerre ; enfin, 2,450 esclaves. Le roi, pour s'acquitter, créa à leur profit, par un édit (du mois de janvier 1770), 1,200,000 livres de rentes au principal de 30,000,000 de livres.

1770.

Dès ce moment, le commerce et la route de l'Inde furent libres, et des havres français sortirent en foule des bâtiments de tous tonnages dont la proue se dirigea vers le cap des Aiguilles.

3ᵐᵉ Période.

L'année 1778 fut féconde en grands évènements. La France, encore meurtrie de ses dernières guerres, commençait à respirer sous le règne du jeune et vertueux Louis XVI. Impatiente de laver les outrages faits à son pavillon, elle brûlait de rayer de la pointe de son épée les articles humiliants du traité de 1763. La paix était encore à la surface des évènements, mais, dès le mois de janvier, on pouvait prévoir qu'elle ne serait pas de longue durée, et que le vieux levain de haine et de rancune ne tarderait pas à faire fermenter les esprits. Les rapports continuaient à présenter une tournure pacifique, et la guerre grondait au fond de tous les cœurs : des écrits chaleureux, répandus à profusion, avaient éclairé tous les esprits sur les causes de notre abaissement et relevé la confiance de la nation dans le patriotisme de son jeune souverain.

M. de Sartines

M. de Sartines, par une lettre du 4 janvier, informa Bellecombe, alors gouverneur de Pondichéry, de la marche des affaires et de leur situation. Il lui donnait avis des avantages que les insurgés américains venaient de remporter sur les métropolitains, et l'engageait à se tenir en garde contre les dangers d'une surprise, bien que la paix fut toujours officielle. Ce ministre, tournant ensuite ses regards vers l'île de France où commandait le chevalier de la Brillanne, le prévint aussi avec sollicitude des probabilités de rupture. M. de Sartines se proposait de lui envoyer des renforts, mais il ne croyait pas, vu la saison et le besoin des troupes en Amérique, que l'Angleterre fît passer des escadres dans l'Océan Indien. Cependant on parlait du rappel des ambassadeurs, ce qui faisait dire au ministre : « Je ne suis pas dans la sécurité sur nos établissements de l'Inde. Je sais que les forces des Anglais y sont infiniment supérieures aux nôtres; que les fortifications de Pondichéry et la faiblesse de la garnison permettent difficilement à M. Bellecombe de s'y soutenir, aussi je lui mande que s'il croyait compromettre les forces qu'il a sous ses ordres, il faudrait évacuer la place, et qu'il employât tous les moyens possibles pour se retirer à l'île de France avec la garnison, l'artillerie et tous les effets du roi qu'il pourrait emporter, en laissant seulement à Pondichéry un commandant et quelques hommes pour obtenir une capitulation pour les habitants. »

L'intention du roi était qu'on enlevât les bâtiments

anglais que l'on pourrait surprendre , et que l'on fit au commerce Britannique tout le mal possible ; aussi dans nos colonies, se mit-on vaillamment à l'œuvre, en attendant les secours annoncés pour le mois d'octobre. A l'exemple de Labourdonnais , le chevalier de la Brillanne arma les milices nationales, et fit faire l'exercice aux noirs que le chevalier de Ternay avait commencé à employer pour le service des batteries. En même-temps , M. Chevreau fut autorisé à donner 40,000 francs sur les fonds provenant des fusils et autres objets vendus à différents princes Indiens.

Les deux nations rivales s'observaient : La France, encore émue au douloureux souvenir des traités violés en 1755 , saluait avec joie l'ère de la liberté américaine. Les succès des insurgés vinrent donner de la consistance à leur acte d'indépendance , et la déclaration par laquelle le roi la reconnaissait , fut présentée le 14 mars 1778.

La guerre devint alors imminente , et l'on résolut d'établir, à Pondichéry, des ouvrages propres à une défense momentanée. Des instructions précises sur la conduite à tenir furent adressées à MM. de Bellecombe et de la Brillanne , par le même courrier qui leur transmit l'avis de la reconnaissance de l'indépendance des États-Unis , et l'ordre de rendre les honneurs militaires à leur pavillon constellé.

Le chevalier de St-Lubin.

Sur ces entrefaites , un intrigant , d'une origine et d'une moralité douteuses, avait trouvé le moyen de se faire députer par le ministre auprès des princes Mahrattes. Le chevalier de St-Lubin se rendit à la cour de Poohna et fut reçu honorablement par le Peishaw , avec lequel il eût de fréquentes entrevues ; mais le gouvernement ne tarda pas à élever des doutes sur la valeur de son mandataire et l'à-propos des négociations (1). Bellecombe entrevoyait la possibilité de faire accepter sa médiation entre les Mahrattes et le nabab Hyder-Aly, et, par ce moyen, augmenter l'influence française malgré la rivalité de ces deux alliés. Mais la conduite légère et les indiscrétions de St-Lubin amenèrent des embarras. — Bientôt des plaintes très-graves arrivèrent aux oreilles du ministre. Cet émissaire avait causé de graves préjudices à M. Lafon de Ladebat , riche négociant de Bordeaux. En outre, ses manœuvres avaient mécontenté Bellecombe dont il voulait se rendre indépendant. Aussi , trouvons-nous dans la correspondance ministérielle du temps cette rude lettre de M. de Sartines.

« Au ton emphatique avec lequel le rapport est rédigé et qui annonce plutôt le délire d'une imagination exaltée que la réserve et la sagesse d'un négociateur, je doute fort que j'aie à m'applaudir du choix que j'ai fait de vous pour une mission qui n'exigeait pas moins de circonspection que de dévoûment. Vous deviez seulement faire , avec la cour de Poonha, un traité d'amitié et de commerce par lequel vous auriez assuré au roi la cession des ports qui vous auraient été désignés sur les côtes de

____

(1) On savait que les Anglais s'efforçaient d'éteindre leurs différents avec les Mahrattes le plus promptement possible, et que nos négociations donnaient de l'ombrage à Hyder-Aly.

Malabar, et joindre l'original du traité en langue Persane (1), pour justifier qu'il était littéralement conforme aux instructions et attendre d'autres ordres. »

Ce traité n'était pas au paquet, et il fut ordonné, de la part du roi, de ne donner aucune suite aux négociations. St-Lubin dut se mettre à la disposition de Bellecombe qui, blessé de sa conduite, fut obligé de le mettre aux fers et de le renvoyer en France.

La guerre, avons-nous dit, était imminente : 416 pièces de canon sont achetées en Hollande pour être expédiées à Bellecombe sur un navire danois ; une noble ardeur règne dans nos arsenaux, et Louis XVI se montre le digne descendant d'Henri le Grand. Rien de noble comme la lettre du roi mandée à MM. Bellecombe et La Brillanne, le 15 juillet 1778, pour leur annoncer la déclaration de guerre et le retour prochain des hostilités!

Lettre de Louis XVI

« L'insulte faite à mon pavillon par une frégate « du roi d'Angleterre envers ma frégate la *Belle-* « *Poule*, la saisie par une escadre anglaise, au mépris « du droit des gens, de nos frégates la *Licorne* et « la *Pallas*, et d'un de mes lougres. La confiscation « des navires appartenant à mes sujets ; tous ces « procédés injurieux, et principalement l'insulte faite « à mon pavillon, m'ont forcé à sortir de ma modéra- « tion. La dignité de ma couronne exige que j'use « enfin de représailles et que j'agisse hostilement « contre l'Angleterre. »

____

(1) La langue Persane est la langue officielle des Mahrattes.

Il terminait en prescrivant l'attaque des bâtiments ennemis, et l'usage des forces de terre et de mer contre les possessions britanniques. Mais il était bien évident que les ressources de Pondichéry ne pouvaient suffire à sa défense, d'autant moins que l'amiral Rodney se disposait à courir dans l'Inde avec une forte escadre.

1778. Le comte d'Estaing, vaillamment secondé par le commandeur de Suffren, venait de se couvrir de gloire sur les côtes d'Amérique, et le marquis de Bouillé s'était emparé de la Dominique (7 novembre). Le gouvernement encouragé par ces succès résolut d'expédier les secours promis depuis si longtemps et qui auraient dus être déjà rendus dans l'Inde.

Le 30 novembre 1778, le chevalier de Ternay, chef d'escadre, reçut la mission de garantir les possessions françaises situées au-delà du cap de Bonne-Espérance. Mais au moment du départ, la destination de ces forces fut changée, et l'escadre de Ternay reçut l'ordre de mettre le cap sur la Martinique.

Pendant que le gouvernement français en était encore à faire des préparatifs et des projets, les gouverneurs anglais de l'Inde, sur les premières nouvelles d'une rupture probable, s'empressaient d'entamer les hostilités pour jouir des bénéfices d'une surprise. Le 10 juillet, une colonne anglaise envahit la résidence de M. Chevalier : le gouverneur de Chandernagor ainsi surpris contre le droit des gens, s'échappa et poursuivi pendant quatre-vingt lieues, parvint enfin à gagner les états du Rajah Mahratte de Naguepour.

Accueilli favorablement par ce prince, il se croyait en sûreté, lorsque le gouverneur de Catck le livra honteusement à Elliot contre la somme de 600,000 roupies. Pour répondre dignement aux manœuvres honteuses dont le Bengale était le théâtre, le général Munro vint investir Pondichéry avec l'armée d'Arcate, tandis que le commodore Vernon cherchait à la bloquer par mer.

Bellecombe, malgré l'humiliation encore récente de Pondichéry et l'absence de fortifications, répondit avec dignité aux menaces des commandants anglais, bien que l'armée ennemie fut au pied du *coteau*, c'est-à-dire aux portes de la ville. Un vaisseau et quatre petites frégates, sous les ordres du chef de division Tronjoly, se trouvaient ancrés près du rivage ; jugeant le moment opportun pour attaquer l'escadrille de Vernon · contrariée par les vents et les courants, ce capitaine se porte à sa rencontre et engage avec elle une vive canonnade. Après le combat, qui nous fut avantageux, nos bâtiments reprirent leur mouillage d'où ils protégèrent la ville jusqu'au 20 août, sans que la division anglaise vint les inquiéter. Mais alors Tronjoly craignant l'arrivée de forces supérieures, prétexta la difficulté d'approvisionner ses navires et mit le cap sur l'Ile de France, au moment où la population assiégée, qu'il abandonnait ainsi aux armes anglaises, s'attendait à le voir tenter de nouveau les chances du combat.

La coupable indifférence de Maurepas, les tâtonnements et l'incertitude de M. de Sartines avaient réduit

Pondichéry à un tel état de faiblesse, qu'il ne fallut rien moins que l'énergie et le talent de Bellecombe pour entreprendre une pareille résistance. Pendant quarante jours, la place fut battue par vingt-huit canons de gros calibre et vingt-sept mortiers. Les défenses étaient ruinées, les vivres et les munitions manquaient ; Bellecombe, dont les Anglais admiraient la bravoure et le talent, obtint une capitulation qui n'a de pendant dans l'histoire de nos temps que celle de Masséna, lors de la rédition de Gênes. Il obtint, avec tous les honneurs de la guerre, d'être transporté en France aux frais du gouvernement britannique, lui, ses officiers et le régiment de Pondichéry qui garda son drapeau ; quant aux Cipayes, ils furent renvoyés dans leurs foyers.

Tronjoly, rentré à l'Ile de France, restait indolemment au mouillage ; de la Brillanne, en proie à une maladie mortelle, n'était pas fâché de le posséder pour augmenter ses moyens de défense et partager les ennuis de l'autorité, tandis que la présence de nos navires sur les côtes de l'Hindoustan aurait pu produire de si heureux résultats pour nos intérêts. D'après les détails fournis par Bellecombe, les Anglais se trouvaient menacés au Bengale par Nadjefkan, à Bombay par les Mahrattes, et sur la côte de Corómandel par Hyder-Aly. Il fallait tirer parti de ces diversions, et rassurer le commerce découragé par la perte de ses navires capturés à leur retour de l'Inde et de la Chine. Tout annonçait dans nos ports une léthargie dont il était impossible de faire sortir nos commerçants, à moins que les succès d'une brillante campagne ne vinssent donner aux armes du roi une supériorité décidée : il fallait un Suffren, on envoya sur le vieux vaisseau l'*Orient*, le chevalier d'Orves, indolent et apoplectique (28 décembre 1778).

Cependant, grâce aux quatre vaisseaux que lui amenèrent successivement d'Orves et de la Paillière, Tronjoly aurait pu secourir Mahé et se porter à la rencontre de l'amiral Hughes, dont les forces étaient médiocres. Il préféra, avec ses vieux vaisseaux, aller affronter les hautes lames du Cap des tempêtes dans une saison redoutable. L'escadre désemparée fut forcée d'avoir recours à l'hospitalité hollandaise, et malgré la capture de quelques riches cargaisons, un blâme sévère accueillit cette croisière intempestive ; on lit dans un journal du bord de cette campagne : « à 6 heures du matin levé la croisière, sans y avoir obtenu aucun succès et avons fait route pour l'Ile de France. »

Tandis que Tronjoly rejoignait avec peine M. de Souillac, qui venait de succéder au chevalier de la Brillanne dans le gouvernement de l'Ile de France, les Anglais poursuivaient paisiblement leurs conquêtes dans la presqu'île indienne et se fortifiaient dans leurs possessions.

Hyder-Aly. Hyder-Aly les arrêta.

Officier dans l'armée mysoréenne, cet homme, d'un génie entreprenant, et qui devint le plus redoutable antagoniste de la puissance anglaise, avait conçu une admiration passionnée pour la France et pour Dupleix, l'héroïque gouverneur de Pondichéry. Arrivé au pouvoir suprême, il résolut d'équiper un corps de troupe à la française ; il acheta des armes, des munitions et engagea à son service des officiers et sergents instructeurs, des armuriers, des charpentiers, dont il vit le nombre s'accroître encore après la destruction de Pondichéry, en 1760. Les talents militaires de ce prince, aidés de ces puissants moyens, lui permirent de guerroyer avec succès contre les Mahrattes et de conquérir successivement les royaumes de Mayssour, de Canara, de Calicut, ainsi que la plus grande partie de la côte de Malabar.

Les Anglais, inquiets de cette puissance nouvelle qui s'élevait rapidement en face de leurs établissements naissants, essayèrent de le gagner à leurs intérêts, et sur son refus de s'allier, poussèrent contre lui la nation guerrière des Mahrattes à laquelle ils fournirent des contingents sérieux. Hyder-Aly victorieux, fit reconnaître Tippoo-Saëb, son fils, nabab d'Arcate. Il notifia avec fierté aux Anglais son intention de pousser à outrance la guerre contre Mehemet-Aly-Khan leur créature, et l'invitation de faire rentrer toutes les garnisons anglaises de la nababie d'Arcate.

Une guerre acharnée fut le résultat de cette énergique déclaration ; Hyder-Aly porta le fer et le feu jusque sous les murs de Madras, et dicta à ses ennemis un traité onéreux. Cette paix forcée fut de courte durée par la mauvaise foi du gouvernement de Madras, qui refusa de remplir les articles stipulés, Hyder-Aly conclut une trêve avec les Mahrattes, ses

éternels adversaires, et pénétra à la tête d'une armée
considérable et bien disciplinée dans le Carnatique,
résolu de faire de cette belle province un monument
éternel de vengeance, et de mettre la désolation entre
ses états et les possessions anglaises.

Bientôt Porto-Novo ouvre ses portes au nabab (23
juillet 1780), qui taille en pièces deux corps de troupes importants, force Munro à enclouer son artillerie
et à se retirer précipitamment sur Madras, poursuivi
et harcelé par la cavalerie du partisan Lallée. Munro
ne pouvant plus tenir dans une campagne dévastée
par le pillage et l'incendie, laissa prendre d'assaut la
forte position d'Arcate, après quarant-cinq jours de
siége.

Dès ce moment, Hyder-Aly, dont la victoire favorisait partout les armes et la haute intelligence, fut
plus roi que celui de Delhi ; et la cour de Versailles,
émerveillée des sanglants exploits de ce prince qui
affamait sans pitié les troupes anglaises dans Madras,
songea tardivement à reconquérir nos possessions
février 1780 perdues et oubliées. Mais au lieu de chercher à
prendre hardiment l'offensive sur des côtes où nous
n'avions plus rien à perdre, quelques vieux vaisseaux
et quinze transports, qui portaient le régiment d'Austrasie, furent expédiés, sous les ordres de Duchemin
de Chenneville, pour couvrir l'Ile de France et Bourbon, que les Anglais trop occupés par Hyder-Aly,
ne songeaint pas à attaquer.

Aux premiers bruits de guerre, les patriotes habitants de Pondichéry s'étaient soulevés et avaient

contraint le résident anglais à signer un acte de libération. Ils armèrent un grand nombre de cipayes et amassèrent une quantité prodigieuse de provisions à Carangolly, place située sur la côte, à quelque distance de Pondichéry. Mais que pouvaient une poignée d'hommes abandonnés par leur métropole? Eyre-Coote furieux, marcha sur Pondichéry, désarma les habitants et fit transporter ailleurs les provisions.

d'Orves.
1780.

M. d'Orves avait succédé à Tronjoly, sous le titre de brigadier des armées navales, et pouvait compter, après la réception des renforts amenés par Duchemin, sur six vaisseaux, une frégate et deux corvettes. Il appareilla le 14 octobre 1780 pour la côte de Coromandel, où nos voiles apparurent le 17 février suivant. En vain Hyder-Aly s'empressa-t-il de se porter à sa rencontre en balayant sur son passage tous les postes anglais ; d'Orves, digne successeur de Tronjoly, n'avait pas une intelligence à la hauteur du génie de ce barbare ; et cependant il lui était facile de canonner les Anglais réfugiés dans Goudelour et assiégés par les troupes Mysoréennes. Madras défendu par 500 invalides, était à notre merci et ses navires marchands une proie facile à saisir,

D'Orves, en refusant obstinément d'accorder à notre allié un détachement de troupes comme gage de notre alliance, manqua l'occasion d'écraser les forces anglaises, et donna le temps à sir Hughes de détruire la marine d'Hyder-Aly dans les ports de Calicut et de Mangalore.

On lit dans un mémoire du vicomte de Souillac

(archives de la Marine). « Par cette obstination étonnante de M. d'Orves, dont je rendis compte au ministre dans le temps , nous perdîmes l'occasion , qui ne devait plus se retrouver, d'être maîtres absolus de la côte de Coromandel. Cette armée de Goudeloure, forte de 14,000 hommes (dont 3 à 4,000 blancs) composait toutes les forces des Anglais dans cette partie. Madras n'aurait pu tenir , et la réunion de nos armes à celles d'Hyder-Aly , nous eût permis de conquérir le Tanjaour et Mazulipatnam avec toutes ses dépendances. »

Le 13 février, d'Orves prit congé du Nabab mécontent, en lui promettant de retourner avec des moyens d'action plus considérables , et notre escadre revint tranquillement reprendre son mouillage de St-Louis , où son chef malade se replongea dans une coupable inertie malgré les instances de M. de Souillac.

Hyder-Aly , résolu de se passer du concours des troupes françaises, sillonnait de ses armées victorieuses le Carnatique, devenu le malheureux enjeu de la lutte. — La forteresse de Tianjar affamée , le pays de Tanjaour livré aux flammes d'un immense incendie , des pertes d'argent considérables , forcèrent le Conseil suprême de Madras d'avoir recours à la présidence du Bengale. Les secours dirigés sur Madras parvinrent, le 3 août , à joindre les autres troupes britanniques ; mais ce ne fut qu'après un sanglant combat de 8 heures contre Hyder-Aly qui leur tua 1,800 hommes. — Le 27 août, le nabab attendit les forces anglaises réunies, qui perdirent encore dans

une bataille rangée 480 Européens , 2,000 Cipayes et
22 officiers. Hyder ne put , cette fois , dormir sur le
champ de bataille qu'il avait été forcé d'abandonner ;
aussi , changeant de tactique , il se mit à harceler
l'ennemi sans plus compromettre son armée dans une
action générale.

15 novembre
1781.
Ministère de
M. de Castries.

Peu de temps après, M. de Souillac faisait parvenir
au Nabab un projet de traité d'alliance dont les conditions étaient malheureusement inacceptables , en
même-temps que M. de Castries envoyait de Montigny
négocier avec les Mahrattes.

D'Orves put pressentir à l'accueil peu favorable
qu'il reçut à l'Ile de France , l'impression que sa
pusillanimité avait dû produire à Versailles ; le chagrin qu'il en conçût, abrégea ses jours menacés par
une maladie des plus graves.

Ainsi marchèrent dans l'Inde les affaires de la
France , pendant que l'Angleterre, fortement préoccupée du soulèvement des États-Unis, ne pouvait réellement s'opposer à nos progrès sur ces rives lointaines.
Si le gouvernement français eut mieux compris ses
intérêts , tout en encourageant les Américains par
l'envoi de quelques troupes et de nombreux enrôlés
volontaires, il aurait porté ses escadres les plus nombreuses en Orient, et sans aucun doute, arraché l'Inde
entière à sa puissante rivale. — Les combats acharnés
des princes indiens pour secouer un joug odieux ,
leur admiration pour la vaillance et la conduite des
soldats français, tout semblait se réunir pour amener
alors ce résultat. Le patriotisme de Labourdonnais,

le génie de Dupleix , sa valeur incontestable, furent malheureusement mal secondés et méconnus ; leurs successeurs inhabiles commirent fautes sur fautes , laissant dans le plus grand dénûment les colonies dont les intérêts leur étaient confiés , jusques au jour où , pour l'honneur du pavillon français , le bailli de Suffren parut sur cet Océan Indien qu'il allait transformer en un champ de victoires.

LIVRE DEUXIÈME.

—

Départ de Brest. — Combat de La Praya.
Le cap protégé.

1780, 20 Décembre, — 28 Août 1781.

Guerre entre la Hollande et l'Angleterre. — M. de Castries se rend à
Brest pour presser les armements. — Faveur dont jouit M. de
Suffren. — Il commande cinq vaisseaux. — Jugements portés
sur lui par les officiers de la flotte. — Il prend congé de Louis XVI
à Versailles. — Mme de Seillans, comtesse d'Alais. — Départ de
Brest, 22 mars 1781. — Suffren a ordre de protéger le cap de
Bonne-Espérance. — Combat de la Praya. — Il devance les
Anglais au Cap et sauve la colonie. — Résultat du combat de la
Praya.

La guerre de l'indépendance des États-Unis, à laquelle les Français venaient de prendre une part si
glorieuse, avait fourni à nos armes une occasion
favorable pour déchirer l'humiliant traité de 1763,
et venger les désastres de notre marine. Le gouvernement de Louis XVI, grâce à l'habileté politique du
comte de Vergennes, ministre des affaires étrangères,
était parvenu à enfermer peu à peu la Grande-Bretagne dans un système d'isolement des plus favorables
aux intérêts de la France ; et tandis que les puissances
maritimes du Nord, la Russie, la Suède et le Da-
nemark, tenant le gouvernement anglais en surveillance, faisaient respecter leur neutralité par leur

attitude ; une rupture devenait imminente entre l'Angleterre et la Hollande son ancienne alliée.

Guerre entre la Hollande et l'Angleterre.

Le 20 décembre 1780, la cour de St-James rappela brusquement son ambassadeur, et le lendemain tous les navires bataves mouillés sur les rades anglaises furent saisis, pendant que vaisseaux et corsaires couraient écumer les mers couvertes de bâtiments marchands.

A cette nouvelle violation du droit des gens, une immense clameur de détresse et d'indignation retentit dans toutes les Provinces-Unies. La République, dont le pavillon se trouvait sans défense, se souvenant alors de son origine, due en grande partie à la politique de Henri IV, de Richelieu, et de Mazarin, invoqua l'appui de la France. La Cour de Versailles ne pouvait voir avec indifférence l'expédition qui menaçait le Cap de Bonne-Espérance, port de relâche pour nos vaisseaux qui se rendaient dans l'Inde ; elle accepta donc les propositions de la République et résolut d'équiper une flotte pour porter à la colonie des troupes et des munitions.

L'Océan Indien allait de nouveau devenir le théâtre de la guerre maritime : malheureusement nos nouveaux alliés ne montrèrent pas, dans leurs préparatifs, cet élan énergique que commandaient les circonstances. Une escadre fut destinée à protéger le Cap et à renforcer les vaisseaux du comte d'Orves pour tenir en échec les forces britanniques en Orient ; mais la France trop occupée de la guerre de l'*indépendance* ne songea pas assez que l'Inde était le point vulnérable de la puissance anglaise : bientôt même les Provinces-Unies montrèrent une telle apathie qu'on put croire à des regrets et à une défiance de notre intervention.

M. de Castries se rend à Brest.

Le maréchal de Castries, successeur de M. de Sartines, jaloux de justifier la réputation d'énergie et d'activité qui avait précédé son entrée aux affaires, résolut de se rendre à Brest, vers la fin du mois de février 1781, pour présider aux armements des escadres dont d'Estaing, de Tréville, de Broves, de Guichen, de Grasse, ambitionnaient les commandements.

A cette nouvelle, la ville de Brest se ranime : sur l'immense rade, sur la rivière qui sert de port à l'arsenal, se meuvent, s'entrecroisent des vaisseaux de haut-bord, des transports de tous tonnages, complément indispensable de toute expédition lointaine. Des milliers d'ouvriers, pressés par des officiers au maintien aristocratique, réparent avec une activité fiévreuse, tous ces bâtiments que le comte d'Estaing vient de ramener couverts de nobles cicatrices. Les escadres de MM. de Grasse et de Barras sont aussi visitées et radoubées avec la plus minutieuse attention.

Malgré la pluie constante et la mauvaise saison qui donnent à la ville un aspect encore plus triste et plus sombre, l'immense majorité de ces officiers à talons rouges, qui formaient à cette époque des états-majors du plus grand mérite, accourent au principal port du royaume : les commandants de Suffren, d'Albert de Riom, arrivés pour surveiller l'armement de leurs vaisseaux, quelques jours après la nouvelle de la visite ministérielle, trouvent toutes les ambitions en émoi. Chacun attendait avec impatience l'arrivée du marquis de Castries et les mutations qu'il devait apporter dans le personnel des escadres réunies.

M. de Suffren venait de recevoir un éclatant témoignage de la satisfaction royale, et déjà la faveur populaire s'attachait à cet officier dont la valeur avait décidé du combat de la Grenade. Le comte d'Estaing, général de grand mérite, mais dépourvu de cette technicité spéciale au marin, avait eu trop à se louer de son concours, pour ne pas le désigner au marquis de Castries, comme un des commandants les plus capables d'être opposés au commodore Johnston qui interceptait la route de l'Inde, et dont la réputation d'excellent marin était parfaitement établie. Le ministre fit à Versailles un accueil des plus flatteurs au capitaine du *Fantasque* et du *Zélé*, et lui laissa entrevoir le plus grand désir de l'employer suivant ses mérites.

A cette époque, les promotions et les commandements étaient quelquefois le résultat d'influences occultes, et le mérite, l'ancienneté de service, cédaient trop souvent la place à la faveur.

Voici ce qu'écrivait de Brest, M. de Suffren, le 26 février 1781 :

« Notre nouveau général est arrivé ; comme il est cadet de M. de Barras, on envoie celuy-cy à Rhode-Island, remplacer M. de Terray. Il est assez humiliant pour MM. de Broves et Salvès, que nos armées soient commandées par leurs cadets. »

« Nous attendons icy M. le marquis de Castries qui doit arriver le 10. Il vient de faire deux chefs d'escadre, un qui était taré, et l'autre qui n'a commandé que par intérim deux fois et pour faire deux grosses sottises. On l'a avancé pour lui oster son vaisseau et le laisser à terre. Je ne voudrais pas de l'avancement à ce prix, mais il est assez plaisant que l'on gagne plus à n'être bon à rien qu'à estre bon à quelque chose. »

Ce n'étaient point les grands commandements des escadres, qui préoccupaient le plus les nombreux officiers empressés a saluer le ministre à son arrivée. Peu de ces fiers capitaines, malgré leur valeur incontestée et leur brillante réputation de marins, osaient aller sur les brisées des comtes d'Estaing, de Grasse, de Tréville, mais presque tous enviaient le commandement de cette division destinée à secourir le Cap, rallier l'escadre d'Orves, et balancer dans l'Océan la fortune du pavillon britannique.

Suffren commande cinq vaisseaux.

Au milieu de l'escadre du comte d'Estaing, cinq vaisseaux sont désignés, le *Héros* et l'*Annibal*, de 74, l'*Artésien*, le *Sphinx* et le *Vengeur* de 64. M. de Castries en confie le commandement à M. de Suffren en accompagnant son ordre des témoignages d'estime les plus flatteurs. Cette honorable distinction entre tous les officiers qui convoitaient ce commandement, et dont plusieurs avaient de plus anciens services, ne laissa pas que de soulever des mécontentements, tandis que d'autre part la belle réputation de Suffren, la haute estime qu'avaient de lui les Anglais, lui attirèrent les sympathies d'officiers d'élite et de ses équipages.

Bientôt le nouveau choix du ministre devint le texte
de nombreux commentaires : pour ceux qu'une ardente jalousie aveuglait, M. de Suffren très-dur, très-
bizarre, égoïste, d'une ambition désordonnée, mauvais camarade, n'était aimé de personne bien que sa
bravoure fut des plus brillantes. C'était un homme
avec qui l'on ne pouvait vivre, difficile à commander,
critiquant tout, déclamant sans cesse contre l'inutilité
de la tactique, etc.

Pour les partisans du nouveau chef, de Suffren
rappelait les grands marins de notre belle époque navale ; il avait du génie, de la création, beaucoup
d'ardeur, un caractère de fer. C'était un de ces hommes que la nature rend propres à tout, se montrant
dans l'occasion le meilleur tacticien de la flotte. A bord
de son vaisseau, de Suffren n'était ni plus dur, ni plus
sévère en service que beaucoup d'autres chefs, mais
il se montrait impitoyable pour tout ce qui ressem-
blait à de la faiblesse devant l'ennemi. Affectueux,
plein de sollicitude pour ses proches, il était généreux
et prodigue de sa fortune personnelle envers ses amis.

Fier d'un commandement mérité, de Suffren dut
voir avec bonheur, l'empressement des marins de
tous grades à embarquer sous ses ordres. Malgré les
reproches de dureté que lui adressaient ses adversaires, il se trouvait chaque jour, à son entrée dans l'arsenal, entouré de matelots accourus pour lui demander
à former les équipages de sa division, et d'officiers qui
sollicitaient l'honneur de faire partie de son état-major.
Sa parole brève et concise, ses expressions énergiques,

la juste confiance que lui donnait son mérite semblaient autant de gages de succès assurés.

Il prend
congé de
Louis XVI
à Versailles.

Au milieu de tous ces préparatifs, hâtés par la présence du ministre, le commandeur dut quitter un instant la surveillance de ces armements, pour dis-aller prendre congé du roi qui lui fit l'accueil le plus tingué.

On raconte qu'à son entrée au château, l'huissier ou chambellan de service ayant peine à lui frayer un passage au milieu des courtisans qui encombraient les antichambres : « Je vous remercie, monsieur, lui dit « de Suffren, du ton nazillard et un peu grognon qui « lui était habituel, je vous remercie de la peine que « vous prenez aujourd'hui ; mais à mon retour vous « verrez que je saurai bien me faire placé moi-même.»

Le commandeur, autorisé à porter le pavillon de chef d'escadre dans la mer des Indes, prit le commandement du *Héros*, dont le nom semblait présager de futurs exploits et sur lequel nous le verrons se couvrir d'une gloire éclatante. Les capitaines de vaisseaux, Trémigon, Cardailhac, du Chilleau et Forbin, furent désignés pour servir sous ses ordres.

La présence du ministre dans le port d'armement permit à la division de partir en temps opportun, car sans cette intervention de Suffren n'eut pu rejoindre le commodore Johnston à San-Yago et c'en était fait de la colonie hollandaise. Le 15 mars la frégate la *Fine* (1), d'une marche supérieure, fut expédiée avec M. de Chevreuse, intendant de l'Ile de France, et de

---

(1) Cette frégate arriva au cap le 25 mai, et à l'Ile-de-France le 10 juillet.

Montigny, ambassadeur chez les Mahrattes, pour annoncer au gouverneur du Cap l'arrivée de l'escadre et des secours.

Aux rêves de gloire que notre futur amiral lisait dans l'avenir d'une brillante campagne, venaient quelquefois se mêler de tendres regrets, qui montrent, dans ce caractère si rude en apparence, des élans d'une sensibilité charmante. Mme de Seillans-Perrault, comtesse d'Alais (par son mariage avec le comte de ce nom, capitaine au Royal-Orléans), etait devenue veuve de bonne heure : un peu plus âgée que de Suffren, avec lequel des relations de parenté l'avaient liée dès sa jeunesse, elle sut conserver toujours inaltérable la tendresse de ce grand cœur. Suffren, même dans ses derniers jours, eut pour cette dame une telle déférence qu'il la consultait dans les affaires importantes. A lire leur correspondance, à voir les graves sujets qui y sont traités, on sent que Mme d'Alais était femme d'un mérite distingué. Cette noble dame provençale habitait la terre et le château de Borigaïlle, où Suffren aimait à venir se reposer de ses rudes labeurs dans les intervalles de ses campagnes. C'est là qu'il adressait à cette fidèle amie des lettres dans lesquelles il épanchait ses sentiments les plus délicats et ses rêves d'ambition et de gloire.

Voici ce qu'il lui écrivait quelques jours avant son départ :

Brest, 18 mars 1784.

« Je n'ose pas t'apprendre, ma chère amie, quelque chose qui va te chagriner. Je vais dans l'Inde, commandant une division de cinq vaisseaux. M. le marquis de Castries me l'a donnée de la meilleure grâce du monde et d'une manière très-flatteuse ; mais il ne fait pas ce qu'il devrait faire ; il ne me fait point chef d'escadre , et je ne commanderai que jusqu'à la jonction , y ayant un ancien dans l'Inde. A la vérité , il y aura onze vaisseaux , et la moindre circonstance heureuse peut me mettre à la tête d'une belle escadre et y acquérir de la gloire, cette fumée pour laquelle on fait tant de choses. Je ne sçais si la campagne sera très-longue, mais nous serons au moins dix mois et je doute, qu'à moins de prise riche, elle me rende de l'argent. »

« M. de Castries ne semble estre ici que pour nous presser : tout se fait à la hâte. Il y a une consolation , c'est d'estre loin des sottises qu'on fera ; nous n'aurons part qu'aux nostres c'est encore assez. »

« J'ai le cœur navré d'estre pour si longtemps loin des parents et amis. Les choses qui paraissent supportables de loin sont affreuses de près. »

« Dans la mer des Indes , j'aurai les honneurs de chef d'escadre et prérogatives ; je viens de l'apprendre dans le moment. C'est un secret que je n'ai pas même dit aux parents (1). »

Les derniers préparatifs de cette longue campagne étant terminés , la division de Suffren , réunie à l'escadre que le comte de Grasse conduisait en Amérique, reçut l'ordre d'appareiller le 22 mars 1781 , et bientôt une brise favorable permit à nos vaisseaux de franchir

Départ de
Brest
22 mars 1781.

(1) Lettres du Bailli de Suffren, recueillies et publiées par M. Th. Ortolan , capitaine de frégate, *Moniteur* du 2 novembre 1859.

le goulet et de voir disparaître les côtes de la Bretagne à travers les brumes de l'horizon.

Un généreux enthousiasme animait nos équipages et leur illustre chef en leur montrant dans un prochain avenir les magnificences de l'Océan Indien, futur théâtre de leurs exploits. Quoique de chères images fussent toujours présentes au souvenir de Suffren, il y avait dans cette âme, vaillante et forte, encore plus d'espérance et de nobles aspirations que de regrets, lorsqu'il songeait à la grandeur de la mission confiée à son activité et à ses talents.

De Brest à Madère, la traversée des escadres réunies fut courte. Bientôt apparurent au-dessus d'un épais brouillard les pics volcaniques qui enserrent la ville de Funchal. — A cette hauteur, la division de Suffren se sépara des vaisseaux du comte de Grasse, pour continuer sa route vers le cap de Bonne-Espérance.

Suffren a ordre de protéger le cap de Bonne-Espérance.

Le premier acte du Commandeur devait être de protéger la colonie hollandaise contre une expédition du commodore anglais Johnston, qui avait dû quitter Ste-Hélène avec 37 bâtiments. De Suffren était trop intelligent pour ne pas comprendre que le succès de sa mission dépendait de la marche de ses vaisseaux ; aussi accélérait-il leur vitesse en les couvrant de toile afin de devancer l'ennemi sur les rades de Table-Bay et de False-Bay. Pour ne pas multiplier le nombre des transports, toujours embarrassants, chaque vaisseau avait pris une centaine de militaires du régiment de Pondichéry, ce qui avait permis de réduire le convoi à 13 voiles, dont cinq vaisseaux, une corvette la *Fortune* de 16 canons, et sept transports. — Le hasard mit le Commandeur en présence de son antagoniste plutôt qu'il ne s'y attendait.

L'escadre venait de relever les îles du Cap-Vert dont les rocs de basalte aux arêtes saillantes donnent à cet archipel un aspect désolé, lorsqu'un incident vint modifier son itinéraire. L'*Artésien*, destiné d'abord à faire la campagne des Antilles avec M. de Grasse, n'avait pas une quantité d'eau suffisante : Son capitaine, Cardailhac, en passant devant l'île San-Yago, demanda à remplir ses pièces dans la baie de la Praya. Cette baie, dominée par la ville et les forts de Puerto-Praya, était alors un lieu de relâche très-fréquenté par les navires européens. Suffren, par un sage pressentiment, ne voulant pas s'éloigner de ce vaisseau, le suivit avec toute la division.

Combat de la Praya.

Le 16 avril, de grand matin, notre escadre, poussée par une fraîche brise de N. E., passait entre l'île de Maio et San-Yago, quand l'*Artésien* découvrit à l'entrée de la rade un vaisseau anglais (l'*Isis*), et bientôt apparurent aux yeux de Cardailhac les 37 bâtiments formant la flotte expéditionnaire que Johnston avait conduits dans cette île neutre pour approvisionner ses équipages. Au signal de ce capitaine, *voiles ennemies !* Suffren sent le besoin d'inaugurer par une action d'éclat, son entrée en campagne : trois ordres sont transmis coup sur coup à la division ;

1° *Vaisseaux ennemis en vue ;*

2° *Se préparer au combat ;*

3° *Se préparer à mouiller..*

La grande âme du Commandeur n'hésita pas un instant à l'aspect du nombre et de la force des vais-

seaux anglais; il brûlait de se mesurer à son gré avec
ces ennemis de la patrie auxquels il avait voué une
haine implacable. Il comprenait, en outre, qu'il ne
pouvait rien attendre d'une lutte de vitesse pour sauver
le Cap, avec ses transports à marche lourde qu'il fallait
souvent prendre à la remorque. Quant à la question
de la neutralité de la rade, de Suffren avait trop sur le
cœur et dans le souvenir la violation du port de Lagos,
dont il avait été victime, pour s'arrêter devant une
considération que ses adversaires avaient coutume de
ne pas respecter.

A 10 heures 1/2, laissant le convoi sous la protection de la *Fortune*, il fit ses dispositions et forma sa
ligne de bataille. Il pensait, avec raison, qu'au moment d'une agression imprévue, et à cette heure de
la journée, une grande partie des équipages anglais
devait être employée soit à faire de l'eau, soit à
pêcher ou à embarquer du bétail pour le ravitaillement de la flotte (1). Voulant donc, par une apparition
brusque et une attaque vigoureuse, jeter de la confusion au milieu de l'escadre de Johnston, de Suffren
serre la terre suivi à longue distance par les vaisseaux
dans l'ordre suivant :

1° Le *Héros*, de 74 canons, de Suffren.
2° l'*Annibal*, de 74　　　»　　　de Tremigon.
3° l'*Artésien*, de 64　　　»　　　de Cardailhac.
4° le *Vengeur*, de 64　　　»　　　de Forbin.
5° le *Sphinx*, de 64　　　»　　　du Chillleau.

(1) Lettre du commodore Johnston, du 30 avril 1781, au
comte de d'Hilsborung.

Doublant ensuite la pointe de l'Est, escarpée et sans écueil , le Commandeur hisse son pavillon, se jette au milieu de l'escadre anglaise (1) et vient mouiller hardiment le *Héros* entre deux vaisseaux ennemis , le *Héros* (anglais) et le *Montmouth*.

Le commodore qui, du bord de l'*Isis*, avait reconnu les forces de ses adversaires, fit hâter le branle-bas de combat. Aux deux coups de canon dont le *Héros* salua l'*Isis* en passant près de ce premier bâtiment, l'escadre anglaise s'embrasa, et cinq cents bouches à feu tonnèrent contre le vaillant vaisseau.

De Trémigon, croyant que la neutralité de la rade ne pouvait permettre le combat, s'y était à peine préparé ; mais à la vue de l'étonnante hardiesse de Suffren, ce brave capitaine lance son vaisseau au milieu du danger pour attirer sur lui une partie de l'artillerie

(1) Les vaisseaux ennemis , quoique mouillés proche des bâtiments de leur convoi, sur un fond de 8 ou 9 brasses d'eau, formaient une ligne dans l'ordre suivant :

L'*Isis* , de	54
Le *Jupiter*, de	54
Le *Montmouth* , de	64
Le *Héros*, de	74
Le *Romney* , de	56
Trois frégates de	32
Six transports de	22
Quàtre transports de	16
Dix vaisseaux de la Compagnie, de	30
Six bâtiments munitionnaires , de	14
Un cutter , de	16
Un brûlot , de	14
Une galiotte à bombe	
TOTAL :	1,008 bouches à feu.

qui foudroyait le *Héros* ; l'*Annibal*, malgré son pont encombré de pièces à eau, fier de l'illustration qu'il a acquise sous Lamotte-Piquet, vient mouiller, silencieusement, sur l'avant du *Héros*.

En voulant prendre son poste à babord de l'amiral, Cardailhac, habile officier, songeait à un brillant abordage : l'*Artésien* , qu'il commandait, entre dans la baie à la suite de l'*Annibal*, au milieu d'une épaisse fumée qui lui fait prendre le vaisseau de la compagnie la *Fortitude* pour un vaisseau de ligne. Pendant que l'*Artésien* manœuvre pour l'aborder, son intrépide commandant tombe mortellement frappé par une balle dans la poitrine. La confusion qu'entraîne cette perte regrettable fait manquer l'abordage de la *Fortitude*. Le commandant en second, la Boixière, peu digne de remplacer Cardailhac, prend à son tour un autre vaisseau de la compagnie, l'*Hinchinbroock*, pour une frégate, et tandis qu'il s'en empare, la brise qui fraîchit les fait dériver tous deux hors du champ du bataille, vers la pointe Tubazon.

Le *Vengeur*, a son tour, passe au vent de tous les vaisseaux ennemis et parcourt la ligne de front en rendant coup pour coup. M. de Forbin qui le commande en excellent manœuvrier, a choisi son poste de combat; mais la fumée et le bruit empêchant ses officiers d'entendre son ordre de mouiller , le *Vengeur*, entraîné par la violence de la brise et des courants, se trouve au bout de quelque temps avoir fait le tour de la rade et en être sorti sans avoir perdu un seul homme (1).

(1) **M.** de Forbin n'avait pu croire que son ordre de mouiller était resté inexécuté, et, lorsqu'il vit le *Vengeur* venir à la

Le *Sphinx*, retardé par la remorque du gros navire l'*Espérance*, et forcé de passer sous le vent et sous l'arrière du premier vaisseau ennemi l'*Isis*, lui envoie de très près une terrible bordée qui emporte son pavillon de poupe, écrase ses ponts et le force à ralentir son feu. Malheureusement, du Chilleau n'ose mouiller de crainte d'un trop grand fond, mais il continue en louvoyant un feu bien nourri.

Le *Héros* et l'*Annibal* seuls ancrés par le travers des cinq vaisseaux anglais, se trouvèrent dès-lors les points de mire de toutes les batteries ennemies, et de plus, de la forteresse portugaise qui croyait devoir venger la violation de la neutralité de la rade. Pendant ce temps les transports anglais, exposés aux boulets des deux escadres, cherchaient à louvoyer pour éviter d'être criblés. On regretta de ne point avoir de frégates pour les amariner; M. de Lusignan, commandant de la *Fortune*, ne put s'emparer que d'un brûlot de même force que lui. (16 canons de six.)

Le commodore Johnston voyant alors avec satisfaction qu'il n'avait sérieusement affaire qu'à deux vaisseaux, passe du *Romney* sur le vaisseau anglais le *Héros*, situé plus près du centre de l'action qu'il veut diriger, au milieu des détonations de 600 bouches à feu que se renvoient avec fracas les sonores échos de la rade.

dérive, il eut cette conviction étrange qu'il manquait de fond, alors qu'il se trouvait à terre des vaisseaux ancrés. Quant à chercher à reprendre son poste en louvoyant, c'était un projet inexécutable.

L'*Annibal* avait été assez longtemps avant de répondre aux feux obliques du *Montmouth*, au tir direct du *Jupiter*, de l'*Active*, de la *Diana* et de quelques vaisseaux de la compagnie. Il avait déjà perdu beaucoup de monde, lorsque ses pièces dégagées lui permirent enfin de venger ses morts; un feu des plus meurtriers et des mieux dirigés annonça aux Anglais qu'il venait de prendre part à la bataille. Ecrasé par une pluie de fer, de Trémigon dirigeait avec un sang-froid imperturbable l'ardeur de ses canonniers, lorsqu'un boulet lui emporta la cuisse gauche. — L'équipage de l'*Annibal*, ranimé par M. de Galles, fait alors des prodiges pour venger la mort de son vaillant capitaine : le feu prend dans la chambre du conseil, mais le calme impassible de M. de Galles conjure ce danger sans interrompre le combat.

Au milieu de cette lutte inégale et acharnée, la position de ce vaisseau s'aggrave successivement par la perte du mât d'artimon, de son grand-mât ; la grande enseigne est emportée , M. de Galles craignant qu'on ne supposât qu'il avait amené, s'empare alors d'une serviette et l'attache de ses mains à un tronçon de mât.

De Suffren avait son *Héros* ancré tout près du *Héros* anglais de même force, et malgré les feux croisés du *Romney*, du *Montmouth*, de la frégate le *Jason* et de plusieurs vaisseaux de la compagnie, soutenait un combat acharné. Debout sur la dunette, la tête recouverte de ce fameux chapeau-talisman , que lui avait donné son frère le prélat, il semblait invulnérable, malgré sa corpulence, au milieu de l'ouragan de fer qui moissonnait tout autour de lui. Rendu furieux par la vue de ses trois vaisseaux hors de portée, ses officiers crurent un instant qu'il voulait tenir tête jusqu'à la nuit à l'escadre ennemie avec le *Héros* et l'*Annibal* mutilé. Mais au bout d'une heure et demie, considérant que son vaisseau avait souffert beaucoup dans la mâture, que 88 hommes étaient hors de combat, et n'espérant aucun secours de ses trois vaisseaux sous-ventés, il se résolut à quitter le champ de bataille.

Cette manœuvre fut fièrement exécutée, sans que le *Héros* cessât un instant d'envoyer, de ses deux flancs embrasés, de terribles bordées sur les ponts ennemis.

L'*Annibal* voulut imiter la manœuvre du chef d'escadre, mais en cherchant à passer entre le *Héros* (anglais) et le *Montmouth*, son dernier mât, le misaine, s'abattit avec fracas aux *hurrahs* triomphants des équipages anglais. Néanmoins, sous l'impulsion seule du vent, l'*Annibal* défila lentement au milieu des ennemis, comme si ce vaillant vaisseau n'opérait qu'avec regret sa glorieuse retraite.

Le *Sphinx* n'avait pu prendre qu'une part insignifiante au combat ; il vint sur l'ordre du commandeur arracher cette proie à l'ennemi, et par une habile manœuvre l'entraîna hors de la baie.

Pendant ce temps, le *Héros* s'éloignait avec lenteur en traînant autour de lui les débris de son gréement hâché par les boulets. Mais l'activité du chef semblait être passée dans son équipage, et la mâture du vaisseau fut provisoirement , mais rapidement consolidée en présence de l'ennemi qu'il défiait encore.

Le commodore Johnston avait vu, avec un furieux dépit, lui échapper l'*Annibal*, dont les pertes en hommes devaient être si graves : A 3 heures et demie, malgré l'état où se trouvaient réduits l'*Isis* et la *Diana*, l'escadre anglaise appareille pour donner la chasse à la division française. « *Allons*, dit le commandeur à cette vue , *point de manœuvres honteuses* , » et reformant la ligne de combat, l'*Annibal* au centre, il présente à l'ennemi un front menaçant.

Cette fière contenance intimida le commodore, qui ralentit tout à coup sa marche, bien qu'il fût arrivé à portée et demie de canon. Ce fut à la nuit seulement que l'escadre française laissa arriver en route, tenant ses feux allumés pour provoquer l'ennemi à la suivre. Les Anglais, qui avaient l'avantage du vent, n'osèrent accepter son défi et rentrèrent précipitamment à la Praya. Dans sa route, Johnston reprit l'*Hinchinbroock*, que l'*Artésien* avait abandonné pour secourir l'*Annibal*, mais où de la Boixière avait eu le tort de laisser beaucoup de monde, ce qui amena la disgrâce de cet officier.

M. de Suffren devance les Anglais au Cap et sauve la colonie.

L'attaque de M. de Suffren, bien que très-glorieuse, n'avait pas eu le résultat qu'il en espérait, par suite des fausses manœuvres de trois vaisseaux. Il n'eut, dès lors, d'autre but que de devancer le commodore et de sauver la colonie hollandaise, dont le sort lui avait été confié. Laissant le convoi sous l'escorte de la *Fortune*, il donna l'ordre au *Sphinx* de prendre l'*Annibal* à la remorque , puis il se couvrit de voiles.

Cette traversée fut heureusement favorisée et le 21 juin, au milieu de l'hivernage, de Suffren aperçut à l'horizon la montagne de la Table, couronnée d'une vapeur légère et flottante que la brise chassait devant elle. Bientôt les 5 vaisseaux laissèrent tomber l'ancre dans la rade de Simons-Bay ; neuf jours après M. de Lusignan ramena le convoi. Un petit navire, et trente soldats de marine qu'il contenait, manquaient seuls à l'appel. Le commandeur, dont l'activité ne se ralentissait pas un moment, débarqua le régiment de Pondichéry et, de concert avec l'officier-général Conway, fit élever des bastions et des redoutes. En quinze jours la colonie se trouva à l'abri de toute agression.

Ce ne fut qu'un mois après l'arrivée de nos secours, que 34 bâtiments anglais montrèrent leurs voiles à l'horizon. Mais Johnston, renonçant à toute tentative, dépassa le cap et fut mouiller dans la baie de Saldanha, à 22 lieues au nord.

Le combat de la Praya eut donc réellement un résultat favorable, puisqu'en retardant l'arrivée du commodore, il rendit inutile cette expédition qui avait coûté beaucoup à l'Angleterre. Johnston s'en consola en capturant quatre navires hollandais qui arrivaient de Batavia richement chargés.

M. de Suffren s'occupa, pendant les loisirs de ce mouillage, à réparer ses bâtiments et à guérir ses blessés. Le 24 juillet, il sortit avec quatre vaisseaux de la rade de False-Bay pour disperser les frégates que Johnston avait laissées en observation, et rendre libres les abords de cette belle colonie, devant laquelle il ne rentra que le 10 août. Après avoir ainsi assuré le repos des Hollandais, qui saluaient en lui leur véritable sauveur, et pris des arrangements pour pouvoir radouber au besoin son escadre dans les bassins du Cap-Town ; il appareilla , le 28 août , avec la *Consolante* et la *Fine* qui l'avaient rejoint.

Résultat du combat de la Praya. Le combat de la Praya fut blâmé par plus d'un officier : En effet , les instructions commandaient à M. de Suffren de secourir le Cap et de primer le commodore en vitesse. Il aurait dû, disait-on , au lieu de risquer ses vaisseaux au milieu d'une escadre nombreuse, se couvrir de voiles dès que les forces de l'ennemi furent connues. Mais les véritables marins ne peuvent accepter un pareil jugement ; la longue route que l'amiral devait parcourir, la marche lourde de son convoi, les éventualités des brises sous l'équateur, laissaient le résultat de cette lutte de vitesse très-problématique. Bien que le combat n'eut pas été coucouronné de succès, (1)il empêcha cependant Johnston de poursuivre nos vaisseaux et leur permit d'arriver au Cap longtemps avant l'escadre anglaise.

Voici d'ailleurs l'impression que M. de Suffren garda lui-même du combat de la Praya , et son opinion sur les conséquences qu'il aurait pu en retirer.

« J'avais quelque inquiétude sur la manière dont on prendrait l'affaire de la Praya. M. de Castries, sur la relation anglaise, m'a écrit une lettre fort obli-

---

(1) Trois commandants durent rendre compte par écrit de leurs mauvaises manœuvres.

geante et quand il aura reçu ma lettre il sera encore plus satisfait (1).

« La Praya pouvait et devait m'immortaliser ; j'ai manqué ou l'on m'a fait manquer une occasion unique. Avec mes cinq vaisseaux je pouvais faire la paix et une paix glorieuse. Ton ami eut été digne de toi ; l'Europe l'eut célébré. Point du tout ; ce combat est du nombre de ceux qui ne décident rien, qui se perdent dans la foule. L'on est blâmé ou approuvé selon les affections, l'envie, le caprice, ou le hasard (2). »

(1) Lettre à Mme de Seillans, du 23 novembre 1781.
(2) Lettre à Mme de Seillans, du 5 décembre 1781.

LIVRE TROISIÈME.

Arrivée de M. de Suffren dans l'Inde. — Combat de Madras et du Provédien.

1781, 25 Octobre. — 17 Novembre, 1782.

Arrivée à l'Ile-de-France, 25 octobre 1781.—Départ de l'escadre française de Port-Louis.—Suffren attaque et prend l'*Annibal* anglais. — Mort de M. d'Orves. — Suffren commande l'escadre.— Elle mouille devant Madras.—Combat du 17 février 1782.—Conduite de quelques capitaines. — Fuite des Anglais. — L'armée se présente devant Pondichéry. — Conditions stipulées avec Hyder-Aly.—Affaire du 12 avril 1782, dite du *Provédien.*—Danger que courent les deux escadres.— Sir Hughes refuse de recommencer le combat et se tient embossé derrière un écueil.

Arrivée à l'Ile-de-France, 25 octobre 1781.

Lorsque M. de Suffren laissa tomber l'ancre dans la rade de Port-Louis (25 octobre 1781), après une longue et pénible traversée, il y trouva six vaisseaux, trois frégates, et quelques corvettes que M. d'Orves tenait paisiblement au mouillage. La nouvelle du combat de la Praya et des secours apportés à la colonie du Cap, avait précédé l'arrivée du commandeur (1), et chacun put établir un parallèle entre ce vaillant capitaine et M. d'Orves, plus occupé des soins d'une santé délabrée que des intérêts et de la gloire de son pays.

La présence du commandeur réveilla chez lui le sentiment de l'honneur assoupi par l'éloignement du

(1) La *Fine* avait déjà annoncé la mission confiée à de Suffren.

péril ; une campagne dans l'Inde fut résolue, et grâce
a l'énergie de Suffren, les vaisseaux qu'il venait
d'amener furent réparés avec tant d'activité, que les
forces navales réunies se trouvèrent en état d'appareiller dans les premiers jours de décembre.

La vie molle et oisive qui avait un charme si énervant
pour les officiers de M. d'Orves, dans ce doux mouillage de l'Ile de France ; le séjour au milieu de cette
opulente société créole qui n'avait alors de rivale pour
l'urbanité, l'élégante distinction, que dans les salons
aristocratiques de Paris, ne purent distraire un instant
M. de Suffren de ses nobles préoccupations.

Nous en trouvons des preuves dans deux fragments
de lettres adressées à Mme de Seillans :

A l'Ile-de-France, 23 novembre 1781.

« J'ai eu, du cap ici, une traversée affreuse par la
longueur et les maladies qu'il y a eu. Nous allons aller
dans l'Inde avec de grandes forces et nous devrions
attendre des succès, mais une infinité de raisons me
font bien craindre qu'il n'y en ait pas.

« Cecy est un fort beau pays, l'air est très salubre,
et l'on n'y manque pas de provisions ; mais nous y
manquons beaucoup de munitions navales, et nous
venons de perdre un convoy, du moins en partie, qui
nous en apportait.

« Il règne ici, un esprit d'indépendance et de cupi-
dité parmi les sulbaternes et parmi les chefs, de sorte
qu'il est difficile d'espérer qu'on puisse faire quelque
chose de bien. J'ai le plus grand désir de m'en retourner, et je le demande avec empressement. »

A l'Ile-de-France, le 5 décembre 1781.

« Attendez-vous, ma chère et tendre amie, a estre longtemps sans recevoir de mes nouvelles. Nous partons pour l'Inde : — Ma santé est très bonne, c'est l'essentiel; quant à ma position, je suis en second dans une belle escadre. M. d'Orves, qui en est le chef, me fait beaucoup de caresses, mais comme il est si bon qu'il peut passer pour faible, la confiance qu'il me donne sera partagée avec le public, Le peu d'espoir qu'il y a de faire quelque chose de bon avec de pareils caractères, me fait désirer mon retour avec le plus grand empressement.

« Le public d'icy m'a accueilli parfaitement, mais la jalousie des marins qui sont ici depuis cinq ans sans avoir rien fait, ne m'a pas produit le même accueil. Ce pays-ci amollit; il y a une quantité de jolies femmes, et une façon de vivre fort agréable. L'on y gagne de l'argent, quand on commerce. Tout cela vaut mieux que de faire la guerre. Aussi reste-t-on ici tant qu'on peut.

« Nostre campagne dans l'Inde peut estre très longue. Si on y a des succès on doit n'en plus revenir; fuir surtout cette isle qui ressemble beaucoup à celle de Calypso. On aurait besoin d'un Mentor (1).

(1) On voit ici que Suffren était déjà convaincu de l'avantage qu'il y aurait à hiverner dans l'Inde, contrairement à la routine d'après laquelle les vaisseaux venaient passer à l'Ile de France la mauvaise saison. Aussi nous le verrons, lorsqu'il aura le commandement en chef, se bien garder de retourner à cette île, et aller passer le mauvais temps qui règne sur les côtes de Coromandel depuis octobre jusqu'aux premiers jours de janvier, à la baie de Trinquemalay (île de Ceylan) ou à Achem (île de Sumatra).

« Notre escadre bien armée peut faire de grandes choses, il ne nous manquera que de la tête et de la confiance, chose assez rare parmi nous. Si nous revenons de l'Inde sans rien faire, mon parti est pris de m'en aller plustost que de rester icy six mois dans le port. Je sers pour faire la guerre, et non ma cour aux femmes de l'Isle de France. Adieu, ma chère amie, je t'embrasse de tout mon cœur : hélas ! quand pourrais-je estre auprès de toy, vivre tranquillement. J'acquiers pour faire des contes.

« M. de Castries m'a écrit sur la Praya, une lettre aussi agréable qu'elle peut l'estre sur une affaire qu'il ne connaît que par la relation anglaise.

La cour de Versailles, désirant couvrir de son égide les comptoirs de la République batave , son alliée (1), avait enfin compris que la côte de Coromandel devait être le théâtre des opérations militaires, et que porter la guerre au cœur de l'Inde anglaise, c'était atteindre la source d'où la Compagnie britannique tirait ses immenses richesses.

Le marquis de Bussy (Bussy l'indien), dont les brillantes qualités et le reflet de la gloire de Dupleix avaient élevé la fortune, fut alors désigné pour com-

(1) A la première nouvelle de la rupture entre l'Angleterre et la Hollande, Sir Edwards Hughes, resté maître de la mer, s'était concerté avec le général Munro, avait forcé Negapatnam à capituler (12 novembre) et s'était emparé de Trinquemalay (11 janvier.)—En peu de temps, les Hollandais, pris au dépourvu, après une longue paix, perdirent leurs établissements de Surate, de de Sumatra, du Coromandel, du Bengale et Trinquemalay.

Le chiffre des richesses que contenaient ces établissements fut estimé à 10,450,000 florins.

mander les forces qui devaient se réunir à l'Ile-de-France.

Malheureusement les divers convois trop faiblement escortés, ne purent tous échapper à l'ennemi et atteindre ce point de ralliement.

Déjà le patriotisme du jeune gouverneur de Souillac avait pris les devants en organisant, avec ses ressources coloniales, un corps de 2,868 hommes, qu'il confia à Duchemin dont le mérite n'était pas à la hauteur d'un commandement aussi difficile.

Départ de l'escadre française de Port-Louis

Le 7 décembre 1781, l'escadre française comptant 27 voiles (1), appareilla pour la côte orientale de Ceylan. Sur l'*Orient* flottait le pavillon amiral d'une armée dont les opérations allaient avoir pour théâtre la région la plus poétique de l'ancien monde. D'Orves adopta d'abord, sur les avis de Suffren, la route du Nord et put ainsi, en s'élevant dans cette direction, aller chercher les vents d'Ouest qui règnent dans ces parages. Mais bientôt, changeant de route, il courut sur Ceylan, au lieu de se diriger vers Madras comme le voulait le commandeur.

Suffren attaque et prend l'*Annibal*.

Dans cette traversée, le *Héros* poursuivit et captura, après un combat court et brillant, un vaisseau de 50, l'*Annibal*, qui reçut immédiatement un équipage français. Par son capitaine, on apprit l'arrivée prochaine de 5 vaisseaux anglais et de 800 hommes de troupes ; malgré ces nouvelles défavorables, ce premier succès fut regardé par tous nos marins, comme un heureux présage pour la campagne qui s'ouvrait.

(1) Onze vaisseaux, trois frégates, trois corvettes, un brûlot et neuf transports.

Le 3 février 1782 , d'Orves mourant , remit son commandement à de Suffren , que le roi venait de nommer chef d'escadre (12 janvier 1782). Aussitôt le nouveau chef résolut de reprendre le premier projet d'aller surprendre les Anglais sous les murs de Madras. .

Profitant avec habileté de la mousson de N.-E., il était parvenu à quelques heures de cette présidence, lorsque les vents sautés brusquement au Sud, et les courants qui remontent la côte de Coromandel, entraînèrent nos vaisseaux à 20 lieues dans le Nord. Pendant ce temps, l'escadre anglaise revenait tranquillement de Ceylan, favorisée par cette même brise que maudissait le commandeur.

Mort de M. d'Orves.

Lord Macartenay, l'habile gouverneur de Madras, s'empressa de ranger les vaisseaux de sir Hughes sous la protection des formidables batteries du fort St-Georges, jusqu'à l'arrivée du commodore Alms, qui amenait à l'amiral un renfort de 3 vaisseaux et d'un transport armé.

Le jour même où cette division rallia l'escadre anglaise (9 février 1782), le général d'Orves succomba, laissant à de Suffren le poids d'une énorme responsabilité devant un ennemi redoutable. Mais le génie du nouveau chef se trouvait à la hauteur des évènements qui allaient se dérouler, et ses dispositions furent prises aussitôt : il répartit les commandements à ses officiers suivant leur rang d'ancienneté, et envoya à Pondichéry, sur la corvette la *Diligente*, M. de Canaple, lieutenant-colonel, pour se mettre en rapport avec

Hyder-Aly et lui donner avis de son arrivée sur la côte de Coromandel.

Favorisée par le retour de la mousson de N.-E., l'armée française put reprendre bientôt sa route, et le 14 février, la *Fine* signala 11 vaisseaux anglais mouillés sous les forts de Madras. Le lendemain, tandis que cette frégate envoyait bravement ses volées à une frégate anglaise accourue en reconnaissance, notre escadre, poussée par une brise molle, formait lentement sa ligne de bataille et s'avançait majestueuse et menaçante. Le soleil indien brûlait les ponts, et nos marins épiaient au large les légères ondulations soulevées par un souffle inégal qui venait mourir dans nos grandes voiles. L'espace qui les séparait de l'ennemi disparut peu à peu sous cette faible impulsion, et le vaisseau de tête, le *Bizarre*, finit par arriver à deux portées de canon des Anglais. Aussitôt de Suffren donne l'ordre de laisser tomber une ancre, et appelle à son bord tous les capitaines.

L'armée mouille au nord de Madras.

Aux approches de Madras, se déroule aux regards une vaste plage sur laquelle la mer vient se briser, et qui forme, dans un de ses coudes, une rade mal abritée. Au moment du mouillage de nos vaisseaux les flots étaient calmes, et un long cordon d'écume marquait seul la barre de l'attérage ; au loin se dessinaient les hautes vérandas de la ville, la tour du môle, le clocher pointu du temple, et la mâture élancée qui portait à son faîte le pavillon britannique.

La forte position des vaisseaux ennemis, embossés sous la protection des batteries de terre, leur donnait un tel avantage sur des bâtiments destinés à combattre sous voiles, que Suffren, malgré son audace, n'osait rien entreprendre. Il proposa donc d'aviser aux moyens de débarquer les troupes expéditionnaires. Cet avis adopté par Duchemin et divers capitaines, trouva de l'opposition de la part de M. Perrier de Salvert. Le jeune commandant de la *Fine* alléguait l'impression défavorable qu'une conduite trop réservée causerait aux Indiens, la nécessité d'étonner l'ennemi par un début éclatant, et la possibilité de passer entre la terre et les vaisseaux anglais.

Bien que cette proposition dut lui sourire par sa hardiesse, le commandeur ne voulut point ainsi compromettre son escadre entre deux feux, et, suivant les lois d'une prudente circonspection, continua à s'avancer dans le Sud.

Vers le soir, la brise fraîchit, et l'on ne fut pas peu surpris de voir l'escadre anglaise lever ses ancres et s'élever au vent. On crut d'abord qu'elle voulait reprendre son premier mouillage, mais le regard infaillible de Suffren ne tarda pas à deviner que sir Hughes voulait suivre et inquiéter nos transports. Aussitôt l'ordre fut signalé au convoi de se couvrir de voiles pour passer entre la terre et nos vaisseaux, tandis que la *Fine* éclairerait la marche de l'ennemi.

L'escadre, sur deux colonnes, éteignit ses feux et tint le vent sous les huniers ; mais, pendant la nuit, la *Pourvoyeuse* lasse de protéger nos transports, les perdit de vue, et l'ennemi mal surveillé par M. de Salvert, glissa entre le convoi et nos vaisseaux, tout en courant dans le Sud pour couvrir Trinquemalay.

Au point du jour, l'amiral ne voyant aucune voile au vent, resta convaincu que l'escadre anglaise n'avait fait que changer de mouillage, et continua sa route, sans se douter que sir Hughes envoyait ses plus fins voiliers pour enlever le convoi français.

Cette erreur fut de courte durée : aux signaux réitérés de la *Fine*, *voiles ennemies dans le Sud!* de Suffren comprend qu'il fait fausse route, et couvrant de toile la haute mâture de ses vaisseaux, vole au secours du convoi dont les capitaines faisaient merveille pour échapper aux Anglais. Bientôt l'amiral Hughes serré de près, se vit contraint de rappeler ses bâtiments dispersés et de former sa ligne. Il était temps ! plusieurs de nos transports étaient sur le point d'être amarinés.

Combat de Madras 17 février 1782

Pendant la nuit nos mauvais marcheurs rejoignirent le *Héros;* « et au jour je vis les ennemis sous le vent et de l'avant, environ à une lieue et demie. La variété du vent, le calme, la pesanteur de la marche de plusieurs vaisseaux ne m'ont permis de les attaquer qu'à trois heures et demie. » (1.)

En effet, tandis que les Anglais, traînant le *Lawriston* à la remorque, formaient régulièrement leur ligne, le commandeur, mal secondé par une faible brise d'E.-N.-E., et par un temps brumeux, ralliait à grand'peine ses lourds vaisseaux, qui, pendant la nuit, avaient mal compris ses signaux.

Voyant que ses capitaines ne pouvaient parvenir à

____

(1) Lettre de M. de Suffren. — Archives de la Marine.

prendre leur poste, il leur signala de former la ligne par rang de vitesse, laissant à chacun d'eux la liberté de combattre suivant son courage et son talent (1).

A trois heures et demie, le *Héros* placé fièrement en chef de file, essaye ses canons sur l'*Exeter* portant le guidon rouge du commodore King; mais bientôt de Suffren entrevoit, au milieu de la fumée des premières bordées, le pavillon de commandement de l'amiral anglais ; il laisse l'arrière-garde ennemie en présence de l'*Orient,* du *Sphinx,* du *Vengeur* et du *Petit-Annibal,* et s'avance à la rencontre de son redoutable adversaire.

Conduite des capitaines — Depuis la nomination de Suffren au commandement suprême, une sourde jalousie avait amené un grand nombre de capitaines à des actes d'hostilité qu'ils cherchaient à peine à dissimuler. En vain le *Héros* donna-t-il l'ordre à la seconde division, que commandait de Tromelin, *d'approcher l'ennemi à portée du*

(1) TABLEAU DES DEUX ESCADRES.

ANGLAISE.		FRANÇAISE.	
AVANT-GARDE.		**1re DIVISION.**	
Eagle	64, Reddel.	Héros	74, De Suffren.
Montmouth	64, Alms.	Orient	74, La Paillière.
Worcester	64, Wood.	Sphinx	64, Du Chilleau.
CORPS DE BATAILLE.		Vengeur	64, De Forbin.
Burford	64, Reiner.	Petit-Annibal	50, De Galles.
Superb	74, { E. Hughes. / Stevens, cap.	**2me DIVISION.**	
		Annibal	74, De Tromelin
Héros	74, Hawker.	Sévère	64, De Cillart.
ARRIÈRE-GARDE.		Artésien	64, De Maurville
Isis	54, Lumley.	Ajax	64, Bouvet.
Monarca	74, Gell.	Brillant	64, De St-Félix.
Exeter	64, King.	Flamand	54, De Cuverville.

pistolet, l'*Annibal*, le *Sévère*, le *Bizarre*, l'*Artésien*, le *Brillant* et le *Flamand* s'obtinèrent à combattre à grande portée. Ce fut à cette mauvaise conduite que l'escadre anglaise dut de ne pas être écrasée ; et plus tard, lorsque Suffren indigné demanda compte à ces commandants d'une immobilité honteuse, ils ne purent se retrancher que derrière leur fidélité à se tenir dans les eaux les uns des autres.

A l'arrière-garde, l'*Ajax* et le *Flamand*, obéissant à un ordre direct, essayent d'attaquer par dessous le vent. Mais l'*Ajax*, contrarié par un signal de Tromelin, cède à regret sa place au *Brillant* (1). M. de St-Félix, qui commande ce dernier, d'accord avec de Cuverville, prend vers quatre heures une part réelle au combat, en attaquant avec vigueur le commodore King. Malheureusement pour le *Brillant*, le feu mal dirigé de l'*Artésien* lui cause des avaries, le force de renoncer à un succès probable et de céder sa place au *Flamand*.

Le commodore King n'avait plus sous ses pieds

(1) Le lendemain du combat, M. Bouvet commandant de l'*Ajax*, chagrin de sa conduite, se tenait à l'écart dans la chambre du conseil du Héros, où les capitaines avaient été appelés, n'osant approcher du général. « M. Bouvet, lui dit Suffren en s'avançant « vers lui, votre zèle et vos talents m'étaient signalés, mais « l'exemple de subordination que vous avez donné hier a achevé « de vous faire connaître. Qu'il a dû vous en coûter, en vous « retirant au moment où vous alliez prendre part au combat ! « Je ferai en sorte, que vous n'essuyiez plus ce désagrément. » Ch. Cunat, Histoire du Bailli de Suffren.

M. Bouvet remercia avec émotion ; mais son grand âge devait bientôt paralyser ces bonnes intentions.

qu'un vaisseau horriblement délabré ; il venait de
voir tomber à ses côtés ses meilleurs officiers, et, le
désespoir dans le cœur, voulait s'ensevelir sous les
flots avec son vaillant équipage. A six heures pourtant il éteignit son feu et Suffren donna l'ordre de cesser le combat. Mais l'obscurité, empêchant de voir
que l'*Exeter* avait amené son pavillon, le *Flamand*
continuait à diriger sur lui un feu terrible, lorsque le
Monarc et deux autres vaisseaux qui n'avaient pas
encore combattu, vinrent forcer Cuverville de rejoindre le gros de l'escadre.

Suffren
ordonne de
cesser
le combat.

A sept heures, le commandeur ayant fini de rallier
ses vaisseaux, fit virer de bord; contrarié par le temps
brumeux , la pluie, le mauvais vouloir d'une partie
de ses capitaines et la lourde marche de ses vaisseaux , il ne put, à son grand regret , compléter sa
victoire. — Il resta maître du champ de bataille, avec
trente morts et une centaine de blessés au plus sur les
cadres. — Il n'est pas douteux que les Anglais eussent subi une déroute irréparable si l'on eut pu les
poursuivre.

« Le combat du 17 février pouvait réparer nos pertes avec avantage , s'il eut été possible de joindre
l'ennemi de meilleure heure ; mais il n'y eut que les
vaisseaux cuivrés qui donnèrent. La ligne entière,
n'ayant pu être formée qu'à l'entrée de la nuit, ces
motifs engagèrent M. de Suffren à ne pas poursuivre
l'ennemi (1). »

(1) Archives de la Marine. — Lettre de M. de Souillac.

Les pertes éprouvées par l'escadre portèrent sur les vaisseaux le *Héros*, l'*Orient*, le *Vengeur*, le *Sphinx*, le *Brillant*, le *Flamand* et le *Petit-Annibal*; les autres s'étant tenus éloignés du feu. Les noirs embarqués à l'Ile-de-France montrèrent beaucoup de bravoure pendant le combat, le commandeur leur rendit justice et en demanda depuis un plus grand nombre à M. de Souillac ; quant au matériel, on perdit deux mâts de hune et le vaisseau-hôpital.

Telle fut l'issue du premier combat livré par de Suffren à l'amiral Hughes. — Découragé par le mauvais vouloir de son état-major, par la marche pesante de ses bâtiments et les manœuvres malhabiles de ses équipages, l'amiral français commit une faute en cessant un combat qui avait tourné à son avantage. — Malgré le désordre de la division Tromelin et la défection des capitaines de l'*Annibal*, du *Bizarre*, de l'*Artésien* et du *Sévère*, l'escadre anglaise eut été écrasée, détruite, ou du moins, elle n'eut jamais osé reparaître en ligne devant la nôtre, si **M.** de Suffren, resté maître du champ de bataille, se fut attaché à ses flancs.

Fuite des Anglais 18 février 1782. Le lendemain de ce combat, le ciel, d'une pureté admirable au lever du soleil, annonçait une de ces journées splendides si fréquentes à la fin de l'hivernage sur la côte de Coromandel ; l'escadre anglaise, hors de vue, fuyait à pleines voiles dans le Sud, tandis que nos vaisseaux *mailletés* profitaient du retour momentané de la mousson de N.-E. pour continuer leur route sur une mer faiblement ondulée. Suffren,

manquant d'eau et obligé de rejoindre son convoi,
avait hâte de se mettre en relation avec Hyder-Aly ; il
se décida, en conséquence, à rallier Pondichéry, qui
n'osait point encore saluer notre pavillon, en faisant
remorquer par l'*Artésien*, le *Petit-Annibal*, (1) dont
M. de Galles avait à changer les mâts de hune.

Mais nos vaisseaux arrivaient à peine en vue de la
plage sablonneuse et blanche d'écume de Pondichéry,
que sur un avis de M. Piveron (19 février), le commandeur rebrousse chemin et vient mouiller dans la
rade de Porto-Novo, désignée aux Français par Hyder-
Aly lui-même (2).

L'armée
se présente
devant
Pondichéry.

Pendant que notre héros se mesurait pour la première fois avec sir Edwars Hughes, Tippoo-Saëb se
montrait digne de son glorieux père en battant le colonel Braithwaite, qui resta en son pouvoir avec treize
pièces d'artillerie. Le nabab, aussi adroit politique
que vaillant guerrier, voulut profiter de cette victoire
et du voisinage des forces françaises. Il fit aussitôt
délivrer des vivres aux trois mille hommes que Duchemin venait de débarquer, et arrêta les conventions
qui devaient régler son alliance.

D'après une lettre de Suffren, on voit qu'il était
temps d'arriver auprès d'Hyder-Aly ; quelques jours
encore et ce précieux allié signait la paix avec l'Angleterre.

« Lorsque nous sommes arrivés à la côte, Hyder-

---

(1) Ce vaisseau s'était distingué pendant l'action.

(2) M. Duchemin n'avait pas voulu seconder le projet d'enlever Negapatnam, clef de la riche province de Tanjaour.

Aly était prêt à conclure la paix. M. de Piveron m'a empêché de croiser au devant du *Sultan*, disant que si je quittais la côte, tout serait perdu (1). »

Pendant que les généraux français et le nabab échangeaient des députations d'officiers et les clauses par lesquelles 6,000 cipayes et quelques régiments de cavalerie devaient se réunir aux troupes de Duchemin; le commandeur, désolé de ces longs pourparlers, exprimait ses regrets de laisser tant de répit à l'escadre ennemie.

En effet, l'amiral Hughes était allé dans la baie de Trinquemalay, réparer ses vaisseaux mutilés, puis, profitant des retards éprouvés par son infatigable adversaire, il avait rejoint à Madras un convoi de 800 soldats et d'un grand approvisionnement qu'escortaient les beaux vaisseaux le *Magnanime* et le *Sultan*.

Notre escadre fut à son tour ralliée par la *Pourvoyeuse*, les *Bons-Amis* et la *Bellone*. Cette frégate, toujours prête à seconder les désirs impatients du commandant en chef, venait de bien mériter de la patrie à la hauteur de Paliacate, et amenait, entre autres prises, la jolie corvette le *Chasseur* de 18 canons.

Condition stipulée avec Hyder-Aly.

Mais l'argent manquait, et le produit des prises vendues à Trinquebar était insuffisant pour se procurer tous les vivres et objets de nécessité dont nos vaisseaux étaient démunis. D'une autre part, le gouvernement colonial hollandais montrait de la froideur

(1) Archives de la Marine. — Lettre de M. de Suffren, 1er Mai 1782.

envers une armée qu'il aurait dû appeler de tous ses
vœux, et les capitaines de l'escadre, déshabitués des
rudes campagnes par l'oisiveté d'un long mouillage,
continuaient à murmurer et à donner des marques
ostensibles d'insubordination.

Tous ces obstacles ne firent qu'irriter l'ardeur et
aiguillonner l'activité de Suffren, résolu à relever la
gloire de nos armes, à reconquérir nos anciennes possessions, et à sauver nos alliés.

« Je compte faire l'impossible pour rester dans ces
mers. En conséquence, je vous prie de m'envoyer le
plus que vous pourrez, depuis les haubans de 74
jusqu'au quarantainier.

« Nous n'avons perdu que deux mâts de hune dans
le combat du 17 ; mais d'ici que nous ayons de vos
nouvelles, vraissemblablement nous aurons une
affaire. . . . .

« Il manque 600 hommes à l'escadre, l'armement
de l'*Annibal* compris. Envoyez moi donc : 1° des marins ; 2° des soldats, 3° des volontaires ; 4° des noirs.
On a été très-content de ces derniers dans le combat. »

Après avoir débarqué Duchemin et ses troupes, le
commandeur appareilla, le 23 février, pour courir
vers le sud, afin de convoyer quelques bâtiments
qu'il envoyait à Batavia et à l'Ile de France. Il cherchait en même temps à retrouver quelques-uns de
ses transports réfugiés à la Pointe de Galles, et à rencontrer de nouveau l'ennemi.

(1) De Suffren à M. de Souillac, 12 mars 1682, archives de
la marine.

Retardé par les courants, et non par le mousson du Sud, comme le dit Trublé de la Villejégu, de Suffren recrute à Trinquebar quelques Cafres et Lascars, destinés à aider les équipages affaiblis, et vient mouiller, le 26, sous les canons de Négapatnam, pour pouvoir ensuite doubler la pointe de Calymère, couronnée de deux jolies pagodes. Non loin de là, M. de Langle, poursuivi par les vaisseaux anglais, échouait entre Karikal et Trinquebar la corvette *l'Expédition*. Les dépêches du ministre, qui enjoignaient à l'amiral de revenir à l'Ile de France, et celles de Bussy, furent heureusement perdues pour l'escadre, qui essayait dans ce moment de profiter des brises favorables pour gagner Ceylan.

Le 8 mars et jours suivants, nos vaisseaux découvrirent l'ennemi; quatorze voiles furent successivement signalées, mais le vent était presque tombé, et ce ne fut que le 10, qu'on pût en approcher de manière à distinguer convenablement son allure. Une corvette envoyée pour nous reconnaître s'était rapidement repliée; lorsque *la Fine* fit l'heureuse capture d'un navire, porteur de papiers importants, et d'un secrétaire que lord Macartenay envoyait pour lier des rapports avec le roi de Candy, dans le but de chasser les Hollandais de Ceylan; ce fut une excellente découverte pour le commandant en chef qui fit passer ces papiers à nos alliés.

Nous trouvons dans la correspondance du Bailli, une lettre à Mme de Seillans qui peint en quelques mots la situation de son esprit dans ce moment critique :

> Ce 1ᵉʳ avril 1782, en mer sur la coste de Coromandel,
> à 20 lieues de Tranquebar.

« Je vous ai écrit à la hâte, ma chère amie, la der-
« nière fois, et en vérité, depuis lors je n'ai pas moins
« esté occupé. Le débarquement d'une armée, l'ap-
« provisionnement et la conduite d'une escadre, don-
« nent beaucoup d'occupations.

« Depuis le combat du 17 février, les Anglais n'ont
« plus reparu. Nostre débarquement s'est fait le plus
« tranquillement. Me voicy en mer ; je désire bien
« dans peu vous donner de bonnes nouvelles, mais il
« faut pour cela trouver les Anglais et les battre.

« Je suis dans une superbe position, commandant
« 12 vaisseaux de ligne et, à la mer, sur plus de 1,500
« lieues de côte ; mais il y a beaucoup de mais. Je
« crains à présent que M. de Castries ne m'accorde la
« grâce que je lui ai demandée de me faire revenir,
« car nulle part je ne pourrais estre employé d'une
« façon aussi brillante.

« Malgré cela j'ai de grands désagréments et un
« des plus forts est.... je n'ose achever, adieu, etc. »

L'armée anglaise semblait vouloir éviter le combat :
le commandeur devinant chez son adversaire l'intention de se retirer à Trinquemalay prit cette route pour
lui barrer le passage. Le lendemain aux premières
lueurs du jour, sir Hughes surpris de se trouver à
trois lieues sous le vent, prit chasse devant nous,
fuyant a toutes voiles dans le Sud-Ouest. Mais gêné
bientôt par la terre qu'il avait devant lui, il prit le
parti de combattre, et, serrant le vent, ordonna sa
ligne de bataille.

Suffren craignant que l'ennemi, qui longeait la terre, n'atteignit la baie de Trinquemalay , et ne se dérobât, tint ses vaisseaux sur une ligne parallèle à celle de l'escadre anglaise (1).

Combat du avril 1782, dit du Provédien.

A midi, son impatience de commencer le combat, lui fait donner le signal d'arriver sur l'ennemi qu'il devait ainsi joindre sur une ligne oblique. Mais le *Vengeur et l'Artésien* ne laissent pas assez *porter* et c'est en vain que l'*Exeter* ouvre son feu sur le *Vengeur* ; M. de Forbin s'obstine à rester toujours à grande distance. L'*Artésien* suit *prudemment* cet exemple pusillanime, et, sans répondre aux ordres réitérés du chef d'escadre, perd ses boulets en combattant le *Sultan* a longue portée (2).

Le *Petit Annibal*, quoique mal armé, vient résolument attaquer l'*Eagle* de 64 et bientôt la brillante

(1) TABLEAU DES DEUX ARMÉES COURANT PARALLÈLEMENT.

FRANÇAIS.			ANGLAIS.		
Vengeur....	64,	De Forbin.	*Exeter*.....	65,	King.
Artésien....	64,	De Maurville.	*Sultan*.....	74,	Watt.
Petit Annibal	50,	De Galles.	*Eagle*.......	64,	Reddel.
Sphinx.....	64,	Du Chilleau.	*Burford*....	64,	Reiner.
Héros	74,	De Suffren.	*Montmouth*..	64,	Alms.
Orient	74,	De la Paillière	*Superb*.....	74,	Hughes.
Brillant....	64,	De St-Félix.	*Monarc*	74,	Gell.
Sévère	64,	De Cillart.	*Magnanime*.	64,	Wolsely.
Ajax.......	64,	Bouvet.	*Isis*........	56,	Lumley.
Annibal	74,	De Tromelin.	*Héros*	74,	Hawker.
Flamand ...	56,	De Cuverville	*Worcester*...	64,	Wood.
Bizarre	64,	La Landelle.			

(2) MM. de Forbin et de Maurville payèrent à leur retour en France, par une rigoureuse détention, leur triste conduite.

conduite de M. de Galles, resté au poste d'honneur malgré ses nombreuses blessures , est imitée par du Chilleau. Ce hardi capitaine, n'ouvrant son feu qu'à portée de pistolet, range le *Sphinx* par le travers du *Burford* et soutient contre cet ennemi redoutable un combat des plus sanglants.

Le *Héros*, l'*Orient* et le *Brillant* dignement commandés, étaient venus attaquer le centre de l'armée anglaise composée de quatre vaisseaux, le *Montmouth*, le *Superb*, le *Monarc*, et le *Magnanime*. Malgré ce noble exemple , le *Vengeur* et l'*Artésien* s'obstinèrent à combattre à grande distance, et furent honteusement imités par une partie de l'arrière-garde le *Sévère*, l'*Ajax* et l'*Annibal*, qui se tinrent éloignés de la ligne de bataille, au mépris des signaux pressants du commandeur. Heureusement pour l'honneur du pavillon que le *Flamand* et le *Bizarre*, commandés par de Cuverville et la Landelle, vinrent ouvrir leur feu contre l'*Isis*, le *Héros* (anglais), et le *Worcester*.

Les deux amiraux échangeaient leur bordées depuis le commencement de l'action , lorsque de Suffren aperçut tout-a-coup, avec un vif mécontement, la conduite honteuse de ses deux vaisseaux de tête, le *Vengeur* et l'*Artésien*, et les lenteurs de son arrière-garde qui laissait des vaisseaux anglais sans adversaires. Cédant avec regret sa place à l'*Orient*, qui se montre digne de lutter avec le *Superb*, Suffren court se jeter sur le *Montmouth*, dont les feux obliques et divergents faisaient beaucoup de mal au *Héros* et au *Sphinx*, tandis que M. de St.–Félix vient audacieusement attaquer le *Monarc*, supérieur en force au vaisseau le *Brillant* qu'il commande.

L'arrière-garde française n'osant pousser plus loin la désobéissance, prit part enfin à l'action ; et malgré l'éloignement des deux vaisseaux que nous avons signalés, et le peu de vigueur de quelques-uns des tard-venus, le combat devint général. Le *Héros* se faisait surtout remarquer par la vivacité, la justesse de son tir, et le *Montmouth*, écrasé par ses bordées, voyait s'écrouler sa haute mâture lorsque sir Hughes vint secourir fort à propos le capitaine Alms.

Le commandeur, malgré ses pertes et les avaries de son gréement, hâché par les boulets de *Montmouth*, ne fut point surpris de la brusque attaque du *Superb*, et, par son héroïque résistance, donna le temps à l'*Orient* et au *Brillant* de le dégager en passant entre les deux vaisseaux amiraux. — L'habile manœuvre des commandants de la Paillière et de St-Félix, en sauvant le *Héros*, avait placé le *Montmouth* entre les deux lignes embrasées ; l'arrière-garde française foudroyait ce malheureux vaisseau, sur le point de se rendre malgré les efforts du capitaine Hawker (1) pour le sauver, lorsque sir Hughes, qui ne voulait pas l'abandonner (2), vira de bord et revint sur lui avec toute son escadre.

Il était 3 heures 45' ; de Suffren, exécutant la même manœuvre, espérait encore couper la route au *Mont-*

(1) Du *Héros*, anglais.

(2) Il s'était, dans une autre circonstance, emparé du *Foudroyant*, de 80 canons, commandé par le marquis Duquesne.

mouth démâté et s'en emparer ; mais la mauvaise volonté que mirent MM. de Forbin et de Maurville à obéir à ses signaux, la lenteur des manœuvres de l'*Ajax* (capitaine Bouvet) et un incendie qui se déclara dans la mâture de l'*Orient* firent échouer son dessein, tandis que les évolutions rapides de l'escadre anglaise, admirablement disciplinée, permettaient au *Héros* (anglais) de prendre le vaisseau de sir Alms à la remorque.

Les deux escadres se trouvèrent alors avoir renversé leur ordre de bataille. Le commandeur, acharné à la conquête du *Montmouth* devenu l'enjeu du combat, ordonne à l'*Artésien* d'aller l'amariner. — M. de Maurville, qui n'avait point encore combattu, s'y refuse sous de honteux prétextes.

A 5 heures 1/4, l'amiral, laissant M. de Moissac réparer le *Héros* désemparé, sans avoir perdu pourtant beaucoup de monde, passa sur l'*Ajax* qui venait enfin de prendre part à l'action, et aussitôt le feu redevint terrible et meurtrier.

Dans ce moment, l'escadre anglaise, toujours en ligne, longeait la terre sous les bordées de l'*Artésien*, du *Bizarre*, de l'*Annibal*, du *Flamand*, du *Brillant* et de l'*Ajax*, qui la trouaient de leurs boulets. . . . .

. . . .

— Heureusement pour l'Angleterre, une tempête vint éteindre le feu de nos vaisseaux et les contraindre à lutter contre la mer et une nuit des plus sombres. Le ciel se couvrit rapidement de gros nuages noirs que déchiraient, à chaque instant, d'éblouissants éclairs, et la houle devint énorme.

A la vue des nouveaux dangers qui menacent l'armée, l'amiral ordonne de cesser le feu, laissant à chaque capitaine le soin de veiller au salut de son bâtiment, au milieu de l'obscurité qui commençait à envelopper les deux escadres ennemies, acculées contre le rivage.

A 6 heures, l'ouragan éclata avec furie, et plusieurs vaisseaux qui serraient encore silencieusement l'ennemi contre la terre, coururent de grands dangers en rejoignant le gros de l'armée ; quelques-uns talonnèrent et l'*Ajax* qui portait alors le guidon du chef d'escadre, fut un instant très-exposé. De Suffren, enveloppé d'épaisses ténèbres, avec trois vaisseaux désemparés, se décida à mouiller pour éviter de plus grands désastres.

Un curieux épisode de cette nuit d'orage nous semble devoir être relaté ici pour indiquer dans quelle confusion la lutte avec les éléments avait jeté tous les esprits. — La *Fine* cherchait dans l'obscurité à prendre le *Héros* à la remorque ; tout à coup elle se trouve en présence de l'*Isis* qui engage et casse son bout-de hors de beaupré dans les haubans d'artimon de la frégate. — Grande confusion à bord des deux bâtiments ! Tandis que les prisonniers anglais se sauvent à bord du vaisseau, des gabiers français hâchent les manœuvres de l'*Isis*, d'autres vont à la maraude par les sabords et reviennent sans être inquiétés : Les deux commandants étaient stupéfaits de cet accident ; M. de Salvert voulut un instant s'enfuir dans un canot de peur d'être saisi, mais M. Sebire de Beauchène, ancien officier de la *Belle-Poule*, l'en empêcha par sa ferme contenance. Quant à Lumley, il criait de son bord : « Ne faites pas un coup de feu, car, d'honneur, je vous coule de mes deux batteries. » Ridicule menace, si l'on se représente la situation relative des deux navires. — Un grain violent trouva leurs voiles orientées en sens contraire et les sépara.

L'*Orient* et le *Héros* passèrent aussi une partie de la nuit mouillés au milieu de l'escadre anglaise. Une heureuse éclaircie et la brise de terre qui s'éleva fraîche et parfumée de délicieuses senteurs, permirent à de la Paillière et à de Moissac de sortir de ce dangereux mouillage.

Le soleil du lendemain montra les vaisseaux ennemis dans un délabrement complet (1). Le *Montmouth* échoué sur un banc, que Suffren ne put reconnaître , était protégé par le *Superb* et quatre autres vaisseaux presque aussi désemparés.

L'*Ajax* et l'*Isis* se trouvaient les plus rapprochés parmi les bâtiments des deux escadres rivales , et M. de Suffren témoigna quelque intention de canonner ce dernier ; mais ses officiers lui firent observer que cette attaque ne pourrait engager une action générale ; l'amiral, renonçant alors à recommencer le combat de la veille, mit de l'ordre dans le mouillage de l'escadre, et donna le signal de réparer la mâture et le gréement des vaisseaux. Ces ordres furent tranquillement exécutés, en présence de l'ennemi, par nos

______

(1) Sir Hughes eut 137 morts et 430 blessés hors de combat.

marins victorieux, et bientôt l'amiral Hughes, retranché derrière des écueils, ne trouva rien de mieux à faire que d'imiter cette manœuvre.

Le 16 avril, Suffren expédiait deux transports (dont une prise anglaise le *London)* à l'île de France et mandait à M. de Souillac :

» Il est impossible d'établir aucun plan, si faute de munitions et de mâts après un troisième combat, je suis obligé de quitter la côte, je ne vois de ressources qu'à Malac, mais je n'irai qu'à la dernière nécessité. Dans ce cas, les Anglais feront de grands efforts sur Ceylan ; ainsi vous pourriez prescrire aux renforts que vous enverrez, d'aller à Galles en attendant de mes nouvelles et de concourir, avec M. Falk (gouverneur de Ceylan), à la défense de l'île. J'ai perdu peu de monde ; tous les coups ont porté dans le gréement ; enfin, ce n'est qu'aujourd'hui que je suis réparé et en état. Les Anglais n'ont de mal à réparer que celui du *Montmouth*, qui a perdu grand mât et mât d'artimon. Hughes a changé deux mâts de hune, l'*Isis* en a changé un. Nous sommes si près que nous reconnaissons tous les vaisseaux à leurs poulaines. »

Le député anglais, près le roi de Candy, fut envoyé prisonnier à l'Ile de France : ce monarque avait refusé de s'allier aux Anglais à cause de leur mauvaise foi.

Sir Hughes refuse de recommencer le combat et se tient embossé derrière un écueil.

L'escadre française avait eu 130 morts et 364 blessés ; malgré ces pertes, et pour rendre sa victoire incontestable, le commandeur appareille le 19 avril, forme au large sa colonne, et revient sous différents ordres présenter la bataille à l'amiral anglais qui, con-

fiant dans la protection due au petit îlot et au banc du
Provédien, refuse de recommencer la lutte.

Etonné de la timidité d'un ennemi vraiment aussi
fort que lui, au point de vue du matériel, et bien supérieur pour la discipline et l'habileté des équipages,
Suffren mit le cap au Sud et s'éloigna fièrement dés
Anglais abattus et découragés. Ce ne fut que longtemps après, lorsque le dernier vaisseau français eut
disparu à l'horison, que sir Hughes osa sortir de son
lieu de refuge pour se replier sur Madras.

Les résultats matériels de cette affaire furent réellement médiocres, mais l'effet moral en fut immense.
Nos marins, plus confiants dans leurs forces et dans
l'habileté de leur chef, montrèrent dès lors plus de
hardiesse dans leurs attaques : le prestige des armes
anglaises fut abaissé, tandis que celui de la France
grandit dans l'estime des Indiens nos alliés.

En Europe, les succès du commandeur consolèrent
nos pères des glorieux revers du comte de Grasse.

LIVRE QUATRIÈME.

—

Combat de Negapatnam. — Prise de Trinquemalay.

Du 20 Avril au 2 Septembre 1782.

Pénurie de l'escadre française.— Relâche à Batacalo, le 30 avril 1782.
— Suffren reste dans l'Inde malgré les ordres du ministre. —
Duchemin s'empare de Goudeloure le 6 mai. — Succès d'Hyder-
Aly. — Le commandeur retourne à Goudeloure. — Lâcheté de
M. de Maurville.— Préparatifs contre Négapatnam. Retour inopiné
de l'escadre anglaise. — Combat de Négapatnam, 6 juillet. —
Honteuse conduite du commandant du *Sévère.*— Suffren, démonte
quatre capitaines de vaissseau et les renvoie à l'Ile de France. —
Le gouvernement français confie au marquis de Bussy le com-
mandement d'une expédition sérieuse. — Entrevue de Suffren avec
Hyder-Aly, le 26 juillet. — Combat de la Bellone et du Cowentry,
12 août. Malte envoie au commandeur les insignes de Bailli. —
Siège de Trinquemalay, 22 août. — Capitulation des forts, 30 août
1782.

Pénurie
de l'escadre
française.

Trois mois s'étaient à peine écoulés depuis que
l'escadre française, obéissant à la vigoureuse impulsion que lui avait imprimée de Suffren, avait ouvert
les hostilités dans l'Océan indien, et déja elle se trouvait dans une pénurie extrême. Equipages, argent,
vivres, munitions, rechanges, tout manquait à bord
de nos vaisseaux maltraités dans leurs brillants faits
d'armes.

Le brick le *Chasseur* fut expédié le 24 avril à M. de

Souillac, gouverneur de l'île de France, pour lui exposer les besoins de l'armée. Le commandeur demandait surtout des frégates et des corvettes doublées en
cuivre, « douze cents hommes et des munitions de
guerre ; car nous n'avons plus que le tiers de nos munitions pour un seul combat ».

« Envoyez le tout a la Pointe de Galles, avec ordre
qu'on y attende de nos nouvelles, et qu'on coopère à
la défense de Ceylan. Si j'étais obligé de quitter la
côte, cette île me paraît fort en danger ».

« Je ne puis concevoir la fuite des Anglais pendant
trois jours, étant vraiment aussi fort que nous. »

De Suffren voulait aussi des transports pour envoyer au Pegou chercher des bois pour rechange.— Et
terminait par ces mots :

« Je ne puis faire encore aucun plan. Ce qui me
chagrine le plus , c'est la diminution journalière du
monde, et n'avoir aucun moyen de remplacement.
J'en ai demandé à Colombo, j'eus pris des lascars,
acheté des Cafres ; tout cela sont de pauvres ressources ».

L'escadre relâche à Batacalo, 30 avril.

Le mouillage de Batacalo, où l'escadre n'arriva que
très tard (le 30 avril), en raison des courants contraires, mettait nos vaisseaux au vent de l'ennemi et permettait de communiquer avec les deux ports de Ceylan. Villaret de Joyeuse y rejoignit l'amiral, apportant
sur le brulôt le *Pulvériseur* le duplicata des dépêches
ministérielles perdues par M. de Langle a Karikal, et
de bonnes nouvelles de nos bâtiments mouillés à la
Pointe de Galles.

Malgré les ordres du ministre qui lui enjoignaient de rentrer à l'île de France y rejoindre Bussy, le commandeur, soucieux du mauvais état de ses vaisseaux, de l'épuisement de ses équipages, mécontent de plusieurs de ses capitaines, et comprenant que son absence livrerait à l'ennemi nos alliés et leurs possessions, se détermina à rester dans l'Inde. Le 1er mai, il écrivit à M. de Souillac, et lui démontra qu'obéir c'était donner six mois de répit aux Anglais qui ne manqueraient pas d'interpréter ce départ comme une fuite, compromettre les convois en route et perdre le bon résultat des avantages obtenus.

Souillac, dont la grande intelligence était à la hauteur des nobles intentions du commandeur, justifia cette résistance aux ordres du ministre. « Jugez, Mon-
« seigneur, de la tournure qu'auraient pris, nos affai-
« res dans l'Inde, pendant ce long intervalle de temps
« perdu (près de 6 mois) ; Hyder-Alÿ-Kan aurait
« sûrement fait la paix avec les Anglais ; tous les
« autres princes indiens, qui attendent l'issue des
« choses pour se décider, se seraient montrés plus
« soumis que jamais pour une nation qu'ils n'aiment
« pas, mais qu'ils craignent ; nos troupes du conti-
« nent auraient eu bien des hasards à courir, trop
« heureuses si elles auraient pu passer à Ceylan,
« colonie contre laquelle tout l'effort des Anglais se
« serait porté. On peut donc dire que le parti coura-
« geux qu'a pris M. de Suffren sauve l'Inde et pré-
« pare les succès de M. le marquis de Bussy (1). »

(1) Lettre de M. de Souillac au ministre, du 18 juin 1782 (Archives de la marine),

Le petit comptoir hollandais de Batacalo, favorable
à une relâche, offrait peu de ressources pour alimenter
nos équipages. Un fort bâti sur une langue de terre',
très rapprochée du rivage, défendait l'entrée de la
rivière qui l'entourait, presque en entier, comme une
ceinture.

Quelques bœufs livrés par le gouverneur, le gibier,
et surtout la pêche, fournirent des vivres frais si
nécessaires dans ce moment à nos marins. 1,500
scorbutiques furent débarqués et logés, ainsi que les
blessés, sous des tentes dressées sur les bords de la
rivière.

A cette époque la fermeté et la patience du chef
d'escadre, furent soumises à une pénible épreuve ; la
vue de ses équipages exténués, insuffisants et découragés , les murmures de ses capitaines, aigris par les
privations et les fatigues de la campagne , portaient
de rudes coups à son inflexible volonté de rester dans
l'Inde. Mais ce cœur de bronze se raidissait contre
tant d'obstacles : « *plutôt faire abîmer l'escadre sous*
« *les murs de Madras, disait-il, que de me retirer*
« *devant l'amiral Hughes ! que ceux qui conçoivent*
« *une telle lâcheté viennent donc m'en faire part et ils*
« *sauront ma résolution ?* » et nul n'osait affronter la
sublime indignation de l'amiral ! et les capitaines qui
déjà l'avaient lâchement abandonné devant les canons
Anglais , tramaient dans l'ombre , sous l'inspiration
d'une noire jalousie, les plus hideux complots , tout
en courbant la tête sous les amers sarcasmes du grand
homme.

Pendant que M. de Suffren luttait ainsi avec énergie contre des difficultés de toutes sortes, Duchemin s'était avancé sur Goudelour. Cet officier, étranger aux affaires de l'Inde, où l'art de l'intrigue devait aller de pair avec l'art de la guerre, découvrit bientôt son incapacité à l'œil clairvoyant du rusé nabab. Tout semblait pourtant favoriser nos troupes ; Duchemin couvert par l'armée Mysoréenne, protégé par les récents exploits de Tippoo-Saëb aurait pu s'emparer facilement de Negapatnam, dont Suffren ne cessait de démontrer l'importance. Ce général préféra enlever Goudelour, qui se rendit le 6 mai, deux jours après son arrivée; laissant ensuite Pondichéry à sa droite, l'armée opéra sa jonction avec les forces d'Hyder-Ali, et les alliés vinrent de concert, mettre le siége devant Permancoul qui capitula le 17 mai.

Au grand regret de nos soldats, Duchemin, tombé gravement malade, ne peut suivre, sur les *montagnes rouges*, les opérations du nabab contre le chevalier Coot, qui s'était dévoué pour couvrir Vandiwash. Hyder surprit la grande garde ennemie près de Trivatoure, et le général anglais, qui cherchait à faire une diversion en se portant sur Arnée, magasin général de l'armée indienne, dut se replier précipitamment.

Devant de pareils revers, le conseil souverain de Madras trembla que les alliés ne vinssent assiéger la présidence, et renouvela auprès du nabab des offres de paix avantageuses. Mais Hyder-Aly, malgré les sujets de mécontentement que lui avait fournis Duchemin, refusa de recevoir les députés anglais et leur fit répondre *qu'il s'était lié avec les Français et qu'il tiendrait ses serments.*

Duchemin, abattu par ses douleurs physiques, laissait pendant ce temps ses troupes dans l'inaction, plutôt que de se démettre de son commandement ; et les Anglais profitaient avec ardeur de ce sursis pour réparer leurs pertes.

Heureusement pour nos intérêts, la nouvelle des exploits du commandeur arriva au camp d'Hyder-Aly.

« Enfin, dit Hyder à ses généraux, les Anglais ont
« donc trouvé un maître. Voilà l'homme qui m'aidera
« à les exterminer. Je veux qu'avant deux ans il n'en
« reste plus un seul dans l'Inde et qu'ils n'y possèdent
« pas un pouce de terrain. » Et s'adressant à M. Piveron de Morlat :

« Ecrivez, lui dit-il, à cet homme extraordinaire,
« que j'ai le plus grand désir de le voir, de l'embras-
« ser et de lui témoigner toute mon admiration pour
« son héroïque valeur. »

Obligé d'accorder, malgré lui, une trève à cet ennemi qu'il avait juré de poursuivre sans relâche, M. de Suffren montrait la plus admirable sollicitude envers les malades et les blessés , au milieu desquels son apparition causait une joie indicible. Chaque jour il descendait à terre et visitait les ambulances pour veiller de sa personne aux besoins de ces pauvres gens, dont il savait relever la constance et l'énergie par son mâle et bienveillant langage. Aussi est-il difficile de peindre l'affection et le dévouement que les équipages lui avaient voués.

En même temps, son activité indomptable trouvait un aliment dans la réparation de l'escadre, dont il pressait les travaux pour rejoindre Hyder-Aly à Goudelour, point de rendez-vous désigné par le nabab lui-même.

Le 13 mai, la frégate la *Fine* signala cinq vaisseaux qui semblaient faire route sur l'escadre. L'horizon était à peine éclairé par le crépuscule du matin, le général crut qu'il avait devant lui le convoi que M. de Beaulieu lui ramenait ; cependant un peu de doute lui fit donner l'ordre à cinq de ses vaisseaux , qu'un doublage en cuivre rendaient plus rapides, de donner vigoureusement la chasse à ces navires. Mais la perte de temps qu'entraîna l'appareillage et la crainte de voir nos vaisseaux tomber sous le vent de Trinquemalay, où se tenait sir Hughes, rendirent cette poursuite inutile. On sut plus tard que ces bâtiments étaient chargés de munitions, dont la perte aurait été irréparable pour la flotte anglaise très-mal traitée dans le dernier combat.

Les réparations de l'escadre, rapidement achevées, au moyen des rechanges fournies par le convoi, arrivé le 16 mai sous l'escorte de la *Bellone*, permirent au commandeur, impatient de son repos forcé, de lever l'ancre et de s'éloigner du mouillage hospitalier de Batacalo le 1er juin. Une correspondance, interceptée par les Hollandais, lui avait appris que sir Hughes cherchait à s'emparer des navires alliés chargés de vivres.

Le 3 juin, toute l'escadre à la voile sur deux colonnes, découvrait les quatre pyramides blanches de la mosquée de Naoûr qui semblent émerger des flots, tant est basse et noyée la pointe de Calymère.

Pendant qu'elle faisait voile sur Trinquebar, deux gros vaisseaux furent signalés à l'horizon ; aussitôt l'*Artésien*, le *Sphinx*, la *Bellone* et la *Fine* reçurent l'ordre de les poursuivre.

Conduite de M. de Maurville.

Fiers de la marche supérieure de nos chasseurs, nos marins s'attendaient à les voir rentrer dans le port danois, traînant les deux prises à leur remorque. On apprit avec stupéfaction que le capitaine de l'*Artésien* avait honteusement levé la chasse au moment de les capturer, sans que M. de Maurville, accablé par les amers reproches de l'amiral (1) et l'indignation de l'armée, put trouver un mot pour justifier sa lâche conduite,

En effet, du Chilleau, devancé par l'*Artésien* et les deux frégates, dont la marche était supérieure à celle du *Sphinx*, avait ordonné à la *Bellone* de diriger la route : La proie qu'il fallait saisir était un vaisseau de 44 chargé d'approvisionnements , le *San-Carlos*,

---

(1) Aux raisons que de Maurville alléguait pour couvrir sa défection, Suffren répondit que rien n'autorisait à abandonner un vaisseau ennemi approché à portée de canon : « M'ex-« pliquerez-vous pourquoi vous vous êtes permis de lever la « chasse sans l'ordre de votre chef (du Chilleau), lorsqu'il ne « cessait de répéter de la continuer, lorsqu'il prescrivait aux « frégates, avec lesquelles vous étiez, de l'éclairer ? »

A un argument aussi pressant, M. de Maurville se répandit en propos indécents, en reproches audacieux qui auraient dû déterminer le général à lui ôter son commandement. (Ch. Cunat, ouv. cité, p. 157).

échappé près de Batacalo à nos vaisseaux cuivrés.
Sa mâture, couverte de toutes ses voiles, ployait en
vain sous la pression de la brise ; nos frégates rapides
le gagnaient de vitesse et, la nuit venue, dirigeaient
la chasse avec leurs signaux de feu. Déjà le vaisseau
était atteint, lorsque l'*Artésien* leva la chasse et s'en-
fuit. Les frégates voulurent d'abord continuer leur
course, en indiquant par des coups de canon les différentes manœuvres de l'ennemi ; mais se voyant mal
secondées, et craignant de tomber sous le vent de l'escadre, elles rentrèrent à Trinquebar.

Deux navires chargés de vin, et une corvette que la
division ramassa, ne purent consoler le commandeur
de la perte du *San-Carlos*. En vain quatre vaisseaux
furent-ils détachés pour explorer les eaux de Madras
et de Negapatnam, cette division ne ramena qu'un
transport, doublé en cuivre, la *Résolution*, auquel se
rattachait le souvenir du capitaine Cook qui l'avait
monté.

De Suffren et le gouverneur danois Abeste, dont la
partialité pour les Anglais se décelait en toute occasion, se traitèrent néanmoins avec les honneurs réciproquement usités. Le 20 juin, les négociants de
Trinquebar ayant acheté les cargaisons des prises, le
commandeur put mettre de nouveau le cap sur Goudeloure, pour ravitailler cette place et se rapprocher
du nabab, qui, dans des lettres flatteuses, lui faisait
part des récents avantages qu'il venait de remporter.

Le 20 juin, le commandeur, secondé par Dubostel
gouverneur de Goudelour, installa dans cette ville des

hôpitaux pour les malades et les blessés , auxquels il fit donner les plus grands soins ; en même temps , un de ses croiseurs lui amena le *Yarmouth*, de 24 canons, chargé de riz, d'artillerie de campagne et de neuf officiers pour l'armée anglaise du Tanjaour.

Il est difficile de peindre l'étonnement, le chagrin, la fureur même de Suffren, lorsqu'il apprit le peu de part que la petite armée de Duchemin avait prise aux évènements qui avaient procuré tant de gloire à l'armée de Mysore.

Projets
de Suffren
sur
Negapatnam.
Juin. Il résolut aussitôt d'entreprendre seul la conquête de Negapatnam , dont l'importance commerciale et militaire ne lui avait point échappé. De Moissac, son chef d'état-major, fut député au nabab pour lui emprunter un bataillon de cipayes, 400 Européens, et lui conduire les prisonniers anglais (1) dont le nombre encombrait nos vaisseaux.

« C'est bien plus pour augmenter sa confiance en moi que pour répondre aux procédés de Marcartenay, Hughes et Coot, que je lui confie (au nabab) les prisonniers anglais. «

« Le nabab me comble d'amitié et de compliments, peut-être pour pallier ses torts vis-à-vis de notre armée. M, Duchemin est hors de danger, mais sa tête est affaiblie (2). »

Le nabab, rempli d'admiration pour les glorieux faits d'armes du commandeur, accueillit M. de Mois-

---

(1) Sir Hughes n'avait pas voulu les échanger.

(4) Lettre de Suffren à M. de Souillac, 2 juin 1782.— Archives de la marine.

sac avec le plus vif empressement et chargea cet officier de s'entendre avec Duchemin, dont il parut vouloir oublier la froideur.

Joyeux de voir enfin ses désirs à la veille d'être
accomplis, de Suffren embarque sur des transports
tout un matériel de siége ; à bord des vaisseaux 1,200
hommes du régiment d'Austrasie, 400 hommes tirés
de l'Ile de France, de la légion de Lauzun, et des volontaires de Bourbon, deux compagnies d'artillerie et 800
cipayes. M. Despinay, excellent officier d'artillerie,
devait diriger les travaux du siége. — Un incident
d'un heureux présage vint encore augmenter l'ardeur
de nos troupes. Le 29, la *Fine* s'empara, au grand
bonheur de nos soldats dépourvus de vivres au milieu
d'un pays sauvage, d'une ancienne connaissance de
la Praya, du vaisseau de la Compagnie la *Fortitude*,
venant du Bengale avec des provisions de bouche.
Tout semblait aller à merveille et l'expédition se disposait à l'appareillerage, quand le retour inopiné de
l'escadre anglaise vint bouleverser les plans de l'a-
miral.

M. de Beaulieu, dont l'active surveillance ne se
relâchait pas d'un instant, apprit que les Anglais
avaient quitté Trinquemalay, et le 2 juillet signala
leur présence à Trinquebar. — A cette nouvelle, de
Suffren, sans perdre un instant de vue ses hardis projets sur Negapatnam, appareille pour aller au devant
de sir Edwars Hughes lui présenter la bataille ; mais,
inspiré par une sage prévoyance, il expédie à l'Ile de
France six bâtiments légers pour se procurer des
mâts, des munitions et des vivres.

« J'ai embarqué 700 Européens et 800 cipayes, en voilà bien assez pour attaquer les Anglais, prendre Negapatnam, si nous les battons, et secourir Ceylan au besoin. Je n'ai pas voulu embarquer un seul homme sans l'avis du nabab.

« Je laisse à terre 800 malades ; envoyez-moi du monde et de l'argent : avec cela tout ira bien, mais sans cela rien ne peut aller. La misère est telle dans ce pays que, même avec des marchandises, on trouve difficilement de l'argent. Mettez tout en usage pour en avoir ; ne comptez pas sur Ceylan, vous ne pouvez en avoir que de Batavia ; ils m'ont envoyé 200,000 florins; j'en ai donné 50,000 aux Hollandais, 100,000 à l'armée ; voyez dans quel état je suis.

«Les capitaines me désolent pour leurs tables;il faut payer Chelingues, Lascars, Macouaïs, etc. C'est un espèce de miracle qu'avec si peu d'argent l'escadre ait pu subsister, personne ne donne de lettre de change : écrivez fortement à M. le maréchal de Castries.

« J'embarque donc 400 hommes et 800 cipayes pour renforcer l'équipage de l'escadre, 300 hommes de plus pour le siége de Negapatnam, soit pour aider les Hollandais, en cas que la sortie des Anglais eût pour objet Ceylan.

« Je pars demain pour aller les attaquer; si je suis heureux, je ferai ensuite le siége de Negapatnam, mais quoiqu'il arrive, je gagnerai le vent de Ceylan (1). »

(1) Lettre de Suffren à M. de Souillac, 2 juillet 1782.

Les brises de terre molles et variables conduisirent successivement l'escadre à Porto-Novo, à l'embouchure du Colram ; puis, enfin, à la hauteur de Negapatnam , devant laquelle les vaisseaux ennemis se tenaient sur leurs ancres.

A l'aspect du pavillon britannique, le commandeur, décidé à combattre son adversaire dans toutes les positions, donne l'ordre d'être prêt à mouiller et de faire branle-bas.

L'escadre s'avançait en bon ordre, le *Héros* en tête, lorsqu'à 3 heures un grain violent causa à l'*Ajax* la perte de son mât de hune et de son perroquet de fougue, faillit le faire *engager* et l'obligea de céder sa place au *Vengeur*. En outre, la brise passant au Sud mit les Anglais au vent de nos vaisseaux, et permit à l'amiral Hughes d'appareiller et d'éviter le combat malgré la supériorité que lui donnaient le vent et l'inaction forcée de l'*Ajax*.

Combat de Negapatnam. 6 juillet.

Après quelques bordées, les deux escadres rivales, décidées à s'observer, vinrent mouiller tout près l'une de l'autre. Mais le lendemain (6 juillet), aux premières lueurs de l'aurore, elles étaient sous voiles et prêtes pour la bataille : l'*Ajax* seul n'avait pas encore su réparer son avarie, malgré le secours de la *Bellone* et 15 heures de mouillage dans une mer magnifique.

Ce fut une tâche pour son commandant, M.Bouvet, qui jusque là avait déployé de l'énergie et un véritable talent. Mais ce qui fit bondir d'indignation le bouillant amiral,ce fut de voir ce capitaine demander à relâcher en présence de l'ennemi ! — Le signal de mé-

contentement et celui d'un refus absolu furent la
réponse de Suffren. —

Sir Hughes avait formé sa ligne de bataille de
front, les vents soufflant du S.-O. A 7 heures 10
minutes, il donna l'ordre de porter sur notre
armée.

Le commandeur, qui savait son adversaire peu entreprenant, vira de bord vent devant pour rétablir de
l'ordre dans sa ligne. Cette manœuvre hardie aurait
pu lui être désavantageuse, mais l'ennemi ne sut pas
profiter du moment favorable et se contenta de pro-
longer notre ligne comme pour la reconnaître. Ce fut
en ce moment que l'*Ajax*, voyant l'escadre française
s'éloigner de lui dans une de ses évolutions, coupa son
câble et se retira complètement, laissant de Suffren
avec des vaisseaux inférieurs en artillerie à ceux de
l'ennemi.

A 9 heures 1/4, par suite d'une méprise, le *Bizarre*
abandonna son poste pour se rapprocher du *Héros*,
ce qui dérangea l'ordre de bataille ; le commandeur
irrité contre le malheureux capitaine La Landelle ,
l'envoya à la queue prendre sa place entre le *Vengeur*
et l'*Orient*. Ce fut l'instant que choisit l'amiral Hugues pour faire porter sur notre ligne, en *dépendant*.
Au grand mât du *Héros*, les deux armées voient aussitôt monter le pavillon blanc à croix rouge surmonté
du pavillon mi-partie rouge et blanc ; c'est le signal
d'ouvrir le feu. Nos batteries s'embrasent et les vaisseaux anglais y répondent en grondant et en reprenant
leurs amures.

De Cuverville, sur le *Flamand* (1), avait profité du désordre qui régnait à bord du *Héros* (anglais) et de l'*Exeter*, par suite d'un abordage, pour ouvrir un feu très-vif sur ces deux formidables adversaires, sans remarquer que l'*Annibal*, resté en arrière par le travers de l'*Isis*, ne continuait pas son aire. L'*Isis* soutint vaillamment le choc de Tromelin qui compta bientôt dans son équipage 28 morts et 80 blessés, parmi lesquels M. de Rigny, alors lieutenant de frégate et depuis amiral de France.

Au même instant le *Sévère* opposait à la puissante artillerie du *Burfort* une sérieuse résistance, tandis que le *Brillant* de 54, par la vivacité de son feu, contrebalançait la supériorité du *Sultan* de 74.

(1) Vaisseau de tête par la retraite du *Bizarre*.
Les escadres combattaient dans l'ordre de bataille suivant :

ARMÉE DU ROI.			ESCADRE ANGLAISE.		
Flamand ...	50,	De Cuverville.	*Héros*......	74,	Hawker.
Annibal....	74,	De Tromelin.	*Exeter*.....	64,	King.
Sévère	64,	De Cillart.	*Isis*........	56,	Lumley.
Brillant....	64,	De St-Félix.	*Burford*....	74,	Reiner.
Héros......	74;	De Suffren, De Moissac, major.	*Sultan*.....	74,	Walt.
Sphinx.....	64,	Du Chilleau.	*Superb*.....	74,	Edward Hughes, Maclellan.
Annibal(anglais)	50,	De Galles.	*Monarc*.....	74,	Gell.
Artésien....	64,	De Maurville.	*Worcester* ..	64,	Wood.
Vengeur	64,	De Forbin.	*Montmouth*.	64,	Alms.
Bizarre	64,	La Landelle.	*Eagle*......	64,	Reddel.
Orient.....	74,	La Paillière.	*Magnanime*.	64,	Wosely.
Diligent....	»	Macé.	*Lea*........	»	Horse.
Fine.......	»	De Salvert.			
Subtile.....	»	De Kermadic.			
Brûlot	»	De Joyeuse.			

De Suffren, sur le *Héros*, s'était attaché, suivant sa coutume, au *Superb*, et ces deux vaillants vaisseaux, entourés d'une double ceinture de flammes, donnaient un magnifique spectacle aux deux armées.

Le *Sphinx*, ayant pris la place de l'*Orient*, se trouva forcé d'accepter pour adversaire le *Monarc*. Heureusement pour du Chilleau que cet ennemi, resté au vent dans la hanche de tribord du *Superb*, ne put fournir qu'un feu oblique.

Le *Worcester*, le *Montmouth*, l'*Eagle* et le *Magnanime* suivaient le *Monarc* en bon ordre; mais ces vaisseaux étant venus trop tôt sur tribord se trouvèrent former avec la ligne française un angle de 45 degrés, dont le sommet partait du *Monarc*. Il résulta de cette manœuvre que le *Petit-Annibal*, l'*Artésien* et le *Vengeur* ne firent qu'échanger une canonnade à longue portée, tandis que le *Bizarre* et l'*Orient* restèrent dans l'inaction.

En vain la *Paillière*, sur un ordre impératif de l'amiral, essaya-t-il de s'élever au vent pour prendre l'ennemi en queue, il ne put y réussir et fut contraint de revenir prendre son poste en serre-file.

Le *Flamand*, forcé de se retirer sous le feu écrasant du *Héros* (anglais) et de l'*Exeter*, s'attendait à être suivi et enveloppé par ces dangereux adversaires. Mais trop maltraités eux-mêmes, ils s'efforcèrent, par contre, d'éviter un nouveau combat ; l'un d'eux, le *Héros*, faisait même des signaux de détresse en essayant de rallier Negapatnam.

Pendant que M. de Maurville perdait ses hommes

dans une canonnade contre le *Montmouth* ; le *Brillant*, affaibli par la perte d'une partie de son équipage (47 morts et 137 blessés) et par la chute de son grand mât, restait frappé d'inertie sous les bordées bien nourries du *Sultan*. — Suffren, dont le regard d'aigle perce l'épaisse fumée qui l'enveloppe, voit la position critique du brave capitaine de St-Félix, il court à lui, le double au vent et se place par le travers du *Sultan*, auquel il fait bientôt sentir sa terrible étreinte.

Du Chilleau, qui commande le *Sphinx*, évente son grand hunier et abandonnant le *Monarc* au *Petit-Anni-bal*, vient prendre la place du *Héros* par le travers du *Superb*, qui venait de perdre Maclellan, excellent capitaine de pavillon. Le chevalier de Galles fut très-heureux de la position hors ligne du *Monarc*, dont les puissantes batteries auraient pu anéantir son petit vaisseau.

L'amiral anglais avait réuni au centre de sa ligne ses gros vaisseaux de 74, dans le but d'abîmer notre corps de bataille. Contre ses prévisions, l'engagement ne fut grave que depuis l'avant-garde jusqu'au centre. A une heure, un vent très-violent du large (du S.-S.-E.) vint jeter le désordre dans les deux escadres et balayer le champ de bataille.

Mais un bien triste épisode devait terminer cette brillante affaire : au milieu de la confusion qui accompagna un instant dans notre armée, le virement de bord ordonné par l'amiral, le *Sévère* masqua et abattant sur tribord, se trouva très-près du *Sultan*, avec lequel il engagea de nouveau un feu très-bien servi.

Au même instant le *Brillant,* qui gouvernait à peine, se vit séparé de l'escadre par le *Worcester* et l'*Eagle,* auxquels l'isolement de ce vaisseau délabré n'avait point échappé.

Mais Suffren, resté à l'arrière, suivait des yeux et protégeait de ses canons l'évolution de ses vaisseaux ; il vint encore une fois délivrer M. de St-Félix, en passant entre le *Brillant* et les deux adversaires acharnés à sa poursuite. Dans un instant le *Worcester*, réduit à un état déplorable par l'artillerie du *Héros,* s'éloigne du combat, poursuivi encore quelque temps par l'*Annibal* ; tandis que l'*Eagle,* chassé par le *Héros* et le *Vengeur,* rejoint à force de voiles l'armée anglaise. L'éloignement du *Bizarre* et de l'*Artésien,* qui formaient alors la tête de la colonne, où il n'y avait pas un coup de canon à tirer, fit le salut du vaisseau de Reddel.

Honteuse conduite de M. du Cillart, commandant du vaisseau le *Sévère*

Pendant ce dernier temps de la bataille, le *Sévère,* privé par un trépas glorieux d'un excellent officier de manœuvre, M. de Gênes, soutenait une lutte acharnée avec le *Sultan.* Tout à coup du Cillard, qui le commande, ordonne d'amener le pavillon , malgré la proximité de l'*Annibal,* du *Sphinx* et du *Héros* ! la lâcheté de ce capitaine, qui se traduisait par des signes non équivoques, fut heureusement sans résultat. A la nouvelle d'une aussi honteuse reddition, deux officiers *bleus* (1), occupés dans les batteries, s'élancent furieux

---

(1) Officiers auxiliaires , ainsi nommés à cause de la couleur de leurs culottes ; celles de Messieurs du Grand-Corps étaient rouges.

sur le pont, et l'un d'eux, nommé Dieu, apostrophant du Cillart, qui hésitait à rehisser les couleurs malgré les reproches les plus énergiques :

« Gardez-donc votre pavillon baissé, qui n'est plus
« qu'une *guenille* entre vos mains, quant à nous,
« nous n'accepterons jamais la honte dont vous voulez
« nous couvrir. Aidés de l'équipage, qui partage
« notre résolution, nous allons continuer le feu. (1) »

Le pavillon fleurdelisé reparaît au-dessus du couronnement du *Sévère*, aux acclamations de *vive le roi* poussées par l'équipage ; du Cillart, flétri par les rudes paroles de M. Dieu, quitte son banc de quart, et le *Sultan*, qui se disposait déjà à amariner le *Sévère*, se voit contraint de lâcher sa proie.

A quatre heures et demie, sir Hughes, nous abandonnant le champ de bataille, vint rallier ses vaisseaux entre Negapatnam et Naoûr, tandis que Suffren, resté en panne et voyant s'éloigner l'escadre anglaise, donnait l'ordre de mouiller devant Karikal, à deux lieues sous le vent.

Le lendemain, 7 juillet, le commandeur aperçut les Anglais immobiles au mouillage, et peu désireux de recommencer la lutte (2). Considérant alors le grand nombre de blessés qui méritaient si bien d'être soula-

---

(1) De là, le jeu de mot qui courut dans l'escadre : « Du Cillart voulait perdre le *Sévère*, Dieu le sauva. »

(2) « Le 7 au matin, les dommages essuyés par les diffé-
« rents vaisseaux de l'escadre me parurent si considérables
« que j'abandonnai toute idée de poursuivre l'ennemi. » Rapport de Sir Hughes.

gés, et d'autre part les sérieuses avaries de son escadre, il reprit la route de Goudelour, poussant devant lui ses vaisseaux désemparés.

A 10 heures du matin, par le travers de Trinquebar, on vit le brigantin le *Rodney* s'avancer en parlementaire ; il réclamait à l'amiral l'extradition du vaisseau de sa Majesté très-chrétienne l'*Ajax*. Sir Hughes se trompant sur le nom, prenait ce vaisseau pour celui de M. du Cillart, le *Sévère*, qui, dans le combat, après s'être rendu, avait recommencé le feu en rehissant son pavillon. Sir Hugues se plaignait des trois bordées déloyales qui avaient fait un mal affreux au *Sultan* en le prenant en enfilade : *cette manière de combattre, disait-il, serait inusitée chez les Turcs.*

Le but de l'amiral anglais était de donner, par cette démarche, le change à Londres et dans l'Inde sur l'issue du combat ; de Suffren indigné de la notoriété que venait d'acquérir la lâcheté de du Cillart, profita pourtant de l'erreur de nom commise par sir Edwards, et répondit que l'*Ajax* n'ayant point combattu ne pouvait avoir amené, mais que, dans cette supposition, il eut été assez fort pour aller l'enlever au milieu de l'escadre anglaise (1).

Malgré les forfanteries de l'amiral Hughes et les pertes des Français, obligés de renoncer à l'attaque de

____

(1) « Il fit (Suffren) une réponse évasive disant que c'était
« le vaisseau le *Sévère* qui avait eu les drisses de son enseigne
« coupées par un coup de canon, comme il arrive fréquem-
« ment dans une action ; mais qu'on n'avait jamais eu dessein
« de l'amener. »

Négapatnam, l'escadre anglaise se vit forcée de venir se réparer à Madras (18 juillet). Quant au commandeur, resté au vent de l'armée ennemie, il se trouva placé de manière à favoriser l'arrivée de ses transports au mouillage de Goudelour; il apprit alors les détails du combat du *Sévère* contre le *Sultan* et put questionner du Cillart sur sa méprisable conduite. Cet officier, ne pouvant justifier sa lâcheté aux yeux de Suffren dont le courroux et l'indignation étaient à son comble, fut immédiatement suspendu de ses fonctions et envoyé à l'Ile de France pour être traduit devant un conseil de guerre (1).

Le dernier combat avait encore décelé le mauvais vouloir et la couardise de plusieurs autres capitaines, le mécontentement de Suffren avait atteint les dernières limites, il résolut enfin de sévir. Il écrivit à cette occasion la lettre suivante à M. le vicomte de Souillac :

« Il y a trois capitaines à faire passer en France : 1° M. de Cillart, pour avoir indécemment amené son pavillon ; 2° M. de Maurville, qui le 6 juillet, loin d'effacer, n'a fait qu'aggraver les torts qu'il a eus le 17 février, le 12 avril et le 5 juin ; 3° M. le comte de Forbin, qui, loin de réparer sa mauvaise conduite du 12 avril, s'est aussi fort mal conduit (2). »

De Suffren terminait en signalant aussi la lâcheté des

<hr>

(1) Craignant une condamnation capitale, du Cillart s'évada et fut cacher sa honte à l'étranger.

(2) M. de Forbin arrivé à l'Orient fut enfermé au château du Pont-Saint-Esprit et de Maurville à l'Ile-de-Rhé.

sieurs Lacombe , Foucault et de Barrhême (1); quant à M. Bouvet, dont l'âge paralysait l'énergie, il fut aussi démonté de son commandement. Cet acte de fermeté fut approuvé de tout le monde ; le sort de M. de Forbin parut à quelques officiers un peu trop rigoureux, et certes il dut en coûter au commandeur de sévir ainsi contre un de Forbin. Cet officier , sans s'être rendu coupable de défections bien évidentes, avait toujours évité depuis l'affaire de la Praya d'engager son vaisseau trop avant dans la mêlée, et de Suffren avait assez sacrifié aux liaisons de famille en lui conservant une première fois son commandement contre l'ordre du ministre.

Les amiraux des deux escadres ennemies rivalisaient d'activité pour réparer leurs vaisseaux mutilés dans leur dernière rencontre. Mais tandis que sir Hughes voyait avec bonheur ses forces augmentées par le *Sceptre* de 64 et le *San-Carlos* de 44, le commandeur restait encore dans l'attente de secours urgents. Malgré une obésité devenue prodigieuse et sous un ciel embrasé qui transformait, dans ce mois de juillet, la rade de Goudelour en une fournaise ardente, notre illustre capitaine poussait avec une activité fébrile les réparations de ses vieux bâtiments.

En vain ses officiers, épuisés par la fatigue et les chaleurs intolérables de la saison, lui représentaient-ils le besoin d'un port de radoub :

« Jusqu'à ce que nous ayons reconquis Trinque-

______

(1) Lettre de Suffren, 31 juillet 1782, arch. de la marine.

« malay repondait l'amiral, les rades foraines de la
« côte de Coromandel suffisent.

« L'*Orient* et le *Vengeur* font de l'eau ; il faut
« cependant que nous restions ici toute la guerre (1).»
Et de Suffren démolissait ses prises, ses transports,
les maisons et les monuments de Goudelour pour y
trouver du bois pour ses vaisseaux.

« Je vous assure que ce n'est point une petite
affaire de tenir la mer sur une côte , sans argent,
sans magasins, avec une escadre en partie très mal
munie et après avoir essuyé trois combats ; c'est, je
crois, fort heureux, mais je suis au bout de mes
ressources ; cependant il faut nous battre pour gagner
Ceylan ; les ennemis sont au vent, (l'amiral Hughes
étant passé au large, Suffren n'en avait pas eu connaissance et le croyait encore à Negapatnam) et nous
marchons si mal qu'il y a peu d'espérance que nous
leur gagnions le vent.

« L'escadre a 2,000 hommes à l'hôpital, au nombre desquels sont 600 blessés. Je ne sais quel parti
prendra l'escadre anglaise une fois radoubée, on la
dit en mauvais état et je n'ai pas de peine à le
croire (2). »

Situation
des parties
belligérantes.
Au récit de la lutte opiniâtre soutenue par M. de
Suffren et de ses glorieux exploits, le ministère parut
se réveiller et sortir de son inexplicable incurie ; le
gouvernement venait de rester huit mois sans expé-

(1) Arch. de la marine. Lettre à M. de Souillac.
(2) De Suffren à M. de Souillac, 30 juillet 1782.

dier un seul bâtiment de guerre au delà du Cap, il comprit enfin que c'était dans l'Inde qu'il devait frapper l'Angleterre. Une expédition sérieuse, dont les résultats auraient été de saper réellement à sa base le gigantesque édifice de la domination britannique, fut définitivement arrêtée en conseil. Il fallait un grand général pour conduire une aussi vaste et magnifique entreprise, on crut l'avoir trouvé dans le marquis de Bussy, Bussy l'indien !

M. de Bussy. Mais ce général n'avait que reflété les éclairs de génie de Dupleix dont il était le bras. Ce n'était plus ce brillant officier, aux conceptions hardies, qui semblait emporter ses soldats avec une rapidité merveilleuse à travers les immensités de la presqu'île indienne; Bussy n'était plus qu'un vieillard goutteux, amolli par la longue jouissance de ses immenses trésors. — D'autre part, le ministère commit la faute de diviser l'expédition en quatre convois faiblement escortés, dans l'espérance de les voir échapper plus aisément à la vigilance des Anglais, dont les navires cuivrés sillonnaient l'Atlantique dans tous les sens.

Parti de Cadix avec deux vaisseaux et trois transports, Bussy éprouva bientôt de cruels mécomptes résultant de la capture et de la dispersion du convoi que conduisait de Guichen. Deux navires chargés d'artillerie furent les seuls qui atteignirent Ste-Croix-de-Ténériffe. Arrivé à Table-Bay, le général, déjà découragé par cette perte, apprit du gouverneur hollandais le départ de l'expédition de Duchemin, et la prochaine arrivée d'une escadre anglaise portant

5 à 6,000 hommes destinés à enlever le Cap. Son esprit trep crédule voyait déjà cette importante colonie sous le joug britannique ; il se décida en conséquence, à y laisser 650 hommes de bonnes troupes. Il ne se doutait point alors de la perte du convoi de M. de Soulanges (23 avril). Heureusement le comte de Peynier, plus favorisé par la fortune, était parvenu, le 17 mai, à Table-Bay où le mauvais temps le força à séjourner, tandis que le marquis mouillait, le 31, avec le *St.-Michel* au Port-Louis. M. de Souillac y préparait les secours si instamment réclamés par le Commandeur. Bussy, bien inspiré, leur adjoignit, sous le commandement d'Aymar, le *St-Michel*, l'*Illustre*, la frégate la *Consolante* et *neuf flûtes* portant 800 hommes tirés de la garnison des deux îles.

Pendant ce temps, le cabinet de St-James, stimulé par les clameurs des négociants anglais, pour lesquels Suffren était déjà un épouvantail, et plus habile d'ailleurs que celui de Versailles, envoyait une formidable armée, sous les ordres de Richard Bickerton, au secours de l'amiral Hughes.

Telle était la situation des parties belligérantes, lorsque le Commandeur apprit (le 25 juillet) qu'Hyder-Aly, se rapprochant de l'escadre, venait d'établir son camp à Bahour, à une lieue et demie de Goudelour. Aussitôt le canon de la place, l'artillerie de l'escadre entière, saluent l'arrivée de cet illustre allié; et leurs majestueux grondements, portés par la brise de mer jusqu'à la tente du monarque indien, précèdent de peu d'instants de Moissac, major de l'escadre, député pour le complimenter.

Le lendemain , le Commandeur, suivi d'un brillant
état-major , partit de Goudeloure escorté par un
bataillon de Cipayes. Il s'avançait comme un véritable
triomphateur à travers cette splendide et luxuriante
campagne qui semblait l'animer de sa puissante sève,
en face de cet Océan lumineux qui berçait mollement
ses vaisseaux. Toute la population bronzée de Goudeloure et des environs formait le cortége , ou s'éche-
lonnait sur les arbres , les remparts , les toits plats
des pagodes sculptées, en faisant retentir l'air des mille
instruments de l'orchestre indien.

A Mangi-Coupan, l'escadron de cavalerie euro-
péenne d'Hyder-Aly et plusieurs grands officiers attendaient de Suffren sous des voûtes d'arbres et de lianes
qui projetaient une ombre bienfaisante sur la route.
Le Commandeur reçut avec un grand air de distinction leurs compliments empressés , leur fit distribuer
des *serpeaux* (1), suivant les usages du pays, et s'arrêta quelques instants auprès de Duchemin toujours
très-gravement malade. Ce devoir une fois rempli , il
se remit en marche précédé par une vigilante escorte
de cavalerie. Les grenadiers d'Austrasie entouraient
le magnifique palanquin que portaient avec orgueil ,
mais non sans peine, de vigoureux serviteurs ; enfin
une compagnie des grenadiers de l'Ile-de-France fer-
mait la marche.

Bientôt apparut le camp de l'armée mysoréenne,

______

(1) Vêtement oriental que les personnes de distinction en-
voient à ceux qu'elles veulent honorer.

pittoresquement établi sur le penchant d'une colline au sommet de laquelle flottaient les brillants étendards du prince. A la voix des chapdars (héraults) annonçant l'arrivée du vaillant chef de l'escadre française, les mille tentes coniques semblent s'éveiller : Hyder-Aly s'élance hors du splendide pavillon aux vertes tentures qui domine la plaine , sur un signe de sa main, toutes les troupes se rangent en bataille ; les tambours battent aux champs, les trompettes sonnent leurs bruyantes fanfares et notre héros fait son entrée dans le camp au milieu de tout l'appareil de la pompe orientale.

Dès que le cérémonial de l'introduction fut terminé, le nabab « vint le recevoir au bas de l'estrade qui formait le plancher de sa vaste tente ; il donna l'accolade au général , salua avec grâce les officiers qui l'accompagnaient , ensuite conduisant M. de Suffren au fond de sa tente, il le fit asseoir à sa droite, tout près du large oreiller cylindrique qui lui servait d'appui. »

« Les Français se placèrent à droite et les dignitaires de la cour d'Hyder à sa gauche ; mais le monarque indien, voyant que la position qu'avait prise les Européens était gênante pour eux, surtout pour M. de Suffren à cause de son embonpoint excessif, fit apporter des carreaux et engagea le général à s'y étendre (1) » (Ch. Cunat, p. 190).

Le Commandeur sut répondre avec une si habile

____

(1) Suivant le proverbe indien : *Il vaut mieux être assis que debout ; on est mieux couché qu'assis.*

courtoisie aux éloges flatteurs du nabab, que celui-ci en garda longtemps le souvenir, se plaisant dans la suite à rappeler à son *dorbar* (1) les paroles de l'illustre marin.

Vers la fin de cette première entrevue (2), qui devait laisser de si profondes empreintes dans la mémoire de ces deux grands hommes, l'amiral français proposa au nabab de s'approcher du rivage pour jouir du spectacle de l'escadre pavoisée en son honneur. Le vieux lion, qui probablement n'avait pas attendu cette invitation pour examiner attentivement nos vaisseaux, lui fit cette singulière réponse : « Qu'il ne « s'était déplacé que pour jouir du plaisir de voir un « si grand homme, et que lorsqu'on l'avait vu on « n'avait plus rien à désirer. »

Le lendemain 27, après un somptueux repas auquel assistèrent les officiers des différents corps qui avaient accompagné de Suffren, la plupart des capitaines retournèrent à leurs bords emportant de riches présents. Chacun d'eux avait reçu un *serpeau* de gaze d'or, un châle, une plaque enrichie de diamants suspendue à une lourde chaîne et une bourse contenant 300 pagodes d'or (de 9 francs) comme équivalent de la valeur du cheval que l'usage prescrivait d'ajouter à ces cadeaux. M. de Salvert, qui avait été précédemment député de Ceylan vers ce prince, reçut de plus une bague d'un très-haut prix : quant à L'éléphant qui était destiné à M. de Suffren, sa valeur fut représentée par dix bourses qu'on remit à son domestique.

(1) Conseil.
(2) Elle dura trois heures.

Le général de son côté, ne voulant pas rester en arrière, offrit au nabab une pendule d'une grande valeur, deux lustres magnifiques, et un vase étrusque en cristal servant à contenir des fleurs ou des parfums. Ces objets, destinés à l'empereur du Céleste-Empire, avaient été trouvés sur un navire anglais.

Le nabab entra alors sérieusement en conférence et l'on arrêta le traitement des troupes jusqu'à l'arrivée de Bussy.

Le lendemain 28, on vit venir au camp M. de Launay, commissaire général de l'expédition : il annonça l'arrivée, à la Pointe de Galles, de deux vaisseaux, le *Saint-Michel* et l'*Illustre*, de la frégate la *Consolante*, et de six transports chargés de troupes. Présenté par M. de Suffren, il fit agréer au prince le portrait du roi Louis XVI, et une lettre que M. de Bussy lui adressait de l'Ile de France.

L'amiral passa encore cette journée au camp, puis il prit congé du nabab qui, pour lui témoigner de nouveau son affectueuse admiration, fit orner son chapeau d'une aigrette de diamants, lui offrit un serpeau fort riche et deux bagues étincelantes de brillants. — Le lendemain le *Héros* reçut la visite de plusieurs seigneurs mysoréens, pendant que l'escadre faisait ses préparatifs pour rejoindre ses renforts à Ceylan où de Suffren pensait ne pouvoir arriver sans combat.

Le 31 juillet la *Sylphide* (1) emporta la lettre suivante à M. de Souillac ;

(1) Suffren croyait encore l'amiral Hughes à Negapatnam.

« Les nouvelles données par un Portugais, mentionnent que M. Hughes s'est déterminé à quitter Nagapatnam. Je serais déjà parti sans cette entrevue qu'on dit être nécessaire pour empêcher la paix avec les Anglais. Le nabab est arrivé, je l'ai vu, il m'a reçu au mieux et aurait fait plus, s'il n'eut craint de donner de la jalousie. Je vous assure qu'on aurait fait du nabab ce qu'on aurait voulu, s'y on eut su s'y prendre. — M. Duchemin est très mal. — Je pars demain ; Dieu veuille que je joigne l'escadre anglaise après la réunion de M. d'Aymar. Le cutter le *Lézard* a abordé le 10 à Ceylan, M. de Launay, croyant bien faire, y a laissé mes lettres je vais les y chercher. »

« Le nabab a dit que la paix des Mahrattes est faite ; mais elle est gardée secrète. Ne serait-ce pas pour donner le change aux Hollandais et les tranquiliser sur le monde qu'ils ont aux environs de Calicut où se trouvent 2,000 européens.

« L'*Orient* et le *Vengeur* font de l'eau. Il faut que l'escadre reste ici toute la guerre ; mais plusieurs vaisseaux ne le pourront pas, à moins que nous prenions Trinquemalay. »

Déjà la *Bellone*, que commandait depuis peu un digne neveu de Suffren, M. de Pierrevert, courait sous toutes voiles à Batacalo et à Galles pour prévenir d'Aymar.

Août 1782. Le 1er août, l'escadre française envoya ses salves d'adieu à l'armée Mysoréenne, et le lendemain, nos vaisseaux vinrent mouiller dans le nord de Trinquebar, où ils trouvèrent la *Fine*, venue pour prendre des ancres, et la *Pallas*, vaisseau de la régence de Batavia.

Le 3, sous une jolie brise d'ouest, l'armée défilait devant Karikal, Naoûr, Negapatnam, lorsque le *Brillant* talonna sur un banc de sable , sans éprouver, heureusement aucun dommage. Grâce à la fraîcheur de la brise qui le favorisait, Suffren aurait pu explorer Trinquemalay, mais, préoccupé d'une avarie qu'un abordage de la *Fine* avait causée au vaisseau amiral (1), il manqua l'occasion de s'emparer de deux vaisseaux excellents voiliers (le *Sceptre* et le *Montmouth*), que Sir Hughes venait d'y envoyer avec des troupes, des munitions et des vins, pour ravitailler la place.

Le 9 août, l'escadre , ralliée par la frégate la *Consolante*, vint relâcher à Batacalo pour faire de l'eau, du bois et réparer une voie d'eau qui s'était déclarée sur l'*Orient*.

Combat de la *Bellone* et du *Cowentry*. 12 août.

Le 12 , on vit arriver la *Bellone*, portant dans son gréement et dans sa coque les marques d'un combat récent. Cette frégate, fatiguée par de violentes brises, revenait se réparer sur la rade de Batacalo, lorsqu'elle rencontra, par le travers de Friar's hood, le *Cowentry* chargé de troupes anglaises. Pierrevert, en attaquant de trop près cette petite frégate, permit aux soldats qu'elle portait de diriger sur les Français un feu de mousqueterie bien nourri, qui leur fit le plus grand mal. Ce jeune commandant fut tué, la plupart de ses officiers mis hors de combat et l'équipage de la *Bellone*,

(1) La *Fine* lui avait rompu son beaupré.

décimé, presque sans direction, laissa le *Cowentry* s'échapper.

Lorsque le dernier officier, auquel le commandement de la *Bellone* était revenu (après de déplorables discussions), se rendit à bord du *Héros* pour rendre compte du combat, il trouva le Commandeur aussi affligé de la perte de la frégate anglaise que de la mort de son neveu. En vain, pour détourner l'attention du général de cet insuccès, essaya-t-il de lui exprimer ses regrets sur la mort de M. de Pierrevert : Suffren maîtrisant sa douleur : « Ce n'est pas cela que je vous demande, dit-il brusquement ; répondez-moi ! la frégate anglaise est-elle prise ? — Non général. — Alors vous n'avez pas fait votre devoir. Retirez-vous ! » Le Commandeur, très-irrité, voulut un instant faire justice de la conduite tenue par l'équipage de la *Bellone* : On ne parvint qu'avec peine à calmer son ressentiment. M. de Beaulieu reprit le commandement de cette frégate, et de Kersauson qui, à défaut de talent, avait une bravoure à toute épreuve, prit sa place à bord du *Brillant.* M. de Beaulieu, le plus habile manœuvrier de l'escadre, joignait à la vigilance la plus active une froide bravoure qui lui permettait toujours de calculer les chances d'un combat avant de l'entreprendre, et l'on ne pouvait confier à un meilleur officier la charge d'éclairer et de guider l'armée.

Le 19 août, le chevalier de St-Georges, arrivé avec le *Lézard*, remit au général les dépêches impatiemment attendues : elles contenaient une approbation entière du combat de la Praya et des récompenses pour les officiers qu'il avait désignés au ministre.

Malte, qui s'enorgueillissait des succès de son Commandeur, lui envoyait les insignes de la dignité de *Bailly*, avec une lettre de félicitation du Grand-Maître de l'ordre.

Ces nouvelles jointes à la certitude de l'arrivée prochaine du comte de Peynier avec sa division, portèrent l'allégresse dans le cœur de nos braves marins, et imposèrent silence aux trames séditieuses, aux sourdes menées, qu'ourdissaient contre le chef de l'escadre quelques officiers égarés.

En Angleterre, l'annonce de la prise de Goudeloure, des deux défaites que Sir Hughes ne put parvenir à déguiser, le traité d'alliance de la France avec Hyder-Aly et la retraite des Anglais sur Madras vinrent tempérer l'enivrement que la victoire de Rodney sur le comte de Grasse avait fait naître. Une cruelle inquiétude gagna ce peuple de marchands ; la presse de Londres, quittant le langage insultant qui lui était si familier, laissa éclater ses plaintes et engagea avec instance le cabinet de Saint-James à faire la paix.

Heureusement pour la Grande-Bretagne, la cour de Versailles, découragée par la défaite du comte de Grasse et préoccupée de ses projets sur Gibraltar, laissa Suffren abandonné à ses faibles ressources.

Bussy n'attendait que ses derniers renforts pour venir prendre dans l'Inde le commandement en chef des forces françaises ; son expérience lui faisait craindre pour nos vaisseaux un séjour dangereux sur les côtes peu sûres du Coromandel, et il regrettait dans ses lettres que nos moyens d'action n'eussent pas été employés d'abord à s'assurer de Trinquemalay dont le mouillage était excellent.

A peine de Suffren eut-il connu l'intention du général que sa résolution fut immédiatement arrêtée. Enlever aux Anglais, par un hardi coup de main, le le plus beau port de l'Hindoustan, pouvant servir de lieu de refuge et de ravitaillement, devait séduire son esprit aventureux. Le côtre le *Lézard* reçut en conséquence la mission d'explorer la rade de Trinquemalay qu'il trouva déserte (1).

Siége de Trinquemalay. 22 août.

Dès le 21, les deux vaisseaux le *Saint-Michel* et l'*Illustre*, escortant sept transports et précédés par la corvette la *Fortune*, étaient venus jeter l'ancre à Batacalo. Les munitions et les troupes une fois reparties sur les divers vaisseaux, les ordres de marche et de combat donnés, l'escadre appareilla le 22 et fit route vers la vaste baie à l'entrée de laquelle nos bâtiments vinrent jeter l'ancre par le travers de la *Pointe Sale*.

A la vue de ces nombreux bassins, de ces ports magnifiques où les plus grands vaisseaux pouvaient venir se réparer, de cette rade immense où la marine tout entière d'une grande nation pouvait mouiller en sécurité, nos marins furent saisis de l'avantage inestimable d'une conquête naturellement fortifiée et que

(1) Projet arrêté au Port-Louis avant le départ de l'escadre et modifié sous l'influence de M. d'Orves.

l'art pouvait rendre imprenable. Leur ardeur à seconder le hardi projet de Suffren s'en accrut et fit, dès ce moment, bien augurer de l'issue de l'expédition.

Le 25, de grand matin, l'armée quitta ce premier mouillage, et le *Héros* en tête, vint s'ancrer au fond de la baie, à l'ouest des forts qui protègent la ville (1). Dans ce trajet, quelques boulets accueillirent le *Saint-Michel* et le *Flamand*, mais ordre fut donné de ne pas répondre aux petites batteries qui défendaient la pointe du mât du pavillon. — Ce fut sur la même plage où les Anglais avaient débarqué, hors de la portée du fort hollandais, que le bailli, joignant aux talents d'un marin consommé ceux du tacticien le plus habile, résolut d'effectuer son débarquement et de former son attaque. — Il s'agissait surtout d'opérer vivement, afin de hâter la reddition de la place avant l'arrivée des secours.

A minuit, les chaloupes et les canots des vaisseaux portant les troupes de débarquement, se réunirent autour du *Héros* pour agir avec ensemble. Les soldats, munis de vivres pour trois jours, étaient tirés des régiments de l'Ile de France, d'Austrasie, des troupes de marine, de la légion de Lauzun, plus cinq cents cipayes et des compagnies de Malais fournis par les alliés, le tout formant un effectif de 2,400 hommes.

A une heure, les embarcations, protégées par le

(1) Suffren au lieu d'entrer dans le port, conduisit son armée dans l'arrière baie dont l'ancrage est plus sûr dans la mousson du Sud-Ouest.

côtre le *Lézard*, se détachèrent des flancs du vaisseau amiral et, glissant silencieusement à la surface de l'immense baie, se dirigèrent vers le N.-O. Bientôt elles apparurent sur les crêtes des lames qui venaient déferler au pied des hautes murailles du fort qui sert de barrière entre la baie du sud et celle du nord (1). Les Anglais ne s'attendaient pas à une attaque aussi prompte ; mais tenus en éveil par le voisinage dangereux de nos vaisseaux, leurs vigies signalèrent l'approche de nos troupes. Malgré l'avantage de leur position, les commandants anglais commirent la faute de ne pas s'opposer à ce débarquement qui eût lieu sous les batteries, malgré la houle qui forçait nos soldats à se jeter à l'eau pour aborder une plage découverte.

Le 26, le bailli vint diriger en personne l'attaque du fort et imprimer une activité extraordinaire aux travaux, que la lenteur du chevalier Des Roys, major du génie, jointe à l'inexpérience du baron d'Agout, auraient pu compromettre. A la faveur des arbres et des maisons, nos troupes avancèrent sans ouvrir de tranchée, jusqu'à portée de fusil dans l'ouest du fort, et parvinrent à construire, avec des gabions préparés d'avance à Batacalo, une batterie de quatre canons de dix-huit.

Le 27 au point du jour, les assiégés ouvrirent le feu sur les troupes françaises auxquelles l'infatigable

______

(1) C'était un immense rectangle dominant l'isthme qui sépare les deux baies.

Bailli semblait avoir communiqué son héroïsme. Malgré les projectiles qui labouraient la terre autour de l'amiral et produisaient des vides dans les rangs des travailleurs, on parvint à établir une seconde batterie de trois mortiers, destinés à battre le bastion du S.-O.

Suffren est partout malgré son obésité ; par ses soins, la garnison des vaisseaux et une compagnie de bombardiers accourent renforcer les troupes de terre, et les aider à repousser une vigoureuse sortie destinée à détruire la nouvelle batterie et à déloger nos soldats des maisons qui leur servaient d'abri.

Le 29, grâce à la vigoureuse impulsion imprimée aux travaux, nos batteries commencèrent à battre en brèche les remparts. L'une d'elles, de quatre canons, laissait les servants à découvert, exposés à un feu bien nourri de mousqueterie et de petites pièces chargées à mitraille par les ennemis : 16 hommes furent hors de combat en un instant, mais les canonniers, animés par la présence de l'amiral, restèrent inébranlables pendant que des ouvriers élevaient un parapet protecteur au moyen de sacs remplis de terre et de sable.

Pendant la nuit une troisième batterie fut élevée par Des Roys, près de celle des mortiers, pour hâter les effets destructeurs de celle-ci. Des Malais de Colombo, bronzés au soleil indien, avaient été apportés par la *Bellone* ; ils furent immédiatement utilisés aux travaux de construction de cette nouvelle batterie, et le 30 le feu recommença plus terrible.

A 9 heures, le général jugea le moment opportun pour envoyer au commandant du fort un parlementaire chargé de le sommer de se rendre. Deux officiers anglais vinrent aussitôt apporter les conditions du gouverneur. Après bien des débats, le refus de ce dernier de stipuler pour la reddition du fort d'Ostembourg faillit tout brouiller. M. de Suffren congédia brusquement les officiers anglais, et s'adressant d'un ton impérieux à son entourage : *Eh bien ! Messieurs, à vos postes et qu'on se prépare à recommencer dès que ces Messieurs seront rentrés.*

Capitulation des forts. 30 août 1782. La fermeté de ce langage en imposa aux parlementaires, et le jeune commandant du fort, Macdowal, croyant qu'un nouvel avantage sur sir Hughes avait précédé l'attaque du Bailli, vint signer la capitulation. Elle fut honorable pour l'ennemi, car Suffren cherchait à occuper le plus promptement cette place importante, plutôt qu'à faire des prisonniers. Au jour la garnison en sortit, tambour battant, avec ses armes qu'elle mit eu faisceaux. Les officiers conservèrent leurs logements dans le fort, d'où ils devaient emporter leurs papiers et leurs effets sans être visités, et les soldats furent embarqués pour être transportés à Madras.

Macdowal avait stipulé les mêmes conditions pour le fort d'Ostembourg; son commandant Quelso, dont les troupes manquaient de l'eau nécessaire, fut contraint de se rendre. « On trouva dans la place 50,000 piastres en argent, 20,000 livres de poudre, 1,650 boulets, six mois de vivres pour la garnison, 1,200 fusils, quatre pièces de campagne, dix obusiers et trente canons. Le fort de Trinquemalay, qui forme une espèce de citadelle, était mieux fortifié : On y trouva 40 pièces de canon, dont 20 de bronze et une grande quantité de munitions. Aussi, serait-on étonné de la facilité avec laquelle ce fort se rendit, si l'on ne savait pas qu'il manquait d'eau (1). »

Le 2 septembre, les troupes de siége étaient déjà reparties dans les forts et sur les vaisseaux convenablement pourvus de munitions et de vivres ; les officiers anglais prenaient congé du Bailli, qui venait de leur donner à dîner à bord du vaisseau amiral, lorsque l'escadre anglaise forte de dix-sept bâtiments fut signalée à l'horizon (dans l'Est Nord-Est.)

Il était trop tard, sir Hughes n'arrivait que pour être témoin de la reddition de Trinquemalay.— L'armée comprit alors la fiévreuse activité de son général qui avait pressenti l'arrivée prochaine des forces ennemies ; les motifs du peu de sévérité qu'il avait apporté dans les conditions de la capitulation. Un jour plus tard, les Français étaient obligés de lever le siége et de renoncer à leur importante conquête pour veiller aux soins de leur propre défense.

(1) Relation de la campagne publiée à l'Ile-de-France, 1783.

LIVRE CINQUIÈME.

—

Combat de Trinquemalay. — Hivernage à Achem.

1782, 3 septembre. — 12 mai 1788.

Arrivée de l'amiral Hughes devant Trinquemalay. — Quatrième
combat. — Défection de plusieurs capitaines. — L'*Orient* se perd
près de Trinquemalay. — Quatre capitaines demandent à rentrer
à l'Ile-de-France. — Mort de Duchemin. Le comte d'Offelize le
remplace. 12 août 1782. — Perte du vaisseau le *Bizarre* près
Goudeloure, 4 octobre. — Suffren va hiverner à Achem. — Tempête sur la rade de Madras ; cette ville en proie à une horrible
famine. — Séjour de l'escadre française à Achem. — Insuccès de
l'attaque de Ganjam. — Mort d'Hyder-Aly, 7 décembre. — Avènement de Tippoo-Saëb. — Arrivée du Bailli à Goudeloure, le
6 février 1783, et du marquis de Bussy à Trinquemalay, le 10
mars. — Succès du général Mathews. — Suffren rentre à Trinquemalay en présence de nombreux vaisseaux de Sir Hughes. —
Fragment de lettre de l'amiral Villaret de Joyeuse. — Combat de
la *Nayade* contre un vaisseau anglais de 64 canons, 12 avril 1783.

Pendant que le Bailli de Suffren mettait sa nouvelle
conquête à l'abri d'une attaque imminente, l'escadre
anglaise, qui ne pouvait apercevoir nos vaisseaux
masqués par les replis de la baie, s'avançait en louvoyant. Le 3 septembre, elle n'était plus qu'à quelques milles, lorsque de Suffren impatient d'infliger
une humiliation méritée à l'orgueil britannique fit

arborer l'étendard blanc fleurdelisé sur les forts et sur ses vaisseaux.

Ce fut une faute : puis qu'il voulait combattre, il aurait dû laisser approcher les Anglais en déguisant sa victoire ; mais son âme loyale et généreuse dédaigna de recourir à une ruse de guerre.

Sir Hughes surpris et consterné courut au large, pendant que l'armée française , quittant le fond de la baie, s'apprêtait à le suivre pour lui présenter la bataille. Mais Trinquemalay était conquis, nos vaisseaux avaient un abri pour l'hivernage , nos convois un rendez-vous assuré : Les capitaines de Suffren, forts de ces avantages , insistèrent pour qu'il s'abstint de combattre. Le Bailli , cédant à leurs instances réitérées, parut renoncer pour le moment à son projet et donna l'ordre de mouiller (à 7 h. 45'.). — La *Bellone*, qui venait de rallier l'escadre en bravant l'ennemi avec une hardiesse inouïe , reçut l'ordre de surveiller ses mouvements.

M. de Beaulieu s'élance immédiatement à sa poursuite et reparaît bientôt signalant douze vaisseaux anglais sous voiles (1). Alors de Suffren n'y tient plus et surexcité par cette antipathie profonde que nous lui connaissons , dit à M. de Tromelin, chef de la coterie qui lui était hostile : (2) « Si l'ennemi avait des « forces supérieures , je me retirerais , contre des

____

(1) Nous en avions quatorze.

(2) Les membres de cette coterie avaient demandé, la veille, à quitter l'armée, ils furent fort contrariés de cette détermination.

« forces égales , j'aurais de la peine à ne pas com-
« battre ; contre des forces inférieures, il n'y a pas à
« balancer ; combattons donc, arrivez et qu'on fasse
« le signal. »

Ce que voyant, l'amiral Hughes courut dans l'E. S.
E. pour nous attirer aussi loin que possible sous le
vent de Trinquemalay, et, par cette manœuvre, enlever à ceux de nos vaisseaux qui viendraient à être
désemparés, la chance de se réfugier dans la baie.

A 8 heures 30', les Anglais naviguaient en ligne
sous leurs huniers , afin de maintenir les vaisseaux
mauvais marcheurs à leur poste. Suffren forme alors
sa ligne dans l'ordre naturel, ayant à l'avant-garde
l'*Orient*, le *Sévère* et le *Brillant*. Malgré la précision
de ses ordres et ses signaux réitérés, des manœuvres
mal exécutées aux deux extrémités de sa ligne, firent
croire à de l'hésitation de sa part; tandis qu'il ne pê-
chait que par une trop grande ardeur qu'entravaient le
mauvais vouloir de ses officiers, et la lourde marche
de ses vaisseaux (1).

A 2 heures, l'armée atteignit , a portée de canon,
l'ennemi voguant a plus de 7 lieues au large, sous une
brise très-forte fixée à l'O. S. O. Mais notre ligne
était mal formée, l'*Illustre* et le *Flamand*, s'étaient
mutuellement embarrassés et les autres vaisseaux se
trouvaient tous à peu près pêle mêle. Dès qu'on eût

______

(1) « Tantôt, l'escadre s'écartait en dépendant, tantôt, elle
« se mettait en panne, comme si elle était incertaine de quel
« parti prendre. » Rapport de Sir Hughes.

un peu remédié à ces manœuvres maladroites, le signal d'arriver à l'ennemi reparut (1).

L'*Artésien* et le *Saint-Michel*, doublés en cuivre, s'étant trop rapprochés de la ligne anglaise dans leur mouvement d'arrivée, revinrent brusquement au plus près et furent imités par les vaisseaux d'avant-garde. Le *Sphinx* et le *Petit-Annibal*, loin de conserver leur poste, vinrent encore augmenter le groupe que formaient ces cinq vaisseaux.

A **2** heures 30', l'amiral, mécontent du peu d'ensemble qui règne dans les évolutions, donne de nouveau le signal d'arriver et de ne commencer le feu

(1) TABLEAU DES DEUX ESCADRES.

ANGLAISE.	FRANÇAISE.
	AVANT-GARDE.
Exeter..... 64, King, commodore.	*Artésien* .... 64, De St-Félix.
Isis........ 56, Lumley.	*Sévère* ..... 64, De Langle.
Héros...... 74, Hawker.	*St-Michel*... 64, D'Aymar, command¹.
Sceptre..... 64, »	*Orient* ..... 74, La Paillière.
Burford.... 74, »	*Brillant*.... 64, De Kersaison,
Sultan..... 74, »	**CORPS DE BATAILLE.**
Superbe.... 74, Hughes, amiral.	Petit-Annibal ... 50, De Galles.
Monarc..... 74, Gell.	*Sphinx* .... 64, Du Chilleau.
Eagle...... 64, »	*Héros*...... 74, { De Suffren, général. / De Moissac.
Magnanime. 64, »	*Illustre*..... 74, De Bruyères.
Montmouth. 64, Alms.	*Flamand*... 50, De Salvert.
Worcester.. 54, Wood.	**ARRIÈRE-GARDE.**
	Ajax ...... 64, De Beaumont
San-Carlos. 44, »	*Consolation*. 40, De Péan.
Active...... 40, »	*Annibal*.... 74, De Tromelin, comm¹.
Médée...... 36, »	*Vengeur*.... 64, De Cuverville
Cowentry... 28, »	*Bizarre*..... 64, La Landelle.
Cheval-Marin ... 24, »	
Combustion. 10, »	*Fine*, 36. *Bellone*, 36. *Fortune*, 18.

qu'à portée de pistolet. Puis, impatienté de la.lenteur de ses vaisseaux, il fait appuyer cet ordre d'un coup de canon.

Cette détonation fut mal interprétée et toutes les batteries françaises (même celles du *Héros*) s'embrasèrent au même instant. De Suffren se vit donc forcé de combattre avant que sa ligne ne fût formée comme il le désirait. Hughes répondit à són agression par le signal de bataille et l'engagement devint général. ✓

Le *Vengeur* et la *Consolante* essayèrent de doubler, par dessous le vent, les vaisseaux de l'arrière-garde anglaise, pour la mettre entre deux feux ; mais Alms et Wood devinant cette intention, la prévinrent par une manœuvre habile. Cuverville et Péan, contraints de combattre les ennemis au vent, attaquèrent avec fureur le *Worcester* et le *Montmouth*.

Au centre, le *Héros*, l'*Illustre* et l'*Ajax* avaient à soutenir seuls un feu terrible; abandonnés par le *Sphinx* et le *Petit-Annibal*, ils ne se voyaient point secourus. Le *Bizarre* était resté en arrière sans se placer par le travers d'aucun vaisseau ennemi.; quant à l'*Annibal* et au *Flamand*, ils se tenaient à l'abri dans la hanche de tribord des trois vaisseaux engagés, ne tirant qu'à longue portée.

Nos cinq vaisseaux d'avant-garde, renforcés par l'*Annibal* et le *Flamand*, s'embarrassaient mutuellement, et alourdis par un mauvais vouloir évident, ne cherchaient pas à réformer leur ligne. Pourtant, au milieu de ce désordre, l'*Exeter* désemparé fut contraînt de se retirer, et l'*Isis*, qui le remplaça à la tête de la colonne, perdit son jeune et brave commandant, Lumley.

Défection
de plusieurs
commandants

Pendant cette première heure de la bataille , le Bailli engagé , contre sa volonté et ses calculs, dans une lutte inégale, appelait en vain d'Aymar et Tromelin auprès de lui. Le premier (1) avait une voie d'eau par son inadvertance ; quant à la trahison du second , elle était flagrante. De Kersauson fut le seul qui accourut à l'appel de son général , sans pourtant passer entre nos trois vaisseaux compromis et l'ennemi, auquel il aurait pu envoyer ses bordées bien nourries.

A l'arrière de notre ligne, le vaillant capitaine de la *Consolante*, Péan, est tué par une grenade tombée de la hune d'artimon, au moment où le capitaine du *Worcester* quittait son banc de quart mortellement blessé. Quant à Cuverville, il venait de se retirer du combat au grand étonnement de toute l'escadre, qui ignorait que le *Vengeur* avait épuisé ses munitions. Un violent incendie, en éclatant à bord de ce navire, vint encore augmenter le désordre de notre arrière-garde.

L'escadre continuait à combattre ainsi sans ordre. L'*Annibal*, gêné par la *Consolante*, quitta son poste dans l'intention de venir se placer en avant du *Héros*,

____

(1) Le commandant du *St-Michel* avait fait ouvrir les sabords sous le vent de sa batterie basse, sans assez remarquer la forte inclinaison de son vaisseau qui eut bientôt trois pieds d'eau dans la cale.

laissant, par cette manœuvre, un grand vide que vinrent remplir l'*Illustre* puis l'*Ajax*. En vain le général conservat-il à son grand mât l'ordre d'arriver à portée de pistolet de l'ennemi (1); les capitaines n'obéirent pas.

A 4 heures, les six vaisseaux d'avant-garde honteux de leur inaction, voulurent virer vent devant, mais la brise qui mollissait ne leur permit pas d'arriver à portée. Le *Héros* et l'*Illustre* restés seuls (2) en face de l'ennemi pour soutenir l'honneur du pavillon français, couraient risque d'être enveloppés si l'avant-garde de sir Hughes venait à virer de bord. En vain, les frégates essayèrent-elles de venir les prendre à la remorque, surprises en calme plat, elles ne purent arriver jusques à eux.

Alors St-Félix, dont le vaisseau l'*Artésien* jouissait d'une marche supérieure, sent son cœur s'émouvoir à la vue du danger de l'amiral, le remord d'avoir trahi le grand homme auquel il devait son avancement, et qui l'avait sauvé en pareille circonstance, lui rend sa fougueuse énergie ; il porte son vaisseau contre ceux de l'avant-garde ennemie. Une canonnade terrible

(1) Suffren commençait à dédaigner la routine professée par les amiraux de son époque, consistant à ranger l'escadre sur une seule ligne de bataille ; il ne tenait non plus aucun compte des traditions de combat à moyenne distance préconisées depuis deux siècles. C'est à portée de pistolet qu'il engageait l'action ; c'est en plein bois, comme Duguay-Trouin, qu'il faisait diriger le tir de ses bouches à feu : V. *Batailles de terre et de mer*, par M. le vice-amiral comte Bouët-Willaumez.

(2) L'*Ajax* avait pu se retirer.

éclate, l'*Isis* et le *Héros* anglais sont obligés de dévier de leur ligne.

Malgré la puissante diversion de l'*Artésien*, Suffren, au désespoir et se croyant abandonné par son escadre entière, veut s'ensevelir sous les flots avec les débris de son glorieux navire. L'équipage aussi héroïque que son chef vomit des torrents de fer et de feu contre les vaisseaux qui le pressent. En vain le *Brillant* et l'*Artésien* prennent-ils au combat une part magnifique quoique tardive, la position de l'amiral est des plus critiques ; le grand mât, le perroquet de fougue et le petit hunier du *Héros*, s'abattent à la fois avec fracas entraînant dans leur chute la grande enseigne et le guidon du chef d'escadre. Suffren, averti par les *hurrah* des Anglais, bondit sur la dunette, l'œil étincelant de fureur. Sa voix tonnante domine la grande voix de la bataille : « des pavillons ! qu'on apporte des « pavillons, tous les pavillons blancs qui sont à bord « et qu'on en couvre tout mon vaisseau ! »— A ces cris de rage, l'équipage enivré d'enthousiasme transforme le *Héros* en un volcan terrible. Le *Burford*, le *Sultan* et le *Superb*, maltraités dans leurs œuvres mortes, sont forcés de ralentir leur feu, après avoir perdu beaucoup de monde. (1) Mais l'amiral a tiré

____

(1) Les Français se trouvaient au vent ; par l'inclinaison de leurs vaisseaux, ils avaient tiré en plein bois et tué beaucoup de monde aux Anglais ; le contraire avait eu lieu chez ces derniers, leurs vaisseaux placés sous le vent, se trouvant avoir le côté qui combattait très-élevé, leurs coups portaient haut dans la mâture et dans le gréement des vaisseaux engagés.

1,800 coups ; les boulets manquent, et les canonniers tirent quelque temps à poudre pour ne pas laisser apercevoir à l'ennemi leur horrible détresse.

Un moment le Bailli fut sur le point de mettre les pinces dans les canons, de se laisser ensuite serrer par les vaisseaux ennemis pour se faire sauter au milieu d'eux. Heureusement la nuit arrivait, l'escadre anglaise désemparée par les coups de ces terribles joûteurs commençait à se fatiguer de la lutte.

Du Chilleau n'avait consenti qu'avec peine aux lâches intrigues qui livraient le Bailli à l'ennemi, il voulut prendre part au combat à la tête des six vaisseaux d'avant-garde, honteux de leur immobilité volontaire. A 5 heures 35', sir Hughes prévenu de ce mouvement, fit virer son escadre vent-arrière dès que la brise d'Est-Sud-Est se fit sentir (il y avait eu jusque là lutte de vents). Pendant cette manœuvre, la division d'Aymar orientée vint enfin couvrir nos trois vaisseaux compromis ; le feu s'ouvrit alors avec vigueur, et la bataille s'engagea telle qu'elle aurait dû l'être dès le commencement de l'action ; mais la nuit qui enveloppa les combattants permit aux douze vaisseaux anglais, dont la majorité abîmée par nos boulets coulaient bas, de se retirer lentement et avec grand peine sur Madras, devant nos onze vaisseaux en bon état, grâce à leur honteuse inaction.

« Les Anglais avaient pris chasse, grand largue sur une ligne ; Suffren signale de les poursuivre sans ordre pour les arrêter tous ; mais il ne peut réaliser son projet avant la nuit et Hughes, dont les vaisseaux continuent à fuir, échappe sans pertes des mains de son terrible adversaire (1). »

Suffren, qui avait eu à combattre seul six bâtiments anglais, était d'un mécontentement extrême à la vue de ses trois vaisseaux presque rasés. Convaincu, malgré leurs excuses, que ses capitaines l'avaient abandonné par une basse jalousie, (2) il s'en plaignit amèrement à M. de Souillac :

« Je commençai le combat, lui écrivait-il, quinze
« contre douze, car j'avais mis en ligne la *Consolante.*
« Ce que vous ne croirez pas, c'est qu'il n'y a eu que
« le *Héros*, l'*Illustre* et l'*Ajax* qui aient combattu de
« près.Cependant tous,oui, tous, ont eu la plus grande
« facilité de s'approcher, et vous, qui êtes marin,
« comment pourra-t-on vous persuader qu'ayant ga—
« gné la tête d'nne ligne qui court largue, on n'a pu
« s'en approcher etqu'il en a été de même pour les
« vaisseaux qui marchent bien ? Enfin, ce qui fait leur
« eondamnation, c'est que le *Héros* et l'*Illustre*, l'un
« marchant très bien, l'autretrès malne se sont point
« quittés, ont été écrasés et ont perdu chacun leur
« grand mât. » (23 septembre).

Les Anglais même firent justice de la défection de ces officiers *indignes de servir sous un si grand homme,* et la gazette de Calcutta reconnut qu'il avait été très mal secondé.

---

(1) Comte Bouët-Willaumez, vice-amiral; ouvrage cité, p. 89.

(2) Le bailli était moins ancien que plusieurs de ses capitaines issus de familles considérables. M. Tromelin fomentait ces misérables intrigues et s'était mis à la tête de la coterie d'officiers qui demandaient à quitter l'escadre.

Le Bailli demeura maître du champ de bataille où il avait espéré ensevelir sir Hughes et son escadre ; mais ce stérile honneur ne le consola pas des graves avaries éprouvées par ses trois vaillants vaisseaux.

« Le *Héros* a perdu son grand mât, son petit de « hune, le perroquet de fougue et 120 hommes, « dont 50 morts sur place. L'*Illustre*, commandé « par M. de Bruyères de Chalabre, a partagé tous « mes périls, ne m'a point quitté et s'est fort distin- « gué. On ne peut mieux se conduire qu'il l'a fait, « si tous eussent fait de même, nous étions maîtres « de l'Inde à jamais. Je suis revenu; à force de tra- « vail je me réparerai. Dieu veuille nous faire joindre « bientôt M. de Bussy (1). »

L'escadre resta en panne toute la nuit et le lende-main mit le cap sur Trinquemalay, traînant après elle ses navires si glorieusement mutilés.

L'*Orient* se perd près de Trinque-malay. 7 septembre 1782.

Le 7, on aperçut le mât de pavillon et on s'apprê-tait à entrer dans la baie, lorsque l'*Orient* (2) s'échoua sur la *Pointe-Sale* par suite de l'orgueilleuse ignorance d'un officier de quart qui avait dédaigné les avis de son pilote. Un instant on espéra le renflouer, mais il talonna sur des rochers et cet accident joint à sa vé-tusté consomma son naufrage.

L'armée, retenue par les brises de Nord-Ouest au mouillage de la *Pointe-Sale*, et attristée de la perte

(1) Lettre de M. de Suffren à un de ses amis, du 14 septembre 1782, publiée dans la *Gazette de France* le 31 mars 1783.

(2) Pendant que l'on établissait des mâtereaux à bord du *Héros*, le bailli avait hissé son pavillon à bord de l'*Orient*, mais il venait de le quitter au moment du sinistre.

d'un de ses gros vaisseaux de 74, fut se réparer le 17
au fond de la baie, au moyen des débris du bâtiment
naufragé et de divers échanges que les navires firent
entre eux. Pendant ce temps, la *Bellone* allait reconnaître la position de Goudeloure qui donnait de l'inquiétude au Bailli.

Cependant, la situation générale n'avait point
empiré ; malgré l'insuccès du dernier combat, l'amiral était parvenu en fin de compte à empêcher la combinaison de Coote avec Hughes et forcé celui-ci à rentrer à Madras.

« Si la réunion des deux divisions s'effectue avec
mon escadre, nous pourrons entamer de grandes
choses ; mais d'ici là, il y a de terribles moments à
passer. Si je pouvais tout dire quoique je n'aie pas
détruit l'escadre anglaise, on m'estimerait comme
militaire, surtout si l'on savait quel courage il a fallu
pour rester ici, malgré la disette de tout et les sollicitations et les ruses qu'on a employées pour me faire
retourner à l'Ile de France. Je ne sais ce qui en arrivera,
mais je sais bien que si j'eusse quitté la côte tout
était perdu.

« Voici cependant le résultat depuis que je suis
dans l'Inde : j'ai pris cinq bâtiments appartenant au
roi d'Angleterre, trois à la Compagnie et plus de
soixante bâtiments particuliers ; j'ai soutenu notre
armée, je lui ai fourni des vivres et de l'argent.
Tout ce que je désire c'est de bien faire, de mériter
l'estime du Roi, celle des ministres et du public (1). »

(1) Lettre à M. de Souillac, 14 septembre 1782.

« J'ai été quelques jours dans les peines les plus cruelles : je savais M. Coote près de Goudeloure et je ne pouvais aller au secours de cette place. L'arrivée de la *Bellone* qui m'apprend la retraite de ce général me tranquillise. J'irai cependant y faire un tour. Envoyez, je vous prie, à Trinquemalay tout ce qu'il faut pour monter un port en petit et suppléez à tout ce que j'ai pu oublier dans la lettre commune. Je n'écris pas à M. de Bussy, parce que je le crois parti. Je partirai d'ici le 28 , j'irai à la côte ; j'y serai peu de temps et de là je prendrai un parti pour l'hivernage. »

« L'escadre anglaise a souffert , il y a eu deux capitaines tués, un troisième a perdu un bras. On assure aussi qu'un vaisseau a perdu son grand mât. Le combat a empêché la combinaison avec M. Coote et l'a fait rentrer à Madras. Je ne puis savoir où j'hivernerai, mais envoyez toujours tout ce que vous pourrez à Trinquemalay (1). »

Quatre capitaines abandonnent leurs vaisseaux pour se rendre à l'Ile-de-France. 18 septembre 1782.

Le 13 septembre, MM. de Tromelin, de St.-Félix, de la Landelle et de Galles demandèrent et obtinrent de se rendre dans la colonie de l'Ile de France , sur le *Pulvériseur.* Cette démarche rendit évidente la cabale fomentée par la jalousie de Tromelin, qui n'avait jamais pris part à aucune action. Son départ, ainsi que celui de la Landelle, ne laissa aucun regret. Mais il n'en fut pas de même de celui de M. de St.-Félix, dont on avait su apprécier le bouillant courage en

____

(1) Archives de la marine.—Lettres à M. de Souillac, 13 septembre 1782.

même temps que les emportements et la vanité ;
quant à M. de Galles, ce brillant officier qui devait à
Suffren son grade de capitaine de vaisseau, il était
d'une santé délicate et n'aspirait qu'au moment de
quitter la mer pour ne plus y reparaître.

Quand les mutations (1), que nécessitaient le départ de ces capitaines, dans le personnel de l'escadre
furent opérées, l'amiral expédia le côtre le *Lézard* à
Trinquebar pour faire passer à Piveron l'avis de sa
prochaine arrivée devant Goudeloure.

Le 30 septembre, l'escadre réparée et approvision-
née mit sous voile pour la côte de Coromandel (2),
laissant la place de Trinquemalay pourvue d'une
nombreuse garnison.

Douze jours après le départ de la flotte française
de Goudeloure, Duchemin avait succombé à la longue
et cruelle maladie qui le minait. L'armée fut loin de
regretter un général inhabile qui n'avait pas su s'attirer la considération des alliés et l'estime d'Hyder-

Mort de M.Duchemin. Le comte d'Offelize le remplace. 13 septembre 1782.

(1) Ces changements ne pouvaienr avoir que des effets déplorables, en amenant au commandement des officiers étrangers
à leurs vaisseaux et à leurs équipages.

(2) Au moment de son départ, le bailli écrivait à M. de
Souillac :

« J'irai au rendez-vous (Achem) ; je ne sais pas si je pourrai
« le gagner ; ma position est des plus embarrassantes. — Il
« serait long et superflu d'entrer dans des détails, mais je me
« vois dans une situation où il faut deviner et où il est impos-
« sible de le faire. Envoyez-moi, à Trinquemalay, des muni-
« tions, des vivres, des articles de marin et de port, le plus que
« vous pourrez. Je pars aujourd'hui. » 1er octobre 1782. (Archives de la marine).

Aly. Le comte d'Offelize, colonel d'Austrasie , prit le commandement ; il joignait à un caractère très-froid un jugement sain et une instruction supérieure. Resté étranger à la politique indienne, la mort de Duchemin le trouva ignorant de toutes les intrigues qui l'entouraient ; mais il eut l'heureuse pensée de s'adjoindre un excellent officier , M. de Boissieux , esprit ardent, ambitieux, dont les qualités contrastaient avec les siennes et leur servaient de complément. Le nabab, plus satisfait de ses rapports avec le nouveau commandant, partit le 15 août pour empêcher l'armée anglaise de ravitailler Velloure. Mais , malgré sa diligence, Eyre-Coote le prévint, fit 200 milles en 14 jours et se retira après avoir pourvu la garnison de vivres abondants.

Notre petite armée, délaissée par Hyder-Aly qui de son séjour d'Arcate dirigeait le siége de Velloure, ne se vit pas sans inquiétude éloignée du nabab et de Tippoo-Saëb, occupé au loin, dans le Tanjaour, dans le sud de la presqu'île indienne. Coote instruit de cet isolement , quitte Madras , s'avance le long de la côte vers Pondichéry et vient camper sur le coteau de Perimbé d'où il menace nos soldats en attendant l'appui que doit lui fournir l'escadre britannique.

Au moment où le général anglais se disposait à attaquer nos avant-postes, retranchés dans les environs de Goudeloure, il apprend le retour à Madras des vaisseanx délabrés de sir Edwards qui avait perdu le tiers de ses équipages (1). Inquiet de ces nouvelles, il re-

(1) Les vaisseaux de Sir Hughes de 650 hommes étaient réduits à 400.

nonce à son attaque et court reprendre ses cantonne-
ments de Madras que la cavalerie mysoréenne commençait à affamer.

M. de Suffren, rassuré sur le sort de notre armée
par le retour de la *Bellone*, avait quitté Trinquemalay
le 1er octobre et faisait route sur Goudeloure, lorsqu'il aperçut sous la forteresse de Négapatnam un
navire anglais cherchant à s'échouer pour éviter
d'être pris. M. de Latour du Pin, officier du *Héros*,
chargé de s'en emparer, aurait pu le renflouer au
moyen des nombreuses embarcations qu'il avait à sa
disposition ; mais, impatient de quitter le dangereux
voisinage des batteries anglaises, il incendia ce joli navire chargé de munitions, au grand regret de l'amiral.

Devant Trinquebar, un message du gouverneur
avertit le Bailli que sir Hughes avait envoyé le *Sultan*
s'emparer, au mépris du droit des neutres, de tous
les navires français et hollandais mouillés sous la protection du pavillon danois, et que la mouche de l'escadre (le *Lézard*) était une des victimes.

Suffren fut courroucé de cette déloyale manœuvre,
mais ses ennuis ne touchaient point encore à leur
terme. Au moment de l'arrivée de l'escadre à Goudeloure, le 4 octobre, le *Bizarre* voulant éviter un abordage avec le *Sphinx*, longea de trop près la terre et
fut s'échouer par le plus beau temps du monde. La
bravoure et le dévouement bien connus de son commandant, Tréhouret de Pennelé, firent attribuer sa
fausse manœuvre à un défaut de jugement. Malgré
les efforts de toutes les embarcations de l'escadre, le

Perte
du vaisseau
le *Bizarre*
près
Goudeloure.
4 octobre
1782.

vaisseau balloté sur la barre par le renflement des flots qui y déferlaient ne put être sauvé.

Ce nouveau désastre causa au Bailli des regrets d'autant plus vifs, qu'il apprit presque en même temps l'arrivée à Bombay de Robert Bikerton avec cinq vaisseaux et un convoi très-important. La réunion de ces forces à celles de sir Hughes rendait la lutte trop inégale ; la grandeur d'âme et le génie de Suffren pouvaient seuls suppléer à cette infériorité. — Partir, c'était abandonner aux Anglais tous les avantages que sa seule valeur avait conquis ; malgré le mauvais état de sa flotte, le découragement de ses officiers, il resta sur cet océan théâtre de ses exploits.

Suffren va hiverner à Achem. 15 octobre 1782.

Chassé de la côte de Coromandel par les mauvais temps qu'amène toujours la mousson de N.-E., et considérant, d'autre part, l'insalubrité et le peu de ressources (1) de la rade de Trinquemalay, le Bailli résolut d'aller passer le temps de l'hivernage dans la vaste baie d'Achem, située a la pointe nord de Sumatra (2).

Donnant habilement le change aux Anglais et à ses équipages, il annonce hautement son intention d'hiverner à Trinquemalay (3) et met à la voile, le 15 octobre, au début d'un ouragan épouvantable. Ce

(1) Sous le rapport des vivres.

(2) Nul autre point n'était plus convenable pour y radouber et caréner ses vaisseaux.

(3) Pour mieux tromper les Indiens, colporteurs de nouvelles, il prit même des officiers et des effets destinés à la garnison de Trinquemalay.

Tempête sur la rade de Madras; cette ville en proie à une horrible famine. 15 octobre 1782.

coup de vent, auquel notre escadre échappa grâce à l'à-propos de son départ, surprit l'escadre anglaise au mouillage, au moment où Sir Hughes donnait à bord du *Superb*, une fête magnifique aux dames de Madras. Les vaisseaux eurent à peine le temps de couper leurs cables, de dérader ; plusieurs d'entre eux, non encore réparés des avaries éprouvées dans l'engagement du 3 septembre, coururent de grands dangers. Le *Superb* et l'*Exeter* démâtèrent, d'autres furent tellement maltraités qu'ils ne purent désormais naviguer; en outre, un grand nombre de bâtiments de la Compagnie coulèrent ou furent jetés à la côte dans cette nuit d'épouvantable tempête.

Lorsque le jour vint éclairer ce sinistre, on vit la côte, dans une étendue de plusieurs milles, couverte d'épaves et de cadavres.

Pour comble de malheur, une horrible famine décimait la population de Madras qui, le 28 octobre, avait déjà perdu 10,000 personnes. A cette lamentable nouvelle, la présidence du Bengale s'empressa d'envoyer des secours abondants, mais quelque diligence qu'y mit le gouverneur Hastings, ces vivres ne purent arriver qu'en décembre.

Quatre jours après le départ de l'amiral Hughes, le commodore Bikerton mouilla avec sa division navale sur la rade de Madras. Doué d'une activité infatigable, il résolut de se mettre à la recherche de l'escadre anglaise et de retourner à Bombay où il parvint le 28 novembre, tandis que les vaisseaux de Sir Hughes, dispersés par la tempête, n'arrivèrent que du 14 au 21 décembre dans ce port.

Les désastres éprouvés par les Anglais dans cet ouragan, sauvèrent nos vaisseaux délabrés que le prudent chef de l'escadre hollandaise, Schryver, laissait exposés aux hasard de la guerre, sans leur apporter le concours de ses huits vaisseaux mouillés paisiblement à Batavia.

7 novembre
1782. L'île de Sumatra, choisie par l'amiral français pour hiverner, est la plus occidentale du groupe auquel on affecte le nom de Malaisie, mais aussi une des plus riches. Au N.-O., au-dessus de la partie habitée par les Battas, s'étendait le royaume d'Achem, dont les luttes opiniâtres avec les Portugais remontaient au temps d'Albuquerque et de Georgio de Brito.

La ville d'Achem, située à l'extrémité d'un territoire fertile, était presque enveloppée d'une forêt de cocotiers, de bambous, d'ananas, de bananiers, traversée par une rivière couverte de bateaux. Dans cette forêt étaient semées plus de 8,000 maisons, tantôt éparses, tantôt groupées pittoresquement par petits quartiers; le tout tellement voilé par de grands massifs d'arbres, que de la rade on n'y aurait jamais soupçonné l'existence d'une ville.

Le roi d'Achem, effrayé de voir arriver (1er novembre) dans sa rade une escadre aussi considérable, refusa d'abord de laisser élever des tentes pour les malades. Suffren aurait pu s'établir de force sur le rivage, il préféra garder ses marins à bord, sur la considération des maladies qu'ils pouvaient contracter à terre et des collisions que la jalousie des Malais n'aurait pas manqué de faire naître ; Plus tard, le roi, rassuré par la conduite sage et réservée des Français, leur permit de faire du bois et de dresser quelques tentes sur une des îles qui ferment la baie.

Séjour du bailli à Achem.

Pendant cette relâche, le Bailli s'efforça de mettre la flotte en état de reprendre la mer dès les premiers beaux jours, son désir le plus ardent étant de reparaître dans le golfe du Bengale et sur la côte de Coromandel avant le retour de l'amiral anglais. Le 18 novembre, la *Pourvoyeuse*, qu'il avait expédiée au comptoir hollandais de Malac pour chercher des mâts de rechange, laissa tomber l'ancre dans la rade malaise. Mais son commandant, M. de Lanuguy-Tromelin, avait eu la faiblesse de laisser passer sans s'en emparer cinq bâtiments de commerce de la Compagnie chargés de plusieurs millions. Il eut beau chercher à se disculper par l'exhibition de son journal, le Bailli mécontent lui répondit, après en avoir pris connaissance : « Eh bien ! M. de Lanuguy, je persiste à dire « que vous avez entâché le pavillon. » Cet officier s'estima heureux, pour fuir les regards courroucés de l'amiral, d'avoir à remorquer à Trinquemalay le *Vengeur* qui coulait bas.

Suffren, dont le génie entreprenant était constamment tenu en éveil par son animosité envers l'Angleterre et la position d'infériorité numérique de son escadre, avait conçu le hardi projet d'attaquer et de détruire la riche présidence de Madras. Il comptait pour atteindre ce but, sur la réunion des forces de Bussy, sur l'alliance d'Hyder-Aly et sur la présence à Bombay de Sir Edward Hughes. Son esprit se complaisait dans la conception de cette audacieuse entreprise, lorsque la corvette le *Duc de Chartres,* aux ordres de M. de Kersaint, vint lui apprendre le malheureux sort des convois confiés à MM. de Guichen et de Soulanges, l'épidémie qui régnait dans les équipages de M. de Peynier et les revers du comte de Grasse. Ce qui désola surtout le Bailli , ce fut la nouvelle de la condamnation du vaisseau l'*Alexandre,* que l'on brûla à cause de l'épidémie terrible qui régnait à bord, le mauvais état du *Hardi* et de plusieurs autres navires de Peynier (1).

Cependant notre amiral, sans se laisser décourager, se raidissait contre les obstacles qu'une fortune jalouse opposait à ses énergiques efforts. Il brûlait de venger nos revers d'Amérique et l'insuccès de Gibraltar par une victoire éclatante.

Comprenant qu'il devait se borner pour le moment à observer les forces de l'ennemi et à troubler son commerce, il détacha de son escadre deux fins voiliers, l'*Annibal* (anglais) et la *Bellone,* avec ordre de croiser sur les brasses du Gange, pour intercepter les navires

---

(1) A Madame de Seillans. « Je me porte fort bien, ma chère
« amie, c'est la seule bonne nouvelle pour vous que j'aie à
« vous mander. Il est à craindre que les malheurs d'Europe et
« d'Amérique n'influent prodigieusement sur notre position.
« Une malheureuse épidémie, qu'a eue la division de M. de
« Peynier, a fait tout manquer. Si je me retire bien de l'Inde,
« ce sera un grand bonheur. J'étais ici en attendant huit vais-
« seaux et autant de mille hommes : arrive un aviso qui
« m'apprend qu'un convoi pour l'Inde est pris et que l'autre
« est arrêté par la maladie. En vérité, c'est trop de malheurs
« à la fois. » (Rade d'Achem. — 30 novembre 1782.)

qui descendaient de Calcutta. Ce fut inutilement, la présence de nos croiseurs ayant été signalée à cette présidence, l'embargo fut mis sur tous les bâtiments mouillés dans la rivière.

Le reste de l'escadre avait mis le cap sur la côte d'Orixa, pour y ruiner le comptoir de Ganjam et les nombreux entrepôts de produits anglais qu'on savait sans défense. Dans ce but, des compagnies de marins bien exercées devaient agir à terre, de concert avec les troupes de débarquement. Le bailli vint attaquer la côte d'Orixa au vent de Ganjam, près la montagne de Carapar, dont la forme simule un long tombeau couché sur le rivage. Non loin de là, au sud d'une jolie rivière, s'élève le fort Montereole qui sert de limite au royaume de Golconde. Mais le débarquement ne put jamais être opéré ; la barre, très-élevée dans ces parages, formait un obstacle infranchissable pour les canots de nos navires, et l'on ne put se procurer les chelingues nécessaires.

Pendant ces tentatives infructueuses, l'escadre opéra plusieurs captures importantes, entre autres, la frégate de 30 canons le *Cowentry*, qui vint étourdiment mouiller de nuit au milieu de nos vaisseaux. M. d'Herly, heureux d'en recevoir le commandement, s'empara le même jour d'un beau navire de la Compagnie chargé de draps.

Par ces dernières prises on eut connaissance de la mort d'Hyder-Aly. Cette perte était irréparable: « Quoique Tippoo-Sultan semble vouloir poursuivre les projets de son père et demeurer notre allié, il n'a ni la capacité, ni le génie, ni les talents militaires du feu nabab. Ce sont des vérités dont on a eu occasion de se convaincre. Hyder-Aly-Kan était le prince le plus étonnant qui ait jamais paru en Asie. De rien, il a formé ses vastes états par la force de son bras; il a su, par son génie, les conserver jusqu'à la fin, et est mort la terreur de l'Inde entière et de la nation anglaise, au milieu des conquêtes qu'il a faites sur cette nation belliqueuse et puissante. Tippoo-Sultan a hérité subitement de ces grandes possessions, de trésors immenses, d'une nombreuse armée; il en est trop orgueilleux. Dieu veuille qu'il sache se maintenir dans ces beaux avantages tant que nous aurons besoin de lui. Le feu nabab était, d'ailleurs, sincère ami des Français (et je mets de côté, en disant cela, l'intérêt qui pouvait lui faire rechercher notre alliance); il en a donné des preuves convaincantes jusques dans ses derniers moments. Il avait pris beaucoup de confiance en moi et me donnait journellement des marques publiques de ses bontés, ce qui me facilitait son accès et m'a souvent aplani beaucoup de difficultés dans les objets que j'ai eu à traiter avec lui. Je le regrette infiniment et pour la nation et pour moi-même. »

« Tippoo-Sultan connaissait d'abord la manière dont je me suis comporté avec le feu nabab et sa bienveillance pour moi, de sorte qu'il me traite avec beaucoup d'honneur et de bonté; mais, quant aux affaires, quelle différence de génie, de lumières, d'action, de manière de gouverner de lui au grand homme qui n'est plus(1). »

(1) Piveron de Morlat au bailli de Suffren, 9 février 1783.

Cette mort pouvait donc devenir funeste aux intérêts de la France , aussi l'inquiétude qu'elle fit naître
chez le Bailli , le fit renoncer à ses projets sur la côte
d'Orixa. En conséquence , le 15 janvier, il se détermina à faire route directement pour Goudeloure.
Heureusement pour la France , Tippoo avait hérité de
son père, et de son attachement pour elle, et de sa
haine pour l'Angleterre.

Pendant que l'escadre française se reposait à Achem
de ses rudes fatigues , le gouverneur général Hastings , pressait de lentes et mystérieuses négociations
avec les Mahrattes.Les préliminaires de la paix avaient
été arrêtés entre Mahdea-Scindia et David Anderson ,
et l'Angleterre qui avait hâte d'en finir avec ces peuplades belliqueuses dont ses présidences étaient constamment menacées , leur abandonnait presque toutes
ses conquêtes. Ces négociations, tenues très-secrètes,
ne purent être pénétrées par Montigny et Piveron de
Morlat ; cependant le premier prévoyait que les dispositions de la cour de Poonah à notre égard seraient
soumises dans la suite au développement des évènements lors de l'arrivée de Bussy ; et le second, instruisit le Bailli des soupçons qu'il avait conçus sur les
dispositions du Peshwa à notre égard , malgré les
protestations de son premier ministre. Le retard apporté à la venue du général de Bussy par le besoin de
rallier ses troupes, par l'épidémie qui les décima lorsqu'elles furent réunies à Port-Louis, par les réparations qu'exigeait le mauvais état des vaisseaux et
surtout la mort d'Hyder-Aly , firent enfin pencher

la balance en faveur des Anglais, et amenèrent la conclusion de la paix.

Qu'il nous soit permis de retracer en quelques lignes la mort de ce puissant allié. Hyder-Aly, atteint d'une tumeur charbonneuse entre les épaules, fit demander des médecins à M. d'Offelize qui s'empressa de lui envoyer MM. Rochard, médecin en chef, et Noël, chirurgien major. Une opération était impérieusement réclamée par son état ; mais, malgré l'urgence de la situation et les instances de son entourage européen, il fallut attendre le jour fixé par les devins. Ce ne fut que 72 heures après la visite des médecins que le nabab consentit à être opéré. « Est-ce à un « grand homme comme toi, lui dit M. Noël, de « rester soumis à une telle superstition ? » Le prince resta inébranlable ; le mal fit des progrès et l'opération, tardivement pratiquée, ne put empêcher la mort de ce monarque, alors âgé de 63 ans.

L'histoire de ce prince de génie, un des plus grands politiques de l'Orient, a été retracée par plusieurs officiers français qui servirent dans ses armées. Bornons-nous à répéter que cette perte fut une calamité pour les intérêts de la France qu'il aimait, et un grand soulagement pour les Anglais qui commencèrent à respirer.

Avènement
de
Tippoo-Saëb.

A la nouvelle de la mort de son père, Tippoo-Saëb abandonna l'armée anglaise de M'Leod, qu'il tenait assiégée dans une place du Tanjaour (Panamy), et se hâta de venir prendre possession de l'héritage d'Hyder-Aly. Grâce au corps d'élite français de MM.

Boutenot et Poulet, et au dévoûment de quelques chefs de l'armée du Carnate, il put triompher de quelques traîtres qui avaient tenté de partager avec les Anglais les dépouilles du vieux lion.

D'Offelize avait appris la mort du nabab ; voulant appuyer le parti français et seconder l'armée Mysoréenne qui bloquait Velloure, cet officier se mit en marche. Le colonel de Cossigny vint de sa part complimenter Tippoo sur son avènement, et le nouveau souverain, dans une longue audience, arrêta avec cet envoyé les opérations ultérieures.

Tippoo-Saëb, d'une taille élégante, d'une figure admirable et le meilleur écuyer de son armée, avait le désir le plus ardent d'inaugurer son règne par une victoire éclatante (1). Il prit si bien ses dispositions, que sir James Stuart n'osa point accepter la bataille et se retira sur Madras à la faveur d'un brouillard épais, non toutefois sans être harcelé par la cavalerie du célèbre partisan Lallée.

Arrivée
du Bailli
à Goudeloure.
6 février
1783.Le Bailli en arrivant à Goudeloure dans les premiers jours de février 1783, était fort inquiet sur le sort de l'*Annibal* et de la *Bellone*, détachés sur l'embouchure et les brasses du Gange. Il s'empressa d'écrire au nabab, pour le complimenter sur son avènement ; mais il n'osait prononcer le nom de M. de Bussy, dont il ne savait comment expliquer le retard (2).

---

(1) Les Anglais, à l'approche des forces alliées, firent sauter Vandavachy et Carangouli.

(2) Il mandait le même jour à Mme de Seillans :

« Sir Hughes est encore à la coste de Malabar, et nous, à « celle de Coromandel ; ainsi, nous voilà en paix pour quel-

Tippoo-Saëb apprit l'arivée du Bailli avec une vive satisfaction et fit expédier de Harny, devenu le grand magasin de l'armée du Carnate, d'abondantes provisions pour ses équipages.

Goudeloure présentait en ce moment un affligeant spectacle : les hôpitaux et les ambulances, qu'on y avait improvisés, étaient encombrés de malades et de blessés dont les souffrances étaient aggravées par des privations de toutes sortes. M. de Suffren, obéissant à un impérieux devoir, bien conforme, du reste, à ses sentiments d'humanité, passa une inspection attentive de ces malheureux dont il avait le secret de relever l'énergie tout en les consolant. Contrarié de n'avoir pas trouvé M. Rochard, médecin en chef de l'armée, à son poste, il lui adressa la lettre suivante où nous trouvons l'expression d'une paternelle sollicitude unie a un grand jugement :

10 Février 1783.

« J'ai été ce matin, Monsieur, voir notre hôpital, j'aurais bien désiré vous y trouver ; j'ai remarqué que les malades étaient assez bien ; j'ai même vu que leur ration était plutôt plus forte que trop faible ; mais je vous avouerai que votre chirurgien-major m'a paru aimer un peu trop à couper ; et comme la plupart de ce qu'ils appellent blessures ne sont que des ulcères dépendant d'un vice scorbutique ou autre, il me sem-

« que temps. D'ici au temps où il viendra, je serai joint par
« de puissants renforts. Si la paix ne se fait pas, nous aurons
« plusieurs affaires cette année. Si l'on se bat mal ce n'est
« pas faute d'être exercé. »

ble que ces malades ne devraient être traités que par vous et le chirurgien ne panser et n'opérer que selon vos ordonnances. Je crois que vous êtes trop bien intentionné pour ne pas faire céder ces petits égards d'état au bien des malades. Je désirerais aussi que nos malades fussent plus séparés selon leurs maladies. Un scorbutique, qui n'a point la fièvre, est très mal entre deux malades qui, non seulement l'ont, mais de plus ont une dyssenterie épidémique. Au reste, comme vous avez plus d'expérience que moi dans ces sortes de choses, je soumets mes vues aux vôtres.»

« J'ai l'honneur d'être très respectueusement, Monsieur, votre très humble et très obéissant serviteur.

« Le chevalier de Suffren.»

Après avoir ainsi pourvu au besoin de la place, le Bailli détacha le *St-Michel*, excellent voilier de 64, et le *Cowentry* qui avait conservé son nom anglais, pour aller intercepter devant Madras un convoi important, et fit voile pour Trinquemalay avec le reste de son escadre (1773).

23 février
1773.

Il trouva dans cette rade, le **23** février, le *Vengeur* que l'on armait d'un doublage en cuivre, un navire portugais, dont le chargement, en contravention avec les ordonnances, amena la saisie, plus un petit bâtiment (1) qui annonça l'arrivée prochaine de M. de Bussy sur un convoi conduit par M. de Peynier.

(1) La corvette le *Chasseur*, qui portait le *primata* des dépêches, avait été capturée sur les rives d'Orixa, par la frégate la *Médéa*, après un combat très-inégal.

L'amiral, que les vaisseaux croiseurs avaient rejoint, fit alors suspendre les travaux et se tint prêt à escorter à Goudelour ce convoi si ardemment désiré.

M. de Peynier était, en effet, parti le 24 décembre, pour Achem où il comptait joindre l'escadre, mais n'y trouvant plus la *Fortune*, qui avait appareillé depuis huit jours, il se décida, par une heureuse inspiration, à se diriger sur Trinquemalay.

Arrivée de M. de Bussy à Trinquemalay, 10 mars 1783.

Le 10 mars on signala, à la grande joie de tout le monde, le convoi composé de trois vaisseaux de ligne, une frégate et 32 navires. Le Bailli, qui craignait de voir poindre à chaque instant à l'horizon les nombreux vaisseaux de sir Hughes (tous carénés et doublés en cuivre neuf), engagea le général à passer à bord du *Héros*, et prenant avec lui ses vaisseaux doublés en cuivre se hâta de transporter les troupes à Porto-Novo (1).

Malheureusement les retards apportés à leur arrivée, avaient décidé les Mahrattes à ratifier le traité de paix depuis si longtemps attendu par les Anglais (24 février 1783); et le gouvernement de Bombay, sur les vives instances de lord Macartenay, s'était décidé à envahir les vastes états de Tippoo, du côté du Malabar. Les formidables renforts amenés par Bikerton, le 3 septembre 1782, permettaient une puissante

(1) Ces troupes consistaient dans le régiment de La Mark, un bataillon d'Aquitaine, commandé par le chevalier de Damas, un bataillon de Royal-Roussillon, conduit par M. de Vaugirard, et 300 hommes d'artillerie.

diversion de ce côté, si les Mahrattes fidèles au traité (1)
ne venaient point inquiéter Bombay.

Le général Mathews embarque , le 12 décembre,
ses forces sur les transports de Bickerton et se dirige
sur Calicut.—A Goa, il apprend l'heureuse délivrance
de l'armée de Mac-Léod, le mouvement rétrograde de
Tippoo et le retard de Bussy. Modifiant aussitôt son
plan de campagne, ce général débarque sur la rivière
Mirjy, et marche sur Onore, qu'il emporte d'assaut le
5 janvier 1783. Rejoint par les troupes devenues
inutiles à la défense des possessions méridionales ,
Mathews, continuant sa marche victorieuse réduit
Cowdapore, Hayder, Nagur, Bedanore et Mangalore.
Quatre vaisseaux que Hyder-Ali faisait construire
dans ce port tombèrent en son pouvoir. — Mais à
Bedanore , le général anglais, qui avait promis à ses
soldats le partage des trésors montant à 14 laks de
Pagodes (2), refusa de tenir ses engagements. Les
troupes mécontentes de n'avoir pu obtenir qu'un demi
lak, laissèrent éclater des murmures, des signes d'insubordination , et plusieurs officiers supérieurs Mac
Léod, Humberston et Shaw quittèrent l'armée. Malgré
cette défection, Mathews poursuivit encore quelque
temps ses avantages et parvint à soulever contre Tippoo-Saëb, les partisans de l'ancien Rajah qui s'empa-

(1) C'est contrairement à deux articles de ce traité qui donnaient six mois à Hyder-Ali, allié du Peswah', pour rendre
ses conquêtes, que les Anglais, sans donner connaissance au
Nabab de ces conventions, envahirent ses frontières orientales.

(2) Environ douze millions.

rèrent de Seringapatnam (1), où ils délivrèrent et s'adjoignirent les prisonniers anglais.

Tippoo-Saëb un moment surpris de cette brusque agression, laisse 3,000 Cipayes et 7,000 chevaux pour seconder les Français et vole, avec sa formidable armée, au secours de ses états, suivi de Cossigny à la tête du bataillon de l'Ile de France. Quant à M. d'Offelize, qui n'avait pu résister à cette demande de Tippoo, il opéra habilement sa retraite sur Goudeloure, malgré les forces supérieures du général Stuart qui avait repris l'offensive.

M. de Bussy se trouva à son arrivée dans une position plus difficile qu'il ne l'aurait cru. Le temps et les évènements avaient changé la face du pays ; son nom, sur lequel on avait tant compté, avait perdu tout prestige. L'ancien gouverneur du Deckan, *le génie militaire de Salabet*, l'illustre lieutenant de Dupleix, n'était plus qu'un veillard goutteux et inquiet, ignorant la politique nouvelle et la véritable situation des puissances belligérantes ; ses talents et son activité proverbiale s'étaient perdus pendant un long repos de 22 années au sein de ses immenses richesses.—Ce n'était plus Bussy l'Indien, mais bien Bussy-Butin.

La vanité de ce général, plein de préventions contre M. d'Offelize, dont il affectait de mépriser les talents réels, devait avoir de graves conséquences, auxquelles le génie de Suffren ne parvint pas toujours à remédier.

(1) Capitale des états d'Hyder-Aly.

Malgré la rapidité imprimée au débarquement des troupes, de leurs effets et de leurs armes, le Bailli, qui craignait une surprise , ne put appareiller que le 23 mars (1783). Tandis que Peynier, avec le *Fendant*, l'*Illustre*, la *Cléopâtre* et le *Cowentry* allait croiser au vent de Madras pour intercepter un convoi que l'on y savait attendu, de Suffren se traînant le long de la côte, où le retenaient les vents et les courants contraires, arrivait, après une lutte pénible, en vue de Trinquemalay, le 11 avril.

Le Bailli rentre à Trinquemalay en présence des nombreux vaisseaux de sir Hughes. Presque aussitôt la *Bellone*, envoyée à la découverte, signala l'escadre anglaise forte de 24 voiles, dont 17 vaisseaux de ligne. La partie était trop inégale ; le signal de forcer de voiles fut hissé à bord du *Héros*, et tous les bâtiments gagnèrent l'entrée du port avant que l'ennemi put s'y opposer, en ne laissant entre ses mains que deux transports de peu de valeur.

Nous trouvons dans une lettre confidentielle de l'Amiral à Mme de Seillans , datée de cette époque critique, l'exposé de la véritable situation de nos forces navales, l'état de l'opinion dans l'Inde et un jugement empreint d'une noble fierté sur ses propres actes.

« M. de Bussy est débarqué avec une petite armée se portant bien , mais lui fort malade. »

« Les Anglais sont arrivés à la coste ; il faudra bien les aller chercher. Comme je rentrais ici, n'ayant que cinq vaisseaux, je les aperçus de loin, ou du moins ma frégate les vit. C'est un grand bonheur. J'ai encore deux vaisseaux dehors ; s'ils arrivent sans malencontre , je serai assez fort pour ne pas me cacher. »

« Je puis te dire qu'il est incroyable la considération que j'ai dans l'Inde : des vers, des chansons, des lettres, etc. Mais gare les revers ! le moindre suffirait pour que les claquements de mains se changent en sifflets. Je ne puis te dire ce que nous ferons. »

« Je jouis, ma chère amie, du plaisir que tu auras eu en apprenant, au mois de mars 82, que je suis chef d'escadre et, en mars 83 , que je suis lieutenant général. En lisant la *Gazette*, car c'est par là que tu l'auras appris, tu auras fait un beau cri de joye. A présent, je te le dis dans toute la sincérité de mon cœur et pour toy seule, ce que j'ai fait depuis vaut infiniment mieux que ce que j'avais fait précédemment. Tu sçais la prise et le combat de Trinquemalay, mais la fin de la campagne et ce qui s'est passé du mois de mars jusqu'à la fin de juin est fort au-dessus de tout ce qui s'est fait dans la marine depuis que j'y suis : peut-être y a-t-il eu plus de bonheur que de bien joué, mais le résultat est agréable pour moy et mes amis et très-avantageux pour l'Etat, car l'escadre était hazardée et l'armée perdue. Ainsi, je crois que M. le marquis de Castries ne se repentira pas de m'avoir accordé une grâce inouïe. »

« Je ne sais pas, car, personne ne m'a écrit, les lettres du ministère étant perdues, en quelle considération je suis en France , et comment le public a pris mon avancement prématuré ; mais dans l'Inde, à Madras surtout et dans nos Isles de France et de

Bourbon , je suis infiniment plus considéré que je ne le mérite. Je suis accablé de vers, de compliments, de chansons, etc. Si je passe à l'Isle de France , ils feront des folies , si leur enthousiasme n'est pas refroidi. » (13 septembre.)

11 avril 1783.

Le Bailli , alarmé pour ses croiseurs du voisinage des forces si imposantes de sir Edwards Hughes , et voulant prévenir M. de Bussy de leur arrivée , jeta les yeux, pour cette mission difficile et périlleuse, sur un jeune officier plein d'un brillant avenir , M. Villaret de Joyeuse. Celui-ci prit le commandement de la *Nayade* sans se faire illusion sur le danger qu'il allait courir, et se contenta de demander, en riant, à l'amiral : *S'il avait joint à ses instructions des lettres de recommandation pour lord Macartenay et sir Edwards Hughes ?*

Fragment de lettre de l'amiral Villaret de Joyeuse.

« Je commandais la *Bellone* (1783) lorsque nous rencontrâmes l'amiral Hughes remontant de Bombay à Madras. Le Bailli voulant annoncer cette nouvelle au chevalier de Peynier qu'il avait laissé en croisière sur la rade de Madras , me fit passer sur la *Nayade* pour lui porter cet avis. »

« Puisque vous me mettez sur une charrette pour
« une mission aussi épineuse, donnez-moi donc, gé-
« néral, des lettres de recommandation pour le lord
« Macartenay et pour l'amiral Hughes. »

« Je sens comme vous, me dit-il, le danger qui
« vous menace, mais je ne veux pas compromettre
« une aussi belle frégate que la *Bellone* ; je veux me
« mettre en règle en cas qu'il en mésarrive à M. de

« Peynier , et si quelqu'un peut réussir dans ce
« projet, c'est vous. »

« Le seigneur Jupiter, comme vous savez, mon
cher Trublet, savait dorer la pilule (1). »

Dès le lendemain, à l'entrée de la nuit, la *Nayade*
se voyait poursuivie par le *Sceptre*, resté en observation au vent de notre établissement militaire. La
lune qui vint dissiper les ténèbres , obligea Villaret
d'accepter un combat inégal qui dura cinq heures
avec un acharnement sans exemple.

Combat
de la *Nayade*
contre
un vaisseau
anglais de 64.
12 avril.

Favorisés par une nuit admirablement étoilée et
par une brise légère qui ridait à peine la surface de
la mer, ces vaillants adversaires combattirent presque
constamment vergues à vergues. Mais la *Nayade*
criblée de boulets et horriblement mutilée par son
puissant ennemi, se vit forcée d'amener après avoir
glorieusement soutenu l'honneur du pavillon. Le
vaisseau anglais fut très-maltraité dans cette lutte
inégale , et son capitaine , Graves , en allant recevoir
Villaret de Joyeuse, lui dit : « Vous nous livrez, Mon-
« sieur, un beaub âtiment de guerre, mais vous nous
« l'avez vendu bien cher. » Il fut en effet obligé de
lever la croisière. — Quant à M. de Peynier, qui
bloquait étroitement Madras , il eut l'heureuse inspiration de quitter la côte la veille de l'arrivée de l'escadre anglaise (12 avril), après avoir enlevé un très-
grand nombre de navires. Bikerton voulut en vain
s'élancer à sa poursuite ; il ne put parvenir à rejoindre nos heureux vaisseaux.

(1) En rade de Brest, à bord du vaisseau amiral l'*Océan*.
7 frimaire, an X de la République (28 novembre 1801).

Pendant ce temps, M. de Suffren, dont l'absence de la côte de Coromandel pouvait être mal interprétée, hâtait de toute son active impulsion le radoub de son escadre dans la baie de Trinquemalay. L'arrivée de la division de M. de Peynier vint calmer ses inquiétudes et le tirer des transes terribles où l'avait jeté l'absence de cet habile officier et de ses quatre vaisseaux.

Mais la *Nayade* ne revenait point. Le Bailli expédia le *Cowentry* à Goudeloure pour savoir des nouvelles de l'armée et prendre les ordres du général. Le 12 mai la frégate fut de retour, rapportant l'ordre pressant de rallier Goudeloure, et la nouvelle du beau combat sontenu par Villaret de Joyeuse.

« M. le marquis de Bussy m'a écrit et donné ordre d'aller le rejoindre. Son ordre était motivé par trois raisons : le manque de vivres, le manque de munitions de guerre, et le mauvais effet que ferait dans l'Inde mon inaction. Cet ordre n'a pu me faire accélérer mes travaux ; mais il m'a fait soutenir l'activité que j'y avais mise autant que le climat, l'épuisement des hommes, qui en est une suite, et nos travaux multipliés l'ont permis. »

Nous verrons bientôt que, grâce au zèle et à l'ardeur du Bailli, son escadre fut prête au jour du danger, pour sauver d'une destruction complète l'armée de ce marquis vaniteux et indolent qui semblait vouloir gourmander la lenteur d'un chef d'escadre tel que Suffren.

LIVRE SIXIÈME.

—

Délivrance de Goudeloure. — Retour du Bailli de Suffren en France.

Avril 1783. — Mars 1784.

Le marquis de Bussy. — Organisation de l'armée. — Elle reste sur la défensive. — L'amiral Hughes passe devant Trinquemalay sans oser attaquer Suffren. — L'armée anglaise marche sur Goudeloure. — Combat du 13 juin 1783, sous les murs de cette ville. — Détresse de l'armée de Bussy. — Victoire de Suffren sur les Anglais', le 20 juin. — Il délivre l'armée. — La *Médéa* frégate anglaise vient annoncer la paix. — Rappel de M. de Suffren. — Il est élevé au grade de lieutenant général. — Il quitte l'Inde, le 5 octobre 1783. — Son séjour au Cap. — Il arrive à Toulon, le 26 mars 1784.

Les hostilités n'étaient point encore commencées sur la côte de Coromandel et déjà, au sein de notre petite armée, des ferments destructeurs faisaient naître chez les esprits clairvoyants les plus tristes pressentiments. Le personnel composant l'état-major choisi par le ministre, M. de Castries, présentait les plus fâcheux contrastes : A côté d'officiers d'un rare mérite, tels que MM. d'Offelize et de Boissieux, s'agitaient une foule d'intrigants, qui, chassés de Versailles, étaient venus porter la désorganisation dans la troupe, donner le spectacle hideux de leurs vices

13

et s'exposer au mépris des Indiens, au milieu desquels ils vivaient. Les soldats eux-mêmes étaient d'origines et de provenances très-variées; et le camp tout bigarré d'uniformes différents.

Organisation de l'armée.

M. de Bussy avait partagé tous ces éléments hétérogènes en deux brigades et un corps de réserve. « La première brigade, sous les ordres du baron d'Albigeac, se composait des régiments d'Austrasie et Royal-Roussillon ; la seconde, commandée par le comte de La Mark, était formée des régiments d'Aquitaine et de La Mark ; dans le corps de réserve, qui avait pour chef le comte d'Houdetot, on avait réuni aux artilleurs des détachements de l'île de France, des volontaires étrangers de la marine, des volontaires de Bourbon et quelques compagnies d'élite prises parmi les cipayes (1). » Le général avait en outre avec lui 3,000 hommes d'infanterie et 7,000 chevaux détachés de l'armée de Tippoo-Saëb ; quant à Goudeloure, Dubostel la défendait à la tête d'une forte garnison.

Le Marquis reste sur la défensive.

Au lieu de suivre les avis du bailli de Suffren et des officiers expérimentés qui lui conseillaient de prendre hardiment l'offensive, et d'occuper la forte position de Permancoul avant que le général Stuart ne s'en emparât, Bussy, reprenant les anciens usages orientaux, se tenait invisible dans sa tente comme un riche nabab. — Quel contraste, aux yeux de nos soldats, entre cette conduite indolente du marquis et

(1) Ch. Cunat. Ouv. cité, p. 280.

l'indomptable activité de Suffren, que le ministre avait placé très-maladroitement sous ses ordres, et surtout avec la rapidité d'action de Tippoo-Saëb, dont les triomphes ne purent réveiller une émulation endormie pour toujours !

Le 1ᵉʳ mai, pendant que les dix-huit vaisseaux de l'escadre britannique, dirigeant leur course vers le Sud, défilaient en vue du camp français ; le général, sans prendre aucun souci de ce menaçant voisinage, perdait son temps à ordonner des réjouissances pour célébrer les prodiges accomplis par le régiment de l'Ile de France et les autres nationaux attachés à l'armée mysoréenne victorieuse.

L'amiral Hughes passe devant Trinquemalay sans oser attaquer Suffren. 24 mai 1783.

Lorsque le 24 mai, Sir Hughes arriva devant Trinquemalay avec sa formidable flotte, le Bailli n'avait que cinq vaisseaux prêts à combattre, les autres étaient encore à se radouber dans le port. Mais l'audace de l'illustre capitaine grandit avec le danger, il fait hisser son pavillon sur l'un d'eux et va les embosser à l'entrée de la rade.— L'ennemi, sans faire aucune démonstration d'attaque, continua sa route vers le Sud.

Cette direction prise par l'escadre anglaise laissait libres les communications avec Goudeloure, l'amiral en profita pour expédier à l'armée de terre des munitions réclamées par Bussy. Les bâtiments que Peynier lui enlevait forcément pour protéger ce convoi, affaiblissaient encore son escadre déjà bien inférieure en nombre, mais il fallait nécessairement secourir le général en chef et garder, avec les autres vaisseaux, Trinquemalay que convoitait l'ennemi.

Cette course de l'amiral anglais dans le sud de Ceylan intriguait au plus haut point le Bailli : « Je ne puis deviner, écrivait-il à M. de Souillac, quel est le plan de M. Hughes. Est-il là pour attendre des renforts ou intercepter ceux que nous attendons ? Epie-t-il le moment où j'irai au secours de Goudeloure, pour attaquer Trinquemalay qu'il prendrait aisément, étant obligé pour que mes vaisseaux soient, je ne dis pas armés, mais en état de sortir, d'enlever 500 hommes de la garnison ? Voici donc le parti que j'ai pris : Croyant qu'avec 15 vaisseaux, dont 8 seulement sont doublés, je ne pouvais pas en attaquer 17 qui sont tous doublés en cuivre et plus forts que les miens, qui ont l'avantage du vent, que je ne puis leur disputer vu la supériorité de leur marche; persuadé qu'ils ont laissé le 18ᵐᵉ avec quelques frégates pour bloquer Goudeloure, j'ai envoyé deux transports chargés de vivres et d'artillerie, sous les ordres du *Fendant*, de la *Cléopâtre* et du *Cowentry*. J'ai cru que c'était le moyen le plus sûr pour secourir Goudeloure et ne pas risquer la place de Trinquemalay, d'où dépend notre existence dans les mers de l'Inde. J'ai cru qu'en n'obéissant pas à l'ordre de M. de Bussy, donné dans des circonstances différentes, j'en remplissais les vues. Si nous n'avions pas eu Trinquemalay, nous n'aurions pas le *Vengeur* ni le *Brillant* ; nous n'aurions pu refaire toutes nos ferrures de gouvernail. »

Le 31 mai, l'escadre anglaise reparut, précédée d'un de nos transport fuyant a toutes voiles ; et Suffren dut trembler de nouveau pour le sort du brave Peynier, qu'il essaya de faire avertir par un de ses officiers qui se jeta dans un canot pour longer la côte.

Pendant deux jours sir Hughes montra le dessein d'attaquer, mais l'excellente position de nos quatorze vaisseaux, embossés sous les batteries de la montagne *de la Découverte*, le fit renoncer à son entreprise et le décida à laisser porter vers le nord.

M. de Peynier, toujours favorisé par la fortune, revenait avec sa faible division de ravitailler Goudedeloure; il put heureusement éviter cette fois encore l'escadre anglaise avant d'en avoir été reconnu et rallier Trinquemalay où le Bailli l'attendait, plongé dans les plus vives inquiétudes. Mais ce commandant était porteur de lettres du marquis qui faisaient pressentir la situation critique à laquelle il allait bientôt être réduit. L'Amiral se trouva donc dans un cruel souci sur le sort d'une armée confiée à un général qui lui paraissait dépourvu de talent militaire, et de l'énergie devenue indispensable pour se tirer de la fâcheuse extrémité où l'avaient conduit ses fautes sans nombre.

L'armée anglaise marche sur Goudeloure.

Après le départ de Tippoo-Saëb, Stuart, sûr d'être appuyé par la redoutable escadre de sir Hughes, prit l'offensive et vint s'emparer de Permancoul, excellente position que Bussy avait refusé d'occuper. Le Marquis fit alors replier sa première brigade, campée près de Vilnour, sur Mangicoupan, occupé par la brigade de La Mark, et décéla, par ce mouvement rétrograde, son intention de s'en tenir à une guerre de défense; ce qui donna plus de hardiesse à l'ennemi devenu maître de la campagne. Malgré le bon état des troupes et leur valeur, Bussy, cloué dans son palanquin par un accès de goutte, se sentait incapable d'une guerre active et restait sourd aux instances de M. d'Offelize et de quelques officiers de mérite.

A la vue des vaisseaux de sir Hughes qui venaient de mouiller près de Porto-Novo pour appuyer ses opérations, Stuart quitte Permancoul et s'avance au sud de Goudeloure. Le Marquis se voit alors forcé de reconnaître que l'intention de l'ennemi n'était point de l'attaquer dans son camp admirablement retranché.

L'armée se portant dans l'ouest, du côté de Bahour, vint s'établir dans une position si heureuse, que les Anglais déconcertés cherchèrent aussitôt à battre en retraite (6 juin). Ils avaient à traverser dans leur marche rétrograde un étroit défilé dans lequel ils auraient pu parfaitement être écrasés. De Boissieux , major d'Austrasie, en rendit compte en ces termes : « Une brigade suffit, Général, et jamais les Anglais ne reverront Madras. » Les lenteurs de l'indolent Marquis sauvèrent l'armée ennemie d'une destruction complète.

Les Français découragés revinrent se retrancher sous les glacis de Goudeloure , où Stuart, dégagé par une habile manœuvre, les suivit. Les deux armées se trouvèrent alors en présence, entre la mer et un coteau boisé auquel elles appuyaient une de leurs ailes, et séparées par un espace couvert de cocotiers et de palmiers. — L'armée française, établie entre deux buttes de sable, sur lesquelles on s'empressa d'élever des batteries, comptait 2,200 Européens et 7,000 Indiens ; celle du général Stuart, 4,000 Européens et 12,000 Cipayes.

Le 13 juin, un combat très vif s'engagea sur l'aile droite commandée par le lieutenant-colonel Bint ; les Anglais avaient construit, de ce côté, deux batteries dont les premiers coups firent disparaître les 3,000 Cipayes laissés par le nabab. Mais la brigade d'Austrasie et les batteries du poste de Bint parvinrent à éteindre le feu de cette artillerie.

A 9 heures 1/2, le général Stuart lança, à travers le bois de cocotiers , deux fortes colonnes pour s'emparer de la butte occupée par le colonel Bint. — Aussitôt la brigade d'Austrasie, qui venait de rentrer dans les retranchements, court aux armes , se forme en deux colonnes sous la conduite du baron d'Albigeac , charge avec impétuosité et ramène rudement les Anglais jusque dans les bois d'où ils venaient de déboucher.

Pendant que le bataillon d'Aquitaine s'opposait à une diversion sur notre aile droite , et que la brigade d'Austrasie s'enfonçait imprudemment dans le bois à la poursuite des premiers agresseurs, deux autres colonnes, aux ordres de lord Cathcart et du colonel Kelly, parvenaient à surprendre le poste de Bint livré à ses propres forces et s'en emparaient, ainsi que des retranchements dégarnis. Un bataillon de La Mark essaya en vain de les déloger ; D'Albigeac, averti de cet échec, rallie la brigade d'Austrasie, et après un combat furieux et opiniâtre finit par refouler les Anglais.

Bussy, pendant l'action, avait payé de sa personne, en faisant porter son palanquin au milieu du feu le plus vif, mais il aurait mieux fait de laisser tout diriger par d'Offelize qui montra dans cette affaire les talents d'un militaire consommé.

Ce combat, dont le résultat semblait presque douteux grâce à la vaillance de nos troupes, fut considéré comme une défaite par suite de la fâcheuse décision que prit le Marquis de se renfermer dans une place aussi mal fortifiée que Goudeloure. — L'admirable bravoure déployée par la brigade d'Austrasie et l'habileté supérieure des artilleurs de Sénarmont méritaient une meilleure fortune.

L'armée renfermée dans une enceinte de murs sans défenses, dépourvue d'eau , de vivres , de munitions, se voyait à la merci d'un simple blocus : les troupes, n'accordant aucune confiance à leur général, étaient en proie à un sombre découragement ; tous les yeux se tournèrent alors vers la mer et les plus braves n'eurent bientôt plus d'espoir que dans l'héroïsme et le génie de Suffren.

Mais notre escadre était bien inférieure à celle d'Angleterre, par le nombre et par le matériel : aussi le Marquis, en appelant de ses vœux le secours du Bailli , se garda de lui donner un ordre qui pût lui être reproché en cas de malheur. Averti de la situation déplorable de l'armée par un petit bateau, qui , à la faveur des ombres de la nuit , traversa l'escadre anglaise, de Suffren, sent son grand cœur s'émouvoir au récit de la détresse de ses malheureux compatriotes. Il promène un instant son regard sur ses vaisseaux, dont les vaillants équipages sont résolus à conserver intacte la gloire qu'ils ont acquise , il assemble autour de lui ses capitaines et leur fait partager son magnanime dessein par cette chaleureuse allocution :

« L'état critique où se trouvent les affaires du Roi
« exige que nous travaillions tous de concert. Loin de
« nous toute mésintelligence capable de nuire au bien
« de la chose, montrons que l'honneur d'être Français
« vaut bien l'avantage dont se prévaut l'ennemi.
« L'armée sous les murs de Goudeloure est perdue si
« nous n'allons à son secours. La gloire de la sauver
« nous est peut être réservée ; nous devons du moins
« le tenter. Vous connaissez, Messieurs, les nouveaux
« ordres du Roi ; croyez qu'il ne faut pas moins que
« cela pour m'empêcher de partager vos périls. »

Il faisait par ces derniers mots allusion à l'ordre qui enjoignait à tous les commandants en chef de passer à bord d'une frégate au moment d'un combat (1).

Un enthousiasme général répondit à l'appel de l'amiral, chacun aspirant au moment de se trouver en présence de l'ennemi : les équipages, affaiblis par les pertes et les maladies, furent augmentés par ceux des frégates et des bâtiments de transports ; on ne laissa armés que la *Cléopâtre*, le *Cowentry* et la *Consolante*.

____

(1) Le malheureux sort du comte de Grasse avait provoqué cette mesure.

Ce renfort néanmoins laissait encore bien des vides ; mais le zèle et l'ardeur doublaient les forces (1).

Le 11 juin, les vaisseaux appareillent de Trinquemalay à l'aide de brises molles et inconstantes, et mettent le cap sur Goudeloure. A la vue de leurs voiles qui commencent à poindre dans le sud, la ville assiégée sort de son morne silence : « *Voilà le Commandeur !* » s'écrient les soldats en interrogeant du regard le vaste horizon sur lequel se dessinent nos vaisseaux d'avant-garde, et l'espoir de la délivrance vient épanouir tous les visages.

L'escadre anglaise, qui, de son mouillage de Porto-Novo, bloquait Goudeloure, s'apprêtait à débarquer des vivres pour l'armée de Stuart ; au signal que lui firent ses bâtiments légers de nos premières voiles, elle se rapprocha de la place, pour couper les communications.

Le 16, l'escadre française poussée par la mousson, qui avait repris son cours, s'avança fièrement vers l'ennemi immobile sur ses ancres, au sud de Goudeloure. De Suffren passé sur la *Cléopâtre*, devançait ses vaisseaux, et, par l'effet de l'habitude, chassait une frégate ennemie envoyée en reconnaissance.

Manœuvre des deux escadres pour se gagner le vent. 16 juin 1783.

L'amiral anglais voyant notre armée continuer son aire, donne l'ordre d'appareiller et de porter au large, pour éviter de combattre sous le vent qui soufflait du Sud ou du S.-S.-E. Il espérait que les brises du large, fréquentes dans cette saison, lui donneraient bientôt

(1) Relation de Trublet de Villejègu.

l'avantage du vent. Mais ce mouvement découvrit Goudeloure et fut une faute.

Le plan du Bailli était d'une audace inouïe : Inférieur en force, il arrêta son ordre de bataille comme s'il avait eu la supériorité du nombre.— Il résolut de faire doubler l'arrière-garde ennemie sous le vent par deux vaisseaux et une frégate, tandis que cinq vaisseaux de 74 l'attaqueraient de très près de l'autre bord. Quand au reste de la ligne anglaise elle devait être tenue en respect par nos huit vaisseaux de 64 canons.

L'heure était trop avancée pour permettre d'engager le combat, et toute la nuit les deux escadres coururent des bordées. Malgré la supériorité de marche des Anglais, Peynier joignit leur convoi, le dispersa, et se serait emparé, dans son ardeur, de plusieurs grands bâtiments, sans les ordres exprès du Bailli que la gravité de la situation ramenait aux lois d'une prudente circonspection.

Sir Edwards en prenant le large commit, avons nous dit, une première faute dont son adversaire s'empressa de profiter pour communiquer avec l'armée assiégée. — A 8 heures 1/2 nos vaisseaux laissèrent tomber un ancre dans la rade, et, sur la demande de Suffren, 1,200 hommes de l'armée de terre furent rapidement embarqués pour combler les vides de nos équipages (1).

(1) Le général fit d'autant moins de difficulté d'envoyer ce renfort au Bailli que l'escadre était le dernier espoir de l'armée et qu'il savait que les ennemis n'avaient pas eu le temps de débarquer les munitions de guerre dont ils avaient besoin pour ouvrir la tranchée.

Le 18, les vents qui soufflaient de l'ouest donnaient l'avantage au Bailli ; mais l'amiral anglais, dont les vaisseaux cuivrés avaient une marche plus rapide, n'accepta pas la bataille, et lutta encore pendant deux jours pour gagner le vent.

La journée du 20 trouva les deux escadres à portée; sir Hughes, cessant de compter sur les brises du large, et confiant dans le nombre et la supériorité de ses forces, se décida à accepter la bataille dans la position défavorable qu'on lui imposait, car un plus long retard de sa part aurait ressemblé a de la peur. Après plusieurs évolutions accomplies avec une précision remarquable par l'escadre anglaise, Suffren, qui, suivant les ordres du roi, avait mis son pavillon à bord de la *Cléopâtre*, eut le bonheur de voir la sienne rangée sur une belle ligne de bataille dans l'ordre naturel, les amures à babord comme l'ennemi. Nos vaisseaux étaient certainement inférieurs aux vaisseaux anglais pour l'habileté des manœuvres, mais cette fois l'amiral était sûr du courage et de la bonne volonté de ses capitaines.

L'armée anglaise sous les huniers serrait sa ligne, tandis que celle de France arrivait avec le vent et la houle par la hanche de babord de l'ennemi.

A 4 heures 1/4, les escadres étant à portée de fusil, Suffren fait arborer au grand mât de la *Cléopâtre* le signal de commencer le feu. Aux cris de *Vive le Roi* poussés par tous les équipages, les deux lignes s'embrasent en même temps et les sabords vomissent de part et d'autre un ouragan de fer.

TABLEAU DES DEUX ESCADRES.

ESCADRE ANGLAISE.

AVANT-GARDE.

L'*Active*.......
- La *Défense*...... 74, Newnham.
- L'*Isis* .... 50, Holladay.
- Le *Gibraltar*.... 80, Bikerton, commod.
- L'*Inflexible*..... 64, Chewind.
- L'*Exeter* .... 64, Smith.

CORPS DE BATAILLE.

La *Médée*.....
Goiverd.
- Le *Worcester*.... 64, Hughes.
- L'*Africa*........ 64, Macdonnal.
- Le *Sultan*...... 74, Mitchell.
- Le *Superb* ...... 74, { E. Hughes, vice-amiral. / Newcome, cap. pavillon.
- Le *Monarca*..... 70, Gell.
- Le *Burford* ..... 70, Reiner.
- Le *Sceptre*...... 64, Graves.

ARRIÈRE-GARDE.

- Le *Magnanime*.. 64, Mackensie.
- L'*Eagle* .... 64, Clarke.
- Le *Héros* .... 74, { King, commodore. / Jones, capitaine.
- Le *Bristol*...... 50, Rumey.
- Le *Montmouth*.. 64, Alms.
- Le *Cumberland* . 74, Allen.

ESCADRE FRANÇAISE.

AVANT-GARDE.

La *Fine*......
- Le *Sphinx*......:64, Du Chilleau.
- Le *Brillant* ..... 64, Kersauson.
- Le *Fendant*..... 74, { De Peynier, command'. / De St-Félix, cap. de pav.
- Le *Flamand* .... 50, Perrier de Salvert.
- L'*Ajax*......... 64, Dupas de la Mancelière.

CORPS DE BATAILLE.

La *Cléopâtre*.
De Suffren,
chef d'escadre.
De Rosily,
commandant.
- L'*Annibal* (anglais). 50, De Beaulieu.
- L'*Argonaute* .... 74, De Clavières.
- Le *Héros* .... 74, De Moissac.
- L'*Illustre* .... 74, De Bruyères.
- Le *St-Michel*.... 60, De Beaumont Le Maître.

ARRIÈRE-GARDE.

Le *Cowentry*..
- Le *Vengeur*..... 64, De Cuverville.
- Le *Sévère*....... 64, De Langle.
- L'*Annibal* ...... 74, D'Aymar, command'.
- Le *Hardi*....... 64, De Kerhué.
- L'*Artésien* ...... 64, De Vignes d'Arrac.
- La *Consolante*... 40, De Costebelle.

Le *Flamand*, pour qui est réservé l'honneur de la journée, se trouvait au début de l'action au vent de l'armée. De Salvert, par une manœuvre hardie, passe vent arrière entre le *Fendant* et l'*Ajax* et vient porter son lourd vaisseau presque dans la ligne ennemie. Aussitôt l'*Exeter* et l'*Inflexible* éclatent à la fois contre le *Flamand* et le couvrent d'un torrent de boulets et de mitraille. De Salvert, le jeune et brillant capitaine, tombe mortellement frappé, mais son vaillant équipage, qu'excite à la vengeance Trublet de Villejègu, soutient sans s'émouvoir leur double choc et reprend son poste entre le *Fendant* et l'*Ajax*.

Au corps de bataille, le *Héros* se montre digne de l'affection du Bailli ; Moissac le commande et ce fidèle compagnon du chef, dont il reflète la bouillante ardeur, porte des coups terribles au *Superb*. Secondé vigoureusement par l'*Illustre*, il répond en outre aux bordées du *Monarca* et du *Burford*. Sur son avant, l'*Argonaute*, qui tient tête au *Sultan*, aide aussi le *Petit-Annibal* aux prises avec l'*Africa*.

A l'arrière-garde, pendant que Cuverville combat Mackensie, le *Hardi*, assailli à la fois par le *Bristol* et le *Montmouth*, leur répond avec fureur et les maintient à distance.

A l'avant-garde, où commande Peynier, de brillants faits d'armes viennent aussi illustrer nos vaisseaux. Le *Fendant*, après avoir écrasé l'*Inflexible*, était venu prendre corps à corps le *Gibraltar* de 80 canons. M. de St-Félix, revenu de l'Ile de France en qualité de capitaine de pavillon de M. de Peynier, fait des prodiges de bravoure pour faire oublier son indiscipline. Non loin de là, Du Chilleau , brûlant d'effacer sa défection devant Trinquemalay, électrise son équipage et , dédaignant le faible vaisseau de Holladay, lance son *Sphinx* de 64 bord à bord de la *Défense* de 74 et par son feu terrible frappe d'étonnement son puissant adversaire.

Que fait le Bailli pendant cette phase de la bataille? Il parcourt tout joyeux la ligne des combattants , tenant à la tête du grand mât de sa frégate le signal d'approcher l'ennemi à portée de pistolet. Les boulets pleuvent souvent à bord de la *Cléopâtre*; l'un d'eux vient couper un cordage à quelques pouces au-dessus de l'endroit où l'amiral l'a saisi. Un cri d'effroi s'élève, le Bailli privé de son point d'appui a trébuché et on le croit blessé; quel moment d'angoisse, quoique de courte durée, pour les hommes valeureux qui l'entourent! Le Bailli ayant retrouvé son équilibre, se tourne vers le timonnier et lui ordonne de laisser porter encore : « *Lof, lof,* » commande spontanément le capitaine de Rosily, sous l'impression douloureuse qu'il vient d'éprouver.

Suffren, surpris qu'on ose répéter un autre commandement que le sien, regarde avec sévérité M. de Rosily, comme pour lui demander compte d'une pareille audace. « Oh ! Général, lui dit ce jeune capi-
« taine avec cet entraînement qu'inspire un dévoû-
« ment sincère, voulez-vous donc exposer inutilement
« votre vie et compromettre la gloire et les intéréts
« de la France? Le Roi vous a prescrit, par son ordre

« du 12 avril, de ménager vos jours utiles à la patrie;
« voudriez-vous , par imprudence , assurer le triom-
« phe de l'Angleterre? Ah ! du moins , que je ne sois
« pas responsable envers le pays d'avoir contribué à
« le priver de ce qu'il lui importe tant de conserver. »
Suffren , comprenant la noble fermeté de M. de
Rosily, lui tendit affectueusement la main et se laissa
entraîner au large d'où ses signaux furent mieux aperçus (1). « Mais, convenons-en, à la gloire de tous , dit
« Trublet de Villejègu, le général n'eut pas d'occa-
« sion de stimuler l'ardeur de ses vaisseaux ; tous
« combattirent vaillamment , surtout l'avant-garde
« qui soutint le plus grand effort de l'ennemi. »

Le feu éclate dans la hune d'artimon du *Fendant* et
oblige Peynier à sortir un moment de la ligne de
bataille. Aussitôt le *Gibraltar* de 80, dont le capitaine, nouvellement arrivé d'Europe , avait juré d'enlever un de nos vaisseaux au premier combat, s'avance
pour couper la ligne française ; mais il est rudement
reçu par le *vaisseau-Rouge* de 50, le *Flamand* qui ,
malgré une différence de trente bouches à feu, couvre
le *Fendant* et oblige son formidable adversaire à rentrer précipitamment dans sa ligne.

De tous côtés éclatent et tonnent les bordées rapides qui entourent les vaisseaux d'une double ceinture
de flammes , une bataille terrible est engagée , et nos
marins, qui tiennent en leurs mains le sort de l'Inde

(1) M. Cunat obtint ces détails de M. Dulaurens, ancien officier du *Vengeur*. P. 306, ouvr. cité.

entière, font des prodiges de valeur pour suppléer au nombre. Nos capitaines attentifs aux ordres de l'Amiral, laissent porter sur l'ennemi qui commence à plier sous le feu bien nourri de nos canons, et le suivent en combattant toujours à demi-portée de fusil.

Sir Hughes ne sut pas profiter du nombre de ses vaisseaux et de leur marche supérieure pour doubler la queue de l'escadre française surveillée par la seule frégate la *Consolante*. Il fut heureux pour cet amiral que la nuit vint mettre un terme au combat ; car, à voir l'acharnement de nos marins (1) et le mouvement de retraite de l'ennemi, tout fait supposer que plusieurs de ses vaisseaux seraient restés au pouvoir du Bailli.

Pendant la nuit, l'escadre victorieuse louvoya pour se maintenir près de Goudeloure afin d'empêcher sir Edwards d'en approcher. Découragé par les revers éprouvés dans cette journée funeste pour ses armes, l'amiral anglais éteignit bientôt ses feux et disparut dans les ombres de la nuit.

Le 22, les courants avaient *drossé* nos vaisseaux jusque dans les eaux de Pondichéry où ils venaient de mouiller aux premières heures du jour, lorsque nos vigies signalèrent l'escadre anglaise sans ordre, faisant route au N.-N.-O. — Aussitôt les signaux d'appareiller, de former la ligne de combat et d'arriver sur l'ennemi se succèdent rapidement au grand mât de la *Cléopâtre*.

____

(1) Il fallut arracher plusieurs artilleurs de leurs pièces.

Mais c'est en vain que nos braves équipages, surmontant la fatigue de six jours de branle-bas, se disposent à recommencer le combat. L'amiral Hughes, laissant porter, se couvre de voiles, abandonnant l'Inde et l'océan indien à son infatigable adversaire.

On le vit, le 25, débarquer à Madras ses blessés, ses malades, ses scorbutiques et abriter sous les canons des forts ses vaisseaux désemparés.

Notre escadre avait perdu 200 hommes et, dans le nombre, plusieurs excellents officiers, Dupas de la Mancelière, Perrier de Salvert, Dieu, de Robineau, etc. ; 386 blessés étaient sur les cadres, parmi lesquels MM. de St-Félix, de Ravenel, de Poyniat, de Bonnevie. — Malgré ces pertes douloureuses, nos équipages, ivres de joie, avaient hâte de venir rassurer et encourager l'armée assiégée dans Goudeloure.

Suffren revient victo-
rieux à Goudeloure.
23 juin 1783.

Le 23; nos vaisseaux victorieux vinrent triomphalement mouiller sur cette rade, au milieu des cris d'allégresse de nos braves soldats. Tout est oublié pour eux, et leurs souffrances et le voisinage menaçant de l'armée de Stuart. Ils courent sur la plage recevoir le bon Bailli, se disputent l'honneur de porter son palanquin, et la brise du large porte jusqu'au camp ennemi l'hommage de leur reconnaissance et de leur admiration pour les vertus héroïques du grand homme. M. de Bussy, qui l'attendait au milieu de son état-major, prit M de Suffren par la main, et s'écria, en le présentant aux officiers de l'armée qui l'entouraient : « Messieurs, voilà notre sauveur ! »

Il s'agissait cependant de déloger l'armée de Stuart

qui continuait le blocus malgré l'épuisement de ses munitions. Suffren , l'homme de la guerre active , remit à terre les renforts qu'on lui avait prêtés et proposa d'y joindre un corps de matelots commandés par des officiers de marine. Nos équipages allaient à la bataille comme à une fête , mais Bussy trompé par ses espions qu'il payait mal (8 roupies par mois), resta dans l'inaction, et le Bailli dégoûté de la faiblesse et de l'incapacité du général, se retira à bord de son escadre en demandant si on prétendait qu'il allât avec ses vaisseaux forcer le camp ennemi.

Sir James Stuart, déconcerté par la défaite de l'amiral Hughes, restait également dans ses lignes, lorsque le Marquis ordonna une sortie, dont il confia la direction au commandant du bataillon d'Aquitaine. C'était un vil intrigant d'une incapacité reconnue; ses troupes furent battues, vigoureusement ramenées , et lui-même passa lâchement à l'ennemi.

Suffren avait résolu de ne plus descendre à terre, où le spectacle des incertitudes du général, et de l'inconduite de ses créatures le révoltaient. Cependant à la nouvelle de cet échec, il ne peut contenir sa généreuse ardeur: il exerce ses équipages et attend que Stuart se porte à une attaque sérieuse contre la place pour descendre à leur tête et faire sentir aux assiégeants le poids de sa vaillante épée. Mais le général anglais, découragé par la disparition de sir Hughes , manquant de vivres, de munitions , et harcelé par la cavalerie de Sageste-Saëb, voyait son armée menacée par les maladies et la famine : il résolut de se borner à un blocus rigoureux.

Sur ces entrefaites, le Bailli dont l'activité se trouvait paralysée par les ordres de Bussy, son supérieur, apprit l'arrivée prochaine de renforts importants. Le *Fier* de 50 canons, l'*Hermione*, amenaient la légion de Meuron et de nombreux détachements ; six vaisseaux hollandais, partis du Texel, en juillet 1782, étaient en outre arrivés à l'Ile de France avec la légion de Luxembourg. Le Bailli espérait avec le concours de ces troupes, reprendre une guerre plus digne de la France malgré l'apathie du général......................
D'une autre part les succès éclatants que Tippoo-Saëb venait de remporter sur la côte de Malabar, lui donnaient presque la certitude de finir glorieusement la campagne, lorsque, le 29 juin, parut à l'horizon la frégate anglaise la *Médéa* portant pavillon parlementaire.

Lord Maçartenay et sir Edwards Hughes ayant reçu de Bassorah la nouvelle de la signature des préliminaires de paix, proposaient à MM. de Bussy et de Suffren, de cesser les hostilités, et d'arrêter l'effusion d'un sang précieux. Depuis quelque temps des bruits de paix couraient dans les deux armées, mais tant que le Conseil de la Présidence avait vu l'avantage de son côté, il s'était gardé de les accréditer. Le génie protecteur de l'armée, Suffren, fit hâter par son cinquième et dernier combat l'envoi du message de paix. Le Bailli acquiesça, pour ce qui le regardait, aux propositions de l'amiral anglais ; il consentit à une suspension d'armes, jusqu'à l'arrivée des nouvelles officielles, et nos marins prévenus par une bienveillante attention, purent, en s'endormant, rêver au bonheur du retour (1).

Le lendemain, Suffren présenta à Bussy les députés anglais, mais celui-ci, par son incroyable indécision, les renvoya sans réponse positive. Quant au général Stuart qui attendait des secours de l'armée du midi, il refusa de reconnaître le caractère et la mission des députés de Madras (2).

Laissant alors Bussy et Stuart dans cette position ridicule, le Bailli ramena à bord de son vaisseau les négociateurs anglais. Enfin, le 2 juillet, le marquis se rendant à l'évidence et cédant surtout à la nécessité qui le pressait, consentit à une trêve, et quelques jours après Stuart leva le siège après l'échange des prisonniers.

La saison s'avançait et les dépêches ministérielles n'arrivaient pas; Suffren, libre du côté de l'Angleterre, envoya son escadre à Trinquemalay où venait d'arriver un convoi avec des vivres et des munitions de guerre; quant à lui, il resta sur la côte de Goudeloure avec le *Héros*, pressant le général, toujours plus irrésolu, de prendre un parti sur la destination ultérieure de ses vaisseaux.

Rappel de Suffren en France. 25 juillet 1753. Le 25 juillet, la frégate la *Surveillante*, de glorieuse mémoire, vint délivrer le Bailli en apportant les dépêches de M. de Castries. Suffren était rappelé en France

----

(1) Un canot parcourut l'escadre en annonçant à chaque bord la nouvelle qu'avait apportée la *Médéa.*

(2) La conduite de ce général lui valut plus tard des arrêts à Madras et donna lieu dans la suite à un duel avec lord Macartenay.

avec la plupart de ses vaisseaux victorieux, et M. de Peynier devait rester dans l'Inde avec des forces égales à celles que les Anglais y conserveraient.

L'*Ajax*, l'*Illustre*, l'*Annibal* et le *Hardi* reçurent l'ordre de se rendre en droite ligne de Trinquemalay au cap de Bonne-Espérance et d'y attendre l'Amiral. Le *Sphinx*, le *Flamand*, le *Héros*, le *Vengeur*, le *Sévère* et l'*Artésien*, sous le pavillon du chef qui venait de leur conquérir une si belle page dans l'histoire maritime, devaient relâcher à l'Ile de France.

Il est élevé au grade de lieutenant général. 5 mars 1783.

Le gouvernement de Louis XVI avait décerné une récompense éclatante au patriotisme de notre héros, en l'élevant au grade de lieutenant général ; l'armée entière en ressentit la plus vive allégresse.—Le ministre, inquiet sur la santé de M. de Bussy, dont il n'avait pas de nouvelles, lui donnait en outre, à défaut de ce général, le commandement en chef des forces et des établissements de la France au delà du cap de Bonne-Espérance (1).

Malgré l'éloignement, une absence déjà bien longue et les honneurs qui venaient satisfaire sa noble ambition, les liens du cœur ne cessaient de rattacher M. de Suffren à sa chère Provence où il avait laissé tant de doux souvenirs.

« Je suis vraiment en peine, ma chère amie, (écrivait-il à Mme de Seillans), de n'avoir reçu aucune lettre de toy, en ayant reçu de beaucoup de personnes, et je sçais qu'ordinairement tu es exacte.

(1) Lettre de M. de Castries à M. le bailli de Suffren. — Versailles, 6 avril 1783.

« Je suis comblé des grâces du ministère, et cela avant la prise de Trinquemalay qu'ils n'ont sçue qu'après. Je crois que, sans la paix, l'affaire du 20 juin 83 aurait fait grand bruit.

« Je compte arriver à Toulon en mars ; mais comme le ministre paraît désirer de me voir promptement, je serai obligé de faire route tout de suite pour Paris, et ce ne sera qu'à mon retour que je pourrai aller jouir des douceurs de la tranquillité à Borigaille ; c'est en vérité ce que je désire le plus.

« A Trinquemalay, ce 2 octobre 1783. »

Les vaisseaux quittent l'Inde le 5 octobre 1783.

Ce fut le 5 octobre que le général de Suffren partit de Trinquemalay, jetant un dernier regard sur ces rives indiennes qui devaient conserver de ses faits d'armes et de sa gloire un souvenir ineffaçable. Nous examinerons plus tard si cette paix tant sollicitée par le commerce anglais, que ruinaient les exploits du Bailli, n'était pas plus nécessaire à la Grande-Bretagne qu'à la France, et si la précipitation que mirent nos ministres à l'accepter, ne nuisît pas à nos intérêts.

Suffren ramenait à Port-Louis ces vieux vaisseaux que son opiniâtre volonté avait maintenus, pendant deux ans, dans l'océan indien, malgré le plus affreux dénûment ; laissant aux soins de son ami, le vicomte de Souillac, le *Vengeur*, le *Sévère* (1) et la *Fine* dont le mauvais état demandait de grandes réparations, il appareilla pour le Cap, après une courte relâche.

(1) De ces deux vaisseaux, l'un fut condamné à Bourbon et l'autre se perdit près du Cap.

Son arrivée sur la rade hollandaise, annoncée par l'*Ajax*, l'*Illustré*, l'*Annibal* et le *Hardi*, venus directement de Ceylan sous les ordres d'Aymar, fut le signal d'une explosion d'enthousiasme et de réjouissances publiques. Fêtes brillantes, illuminations de toutes sortes, accueillirent le *Sauveur du pays*.

Séjour
du Bailli
à Table-Bay.

Le bon Bailli avait peine à s'arracher à la reconnaissance de la population, lorsque le commodore King vint relâcher à False-bay, le 10 décembre 1783. La tempête avait maltraité les huit vaisseaux qui formaient sa division ; l'un d'eux, l'*Exeter*, en louvoyant pour atteindre le mouillage, se jeta à la côte. Mais Suffren qui l'observait avait déjà ordonné de préparer des chaloupes qui arrivèrent les premières au lieu du naufrage ; et les deux escadres rivalisèrent de zèle et de dévouement pour secourir le malheureux navire. Le commodore anglais profita avec empressement de cette circonstance pour aller à bord du *Héros* saluer et remercier le grand homme, dont il avait admiré le génie audacieux sur les champs de bataille, et qu'il brûlait de connaître.

« Pendant son séjour au Cap, ce bon Bailli apprit la détresse où se trouvait la caisse coloniale et le dénûment des troupes, et ordonna de verser au trésor la somme de 22,000 piastres provenant de la vente des prises faites dans l'Inde par son escadre (1). »

Le 28 décembre, il écrivait à Mᵐᵉ de Seillans :

« Depuis ma dernière lettre, j'ai passé aux isles où

(1) V. Cunat, ouv. cité p. 337.

j'ai été 16 jours. Je te ferais tourner la tête si je te racontais la façon dont on m'a reçu. Mais ce qui m'a fait le plus de plaisir est d'y avoir trouvé plusieurs lettres de toy et d'assez fraîche date, c'est-à-dire de six mois. Tu sçavais ce qui s'est passé depuis le siége de Trinquemalay. A l'île de France, j'ai esté assomé de vers et de chansons, entr'autres d'un acrostiche qui m'a rappelé un temps où, avec moins d'argent et moins de gloire, j'étais plus heureux.

« Les bons Hollandais m'ont reçu icy comme leur libérateur, et le propriétaire de Constance surtout s'est distingué. Mais parmi les hommages qui m'ont le plus flatté, il n'y en a point qui m'aient fait plus de plaisir que l'estime et la considération que m'ont témoignés les Anglais qui se trouvent icy. Si M. de Broves n'estait pas mort, il mourrait de jalousie. »

Le 3 janvier 1784, de Suffren, au bruit des salves d'artillerie qui saluaient les insignes de lieutenant-général arborés au mât de misaine du *Héros*, remit sous voiles et fit route pour la France. Il ramenait avec lui l'*Annibal*, l'*Illustre*, le *Sphinx*, l'*Artésien*, l'*Ajax*, le *Flamand*, le *Hardi* et la *Cléopâtre*.

Sous la latitude de Madère, le Bailli se sépara des vaisseaux de son escadre qui durent continuer leur route sur Brest et sur Rochefort, et ne gardant pour conserve que le *Hardi*, se rapprocha du cap Saint-Vincent. Le temps était magnifique, Suffren, sur le point de rentrer dans sa chambre, causait avec quelques officiers qui l'entouraient, lorsque la foudre éclata tout-à-coup sur le pont, tua un homme et en blessa

huit autres. Mais la Providence veillait encore sur les
jours précieux de l'amiral qui, le lendemain, franchit
le détroit de Gibraltar ; puis, cotoyant avec un bon
vent les côtes espagnoles , laissa tomber l'ancre en
rade de Toulon, le 26 mars 1784, au bout de 83
jour de traversée.

LIVRE SEPTIÈME.

—

M. de Suffren, vice-amiral. — Sa mort.

Du 26 Mars 1784 au 10 Décembre 1788.

Réception faite au Bailli par la famille royale. — Il est nommé vice-amiral, le 18 avril 1784. — Son retour en Provence. — Les États de cette province lui décernent une médaille d'honneur à son effigie. — Lettre et médaille d'or adressées par les États généraux de Hollande. — Suffren demande le grade de maréchal, 1787. — Sa mort le 8 décembre 1788. — Ses obsèques dans l'église de Ste-Marie du temple. — Appréciation de son caractère et de son génie militaire.

Au moment où le bailli de Suffren posait le pied sur le sol de sa chère Provence, après une campagne si féconde pour lui en gloire et en rudes labeurs, la majesté du trône, déja cruellement déconsidérée par les turpitudes du règne de Louis XV, croûlait sous les pieds d'un prince vertueux mais dépourvu d'énergie. La vieille monarchie Française, si impuissante au-dedans, était encore l'arbitre le plus respecté entre les nations et s'éteignait entourée d'une splendeur militaire qu'elle devait à notre marine. Pourtant l'esprit de dénigrement était tel, qu'on reprochait déjà au roi de n'avoir pas su profiter des victoires de

Suffren, pour substituer dans l'Inde la domination française, à celle de la Grande-Bretagne.

Le marquis de Castries, jaloux de conserver sa réputation d'activité, faisait travailler à une refonte de l'organisation maritime. Dès qu'il eût connaissance de l'arrivée du Bailli, il s'empressa de le mander auprès de lui. Après de courts instants accordés aux joies et aux épanchements de la famille, Suffren recommande à ses officiers les cinquante Indiens, qu'il avait engagés pour enseigner à Malte la culture du coton, et part en poste pour Paris.

Réception faite au Bailli par le roi et la famille royale.

Le jour même de son arrivée, il se présenta à Versailles chez M. de Castries qui lui fit l'accueil le plus honorable, et voulut l'accompagner chez le roi. En traversant la salle des gardes : « *Messieurs, c'est M. de Suffren*, dit à haute voix le ministre. » A ce nom, les gardes du corps se lèvent avec respect et forment à l'héroïque marin un cortège jusqu'à la chambre du roi.

Louis XVI reçut le Bailli de la manière la plus flatteuse et le retint deux heures dans son cabinet à l'entretenir de ses opérations dans l'Inde. La gracieuse reine Marie Antoinette le présenta en ces termes au dauphin : « Voilà M. de Suffren, c'est un des « hommes qui ont le mieux servi le roi. » Et comme l'enfant royal répétait mal le nom de Suffren : « mon fils, « dit-elle, apprenez de bonne heure à entendre prononcer et à prononcer vous même le nom des « héros défenseurs de leurs pays. » Monsieur, frère du roi, (Louis XVIII), philosophe et encyclopédiste, lui dit en l'embrassant avec effusion : « je veux que « vous m'aimiez autant que je vous aime. »

Tous ces témoignages de haute estime, ces accueils chaleureux furent spontanés, mais je ne sais s'il faut ajouter foi aux paroles que l'on prête au duc d'Angoulême, au moment ou le Bailli entra chez la comtesse d'Artois : « je lisais en ce moment l'histoire « des hommes illustres, je quitte avec plaisir mon « livre, puisque j'en vois un. »

De retour à Paris, Suffren sé vit fêté partout avec enthousiasme ; bien des cœurs nobles ou roturiers s'étaient émus du retour du héros de l'Inde, bien des mains blanches ou calleuses applaudissaient sur son passage ; il ne pouvait paraître dans un lieu public, sans que la foule empressée ne lui fît une flatteuse ovation, récompense bien méritée de ses magnifiques services. M. de Castries réunit à sa table, pour lui faire honneur, les illustrations militaires du temps ; pendant le repas un des convives ayant appelé le comte d'Estaing *général* : « Monsieur, dit le comte, en dési- « gnant de Suffren, voici le seul général qu'il y ait « ici. »

Il est nommé vice-amiral 18 avril 1784.

Peu de temps après, S. M. accorda au Bailli les entrées de sa chambre et créa pour lui une quatrième charge de vice-amiral. L'ordonnance portait qu'étant uniquement érigée en sa faveur, elle serait supprimée à son décès.

Le 27 avril, l'amiral entrait dans la salle de l'opéra au milieu des acclamations d'un public enthousiaste de son héroïsme ; mais à la même heure un autre triomphe éclatait au théâtre de la comédie française. Le vain-queur de l'Inde avait un concurrent : c'était M. Caron de Beaumarchais, auteur du mariage de Figaro. « Dans cette comédie, on prouvait qu'en 1784 la noblesse, le clergé, la magistrature étaient avilis et que la vertu s'était réfugiée chez les soubrettes et la noblesse chez les perruquiers, ainsi le Bailli de Suffren, le comte d'Estaing, de Bellecombe etc., en leur qualité de nobles, descendaient le même soir sous les pieds de l'encyclopédiste Figaro ! » (Méry.)

Le lendemain au petit lever du roi, pendant que S. M. relisait une lettre de Tippo-Saëb, il n'était question dans la foule des courtisans empressés que du triomphant barbier et de Bridoison. Dans cette cour affolée, personne ne prenait plus garde au Bailli, hormis le roi qui, serrant sa main avec émotion, lui parlait de Mysore et de ses projets sur Cherbourg.

Avant l'arrivée de Suffren à Paris, le bruit avait couru que son état religieux l'empêchait d'aspirer au grade d'officier-général ; pour démentir cette opinion, l'ordre de Malte, qui s'énorgueillissait des succès de son Bailli, fit présenter au roi, par son ambassadeur, un mémoire tendant à prouver que ses membres pouvaient prétendre à tous les grades militaires et à la décoration de tous les ordres. Le 9 mai, Louis XVI ne voulant pas retenir plus longtemps le Bailli à la cour, tint un chapitre extraordinaire de l'ordre du Saint-Esprit dans son cabinet et l'arma chevalier (1).

---

(1) Ce jour là même, le comte d'Estaing fit présent à M. de Suffren d'un trophée de bronze doré et d'or moulu, dont la pendule n'était que l'accessoire. Ce trophée était analogue aux belles actions de M. de Suffren, (*Gazette de France*).

Nos plus grands généraux au retour de leurs campagnes n'avaient jamais été reçus avec autant de témoignages de satisfaction.

Mais où nous trouvons la joie et l'admiration populaires dans toute leur spontanéité, c'est en Provence, à son retour de Paris. Son jeune frère (1), qui s'était distingué au siège d'Alger, sous l'amiral espagnol Barcelo, avait profité de quelques réparations à faire à ses frégates, pour relâcher le 3 septembre à Marseille. Il courut à Aix, à la rencontre de son illustre frère, grossir la foule qui se pressait sur son passage.

« Le bailli de Suffren fut reçu princièrement à Marseille.

« Arrivé le 10 septembre, dans la matinée, il reçut d'abord la visite des autorités et de tout ce que la ville comptait d'hommes notables.

« Vers midi, il se rendit à l'Hôtel-de-Ville, où il fut salué par l'explosion des boîtes. Les négociants, qui tenaient bourse en ce moment même, l'accueillirent avec un enthousiasme dont l'expression toucha visiblement l'illustre amiral.

« Des démonstrations de même nature eurent lieu au théâtre, où le bailli de Suffren voulut bien se montrer. Connaissant son intention de s'y rendre, les actionnaires avaient prié le directeur Bonnet-Bonneville, qui rimait volontiers, de composer quelques couplets

---

(1) Le plus jeune des Suffren devint commandeur dans l'ordre de Malte et se trouvait à la tête de l'escadre, lors de la capitulation par la quelle l'île de Malte se rendit au général Bonaparte,

analogues à la circonstance et de les intercaler dans le charmant opéra comique *Blaise et Babet*, qu'on jouait ce soir-là. Le Bailli refusa une première fois de se prêter à cet hommage et s'y déroba modestement en se retirant avant la fin du spectacle, mais il ne put refuser, le lendemain, d'assister à une autre représentation dans laquelle une actrice, alors l'idole des Marseillais, jouant dans *Iphigénie*, saisit l'à propos du vers :

Achille est couronné des mains de la victoire;

pour offrir à l'Achille de la marine française une magnifique couronne, en même temps que l'assistance tout entière éclatait en transports de joie et d'amiration.

« On chanta de plus les couplets préparés pour la soirée précédente. Mme Ponteuil, agréable cantatrice autant qu'elle était excellente tragédienne, chanta ceux qui étaient composés en français, et Bonnet-Bonneville, les couplets provençaux. Le dernier était en français patoisé :

> Pardon, si dé mon homazo,
> Votre esprit est affecté;
> Mais zé mé sers du langazo
> Dont parlo la vérité
> Et zénérusement
> Escusez mon verbiazo
> Au grand ravissement
> Dé Marseillo en cé moment.

« Les acclamations et les bravos qui couvraient par moment la voix de Mme Ponteuil et de Bonneville empêchaient qu'on ne prit garde à la platitude des vers qu'ils chantaient.

Le *Journal de Provence* du 13 septembre, disait de plus :

« Partout où M. le bailli de Suffren s'est présenté, « il a vu le même enthousiasme et le même empres- « sement; partout il a vu la douce satisfaction que fait « naître la présence des hommes rares qui, comme lui, « joignent les vertus sociales aux vertus militaires. Il « est Provençal et l'on peut dire qu'en récompense de « ses exploits, il a trouvé dans sa patrie le même « amour, le même zèle dont il avait été lui-même « animé en combattant si dignement pour elle (1). »

Retour en Provence. Septembre 1784.

Le Bailli voulait revoir les lieux où il avait passé son enfance (2); il prit joyeusement la route de St-Cannat, accompagné des nègres et des Indiens qu'il avait amenés pour la culture du coton. A cette nouvelle, la population du village, le curé en tête, se porta en entier à la rencontre du grand homme qui s'était arrêté à l'auberge, autrefois si connue, de la *Pile*, pour y dîner. Quelle joie pour le Bailli d'entendre parler autour de lui cette langue provençale si harmonieuse pour ses oreilles; de revoir ces bonnes figures de paysans sur lesquelles il cherchait à reconnaître les compagnons de son enfance ! La population ne se las-

(1) Extrait d'un ouvrage inédit sur le Théâtre à Marseille, par M. Cauvière.

(2) Suffren avait passé sa jeunesse partie à St-Cannat partie à St-Tropez, où la vue du golfe si poétique lui avait inspiré de bonne heure le goût de la vie maritime.

sait pas de contempler avec un orgueil mélangé d'un certain étonnement, le noble visage de cet enfant de la Provence, dont la renommée éclatante contrastait avec la simplicité de la personne. Sur son épaule se tenait perché un perroquet fort irrespectueux pour l'habit de l'Amiral, et rongeant sans façon le fameux feutre gris à larges bords qui avait vu tant de combats (1). Suffren, d'un embonpoint excessif, était, en effet, peu soigneux et même très-négligé dans sa toilette ; dans l'Inde il se tenait ordinairement en corps de chemise, revêtu d'une simple veste de coton blanc, à cause de la chaleur du climat. Toujours bon pour ses inférieurs, il donna des témoignages de son affabilité à tous ceux qui l'escortèrent jusqu'au village, à l'entrée duquel il demanda un verre pour aller boire *à sa bonne fontaine*.

Là, reconnaissant son frère de lait, qui se tenait timidement à l'écart, il lui serra les mains avec tendresse et le combla de ses bienfaits.

A Salon, berceau de ses aïeux, il fut complimenté cérémonieusement, à la porte de la ville, par M. Tronc de Codolet (2). Dans ce jour solennel, la tradition locale rapporte que le bon Bailli ayant reconnu, dans la

---

(1) Ce chapeau lui avait été donné par son frère, évêque de Nevers et Sisteron. Les matelots lui attribuaient, dans leur superstition, une vertu protectrice, c'était le gage assuré de la victoire et l'égide qui protégeait l'amiral.

(2) Le discours de cérémonie que lui adressa M. Tronc de Codolet, pour le féliciter sur ses glorieux services, est la seule pièce qui se rapporte particulièrement au bailli de Suffren dans les archives de la ville de Salon (communiqué par M. Bossy, ancien maire de Salon).

foule qui l'entourait, sa mère nourrice, se serait approché de cette paysanne, l'aurait prise sous son bras, disant : « Qu'il ne voulait avoir personne de plus « proche de lui en ce jour heureux, que celle qui « l'avait nourri de son lait. » Cette circonstance est peut-être ce qui a fait donné à M. de Suffren le titre d'enfant de Salon. Quoiqu'il en soit, les Salonais, enthousiastes de la gloire de leur compatriote, firent placer dans la salle d'honneur de l'Hôtel-de-Ville un buste en marbre de l'Amiral.

Les États de Provence lui décernent une médaille d'honneur à son effigie. Octobre 1784.

Dans le courant des premiers jours d'octobre, les Etats de Provence décernèrent au Bailli une médaille d'honneur à son effigie. Le côté de la face portait : Pierre-André de Suffren St-Tropez , chevalier des ordres du roi , grand croix de Saint-Jean-de-Jérusalem , vice-amiral de France. Au revers : Une couronne de laurier fermée avec les armes de Provence et cette inscription :

— Le Cap protégé ;

— Trinquemalay pris ;

— Goudeloure délivré ;

— L'Inde défendue ;

— Six combats glorieux ;

— Les Etats de Provence ont décerné cette médaille (1784).

Lettre et médaille d'or adressées par les États Généraux de Hollande. 1784.

La même année, les États Généraux de Hollande lui envoyèrent aussi une grande médaille en or qu'ils avaient fait frapper en son honneur pour les services qu'il leur avait rendus dans la mer des Indes. Cette médaille est précieusement conservée au Musée de la

marine du Louvre ; nous y avons lu l'inscription suivante :

« *Inclyto viro de Suffren, regis Galliœ Archi-*
« *thalasso fortissimo ob colonias defensas et servatas*
« MDCCLXXXIV *societas Indiana Orientalis fœd. Belg.*»

Voici la lettre des États Généraux de Hollande :

« La Compagnie générale des Indes-Orientales
Hollandaise a des obligations essentielles envers
vous. Elle est persuadée que c'est uniquement à votre
courage, à votre prudence, à votre constance à surmonter les obstacles qui semblaient devoir faire
échouer nécessairement vos opérations, enfin, à la
supériorité de vos savantes manœuvres qu'elle est re-
devable non seulement du salut de ses plus précieuses
possessions, qui sans vous seraient devenues la proie
des ennemis, mais encore de la reprise d'un établissement, dont la perte entraînait après elle les suites
les plus funestes pour son commerce et sa navigation ;
qu'elle ne sait quels termes employer pour vous exprimer, comme elle le désirerait, toute l'étendue et
toute la vivacité de sa reconnaissance » (1).

La haute position de M. de Suffren, ses liaisons
avec la Cour, à laquelle ses conseils étaient nécessaires, lui faisaient une loi de demeurer à Versailles
ou à Paris ; c'est là effectivement que nous le verrons
passer ses dernières années. Mais il faisait souvent de
courtes absences pour aller séjourner dans les commanderies du Nivernais et de Troyes ; visiter ses bons

____

(1) V. le dossier de M. de Suffren, Arch. de la Marine.

vieux amis de Borigaille, avec lesquels il ne cessait d'échanger de fréquents témoignages d'affection, comme nous le voyons par la lettre suivante, à Mme de Seillans :

« Je t'envoie, ma chère amie, une médaille, puis je t'enverrai mon buste, mon portrait, tu m'auras de toutes les façons, excepté de celle que je désirerais que tu m'eusses.

« Je me porte au mieux. J'ai aujourd'huy à dîner chez moy le prince Henri, frère du roy de Prusse. Quand il ne serait pas frère d'un grand roy, le plus grand général de l'Europe, il serait encore à rechercher pour son amabilité. »

Paris, le 7 octobre 1784.

Durant l'année 1785, il y eut un grand mouvement dans les ports du royaume; des bruits de guerre continuaient à régner par suite des querelles de la Hollande avec le Stathouder et l'empereur d'Allemagne. Tandis que la Russie et l'Angleterre offraient leurs secours à Joseph II contre la nationalité hollandaise, le maréchal de Maillebois se faisait fort de la défendre avec soixante mille hommes contre cent mille ; dans les ports on se disposait à mettre 70 vaisseaux de ligne en état de tenir la mer et de protéger les colonies, malgré le Stathouder lui-même. Bientôt les travaux, poussés avec ardeur, permirent à nos escadres d'évolution de promener fièrement leurs pavillons autour de la Grande-Bretagne, qui ne put dissimuler ses inquiétudes pour sa propre sûreté.

« Au commencement de l'année (février) 1786,

M. de Suffren reçut les lettres de créance qui l'accréditaient à la cour de Versailles comme ambassadeur de l'ordre de Saint-Jean-de-Jérusalem. Il n'attachait pas une grande importance à cette ambassade, mais elle lui donnait occasion de s'occuper de l'ordre qu'il aimait, quoiqu'il en vit bien la décadence et qu'il en présageât la fin prochaine. Le commerce et même la culture de Malte attirèrent son attention et ses soins. C'est à lui qu'est due l'importation et l'acclimatation dans cette île des oranges appelées *mandarines* ; il les avait apportées de l'Inde. » Ortolan. — ouv. cité.

Le roi avait ordonné que des tableaux de maîtres vinssent retracer les faits d'armes de la dernière guerre, si honorables pour la marine française. Le 18 juillet 1787, M. de Castries fit connaître à Sa Majesté et en même temps à M. de Suffren l'exécution du premier tableau représentant le combat de la Praya.

Retenu à Paris (1787), où le réclamaient ses fonctions de vice-amiral et celles d'ambassadeur de la religion, il mandait à Mme de Seïllans :

« Je t'écris, ma chère amie, malgré les affaires que j'ai. Tu ne saurais croire combien cette ambassade est fatigante par les petits et ennuyeux détails qu'elle entraîne, car il n'y a rien de sérieux et d'essentiel. »

« L'ordonnance de la marine va enfin paraître ; je crois qu'elle réussira, mais qu'elle réussisse ou non, tu peux assurer que je n'y ai aucune part. »

Elle parut en effet, fut accueillie avec faveur, et Lapérouse, des bords glacés du Kamtschatka, en exprimait en ces termes sa satisfaction à son illustre compagnon d'armes :

« J'ai lu, mon cher ami, l'ordonnance nouvelle ;
« je te jure que je la trouve parfaite, et je voudrais
« que, comme à l'arche du Seigneur, il fut défendu par
« une loi d'y toucher au moins de deux siècles, etc. »

Ce n'est qu'avec une impatience qu'il avait peine à réprimer que Suffren se voyait condamné au repos ; sa pensée était sans cesse tournée vers cet Océan où son imagination ardente lui montrait de nouveaux faits d'armes à accomplir. Il sentit renaître son ambition à l'annonce des nouvelles difficultés survenues entre la France et l'Angleterre. Son génie militaire, dégagé des entraves qui avaient trop souvent gêné l'accomplissement de ses conceptions hardies, allait jouir d'une entière liberté.

Aux premiers bruits de guerre, le Bailli comprit que la cour de Versailles allait avoir besoin de son épée ; mais il avait trop souffert dans sa dernière campagne de l'incapacité du chef qui le primait, pour ne pas chercher à s'affranchir, désormais, d'une pareille sujétion. En conséquence, il adressa au roi un mémoire pour lui demander le grade de maréchal de France. Je n'ai point à redire ici les considérations sur lesquelles il étayait sa demande. Devant les éventualités d'une prise d'armes, le roi ordonna l'armement d'une escadre au port de Brest, il appela Suffren à son commandement, et nul doute que le grade de maréchal ne lui eût été accordé, pour lui donner la supériorité de rang sur les amiraux de l'Es-

Il demande
le grade
de maréchal.
1787.

pagne, notre alliée, si la mort ne fut venue enlever à la France son plus illustre défenseur.

Le Bailli nommé au commandement d'une armée navale composée de plusieurs escadres, était une menace terrible pour l'Angleterre. Louis XVI, sachant combien l'indiscipline des officiers de vaisseau avait été préjudiciable aux succès de ses armes, dans les combats de l'Inde, laissa au vice-amiral le choix des capitaines qui devaient servir sous ses ordres. Après s'être entendu avec M. de Montmorin qui venait de succéder à M. de Castries au ministère de la marine, Suffren se disposa à se rendre à Brest pour y organiser sa flotte.

Sur ces entrefaites, il reçut la nouvelle bien douloureuse de la mort d'un neveu auquel il était tendrement attaché.

Paris, 1er may 1787.

A Madame de Seillans.

« Je suis dans la douleur, ma tendre amie ; un de mes neveux, celui peut-être de tous qui méritait le plus d'estre aimé, vient de se noyer. Il estait dans la division de M. de la Pérouse. De trois de ses canots envoyés pour sonder (à l'entrée de la baie nommée Port-des-Français, côte N.-O. d'Amérique), deux ont péri et le chevalier Ferdinand de Pierrevert y estait. Ce jeune homme avait des qualités très-brillantes, méritait d'estre distingué ; bon, honnête, sensible et reconnaissant, d'une valeur aussi froide que distinguée, estimable à tous égards.

« Il périt de la manière qui faillit me faire périr

en 1764. Je ne connais pas les détails, mais qu'importe, j'en ai la certitude affreuse. Je me reproche amèrement de l'avoir fait embarquer là.

« Plains moi, ma chère amie. »

De tous les travaux maritimes entrepris à cette époque, les plus importants étaient ceux de Cherbourg. Depuis le désastre de la Hogue, tout le monde sentait la nécessité d'avoir un port de guerre sur la Manche, et Cherbourg avait été choisi d'après le rapport du commandant La Bretonnière et de l'ingénieur Méchain. Une digue gigantesque devait en fermer la rade dans la direction de l'île Pelée à la pointe de Querqueville. Pour établir de solides constructions dans une mer extrêmement houleuse et profonde, sur un fond bouleversé par des marées d'une violence prodigieuse, Cessart avait proposé un système d'énormes caisses coniques en charpente, ou cônes tronqués, remplis de maçonnerie et échoués en pleine mer. Ces caisses devaient servir de point d'appui aux pierres que l'on jetterait entre-deux pour les relier et mettre en contact, jusqu'à ce qu'on eut atteint partout la surface des plus hautes eaux.

Le Bailli de Suffren se rendit à Cherbourg pour inspecter ces gigantesques travaux et en parut très-satisfait. Il y fut reçu avec les plus grands honneurs.

17 juillet 1787.

A Madame de Seillans.

« Me voicy, ma chère amie, arrivé de Cherbourg, où j'ai esté voir les travaux faits et l'immersion d'un cône. Ce voyage, de pure curiosité, a esté interprété

par le sot public comme relatif aux bruits de guerre;
mes amis auront vu avec plaisir que je fais quelque
sensation dans le monde. Le parlement a refusé d'enregistrer l'impôt du timbre ; ils demandent à voir
l'employ de plusieurs millions dont on ne connaît que
la disparition. M. de Calonne est parti de sa terre
d'Allonville dans un cabriolet avec l'air de la fuite.
On dit qu'il y est revenu. Le parlement demande
aussi les estats de dépense et de recette. Voilà sur
quoy il se fonde : il dit qu'il n'a point le droit de
consentir les impôts, que ce sont les estats généraux,
mais que si on les force à se mêler d'une chose qui
ne les regarde pas, au moins faut-il qu'ils puissent se
rendre compte des motifs. Les affaires d'Europe sont
toujours plus embrouillées ; personne ne peut savoir
comment cela finira. Ce qu'il y a de bien assuré, c'est
que nous ne voulons ni ne pouvons faire la guerre. »

Bientôt le roi résolut d'aller en personne examiner
l'état des travaux , accompagné du ministre de la
marine et d'autres personnages de distinction. Une
belle escadre d'évolution composée de 23 bâtiments de guerre, sous les ordres d'Albert de Rioms,
l'attendait dans la nouvelle rade qui présentait un
coup d'œil magnifique. Suffren semble, dans la lettre
suivante, marquer quelque dépit de ne pas avoir été
convié à suivre le roi.

« Le roy part pour Cherbourg le 24 (juin) et je ne
suis pas du voyage. Si j'en suis fâché d'une part, j'en
suis bien aise d'une autre. Le roy a refusé tout le
monde. Je n'ai pas voulu augmenter le nombre des

refusés. Le roy ne mène que quatre personnes à son service, point de courtisans. Je suis enchanté pour mon ami d'Albert qui aura le roy à son bord. »

« On vient de me donner la commanderie de Troyes, c'est de l'argent déboursé pour l'annate. »

« On ne parle que de Cherbourg, le roy y sera le 22, il y restera le 23, le 24, le 25, et le 29 sera de retour à Versailles. »

Mais bientôt tous les bruits de guerre qui avaient valu au Bailli le commandement de l'armée navale, s'éteignirent ; et l'on acquit la certitude que la paix ne serait point troublée.

« On a signé le 28 du mois passé la convention de désarmement ; ainsi voilà la paix assurée par l'abandon le plus lâche, de nostre part, envers nos amis les Hollandais qui seront nos plus terribles ennemis. Mais comme on est moins sensible à la honte qu'au manque d'argent et à la crainte des évènements, au grand scandale des gens de bien, la joye est universelle. Me voicy d'un homme d'importance sur qui toute l'Europe allait avoir les yeux, tombé dans l'humble état de bourgeois de Paris, cela vaut mieux pour la santé et pour la tranquillité. »

On devine aisément, à la lecture de ces lignes, qu'elles furent tracées sous l'impression d'un cruel désappointement.

Depuis quelque temps l'illustre Amiral voyait surgir les signes précurseurs de la tempête qui devait bientôt faire écrouler le vieil édifice social miné et sapé de toutes parts ; cependant il affectait de ne pas croire à la gravité de la situation, comme nous le verrons dans les lettres suivantes :

« L'orage grossit, le tonnerre gronde, mais cela ne regarde que les parlements. L'on ne sçait le coup d'autorité que l'on médite, mais les commandants des provinces et intendants ayant ordre d'être rendus le 3 may, on croit qu'ils recevront tous le lendemain des courriers, des ordres, etc. Mais on ne sçait rien. Je crois que cela doit t'estre assez égal ; quant à la paix extérieure elle paraît estre bien assurée. »

25 avril 1788.

« Nous sommes toujours, dans l'attente de grandes nouvelles. Celles du dehors doivent encore plus inquiéter que celles du dedans, qui peuvent toujours s'arranger par des arrêts du conseil , des édits , des lettres patentes etc. Tous ces expédients sont inutiles au dehors. L'armement inattendu de la Suède a étonné ; on ne doute pas que ce soit l'Angleterre qui ne la fasse agir et joue notre jeu ; il est fâcheux que ce ne soit pas avec nos cartes. Il n'est point de notre intérêt que les Turcs soient détruits, mais nos liaisons politiques et sentimentales nous mettent contre eux. Ce qu'il y a d'effrayant, c'est que les Anglais sont armés et nous ne le sommes point. »

Paris, 27 juin 1788.

« Il y a un vent de révolte à Paris, mais on va toujours son train. L'extérieur va encore bien plus mal, car cela est indépendant des édits et lettres-patentes. La Suède , qui depuis des siècles reçoit des subsides ,

arme contre les Russes que nous protégeons en secret. Notre ambassadeur est insulté en Hollande et
n'ose sortir. Voilà ce qui fait gémir : Les Anglais
arment et nous restons immobiles. ».

Paris, 8 août 1788.

« Ma chère amie, l'on se bat par mer, on se livre
des batailles navales sur la Baltique et sur la Mer
noire ; partout on acquiert de la gloire et je végète
icy, entendant chaque jour parler de quelque nouvelle sotise. »

« Les Suédois et les Russes se sont battus sur la
coste de Finlande : seize vaisseaux russes contre
douze suédois. Ces derniers ont pris un vaisseau ;
coulé bas un autre et ils ont relâché, pour se radouber,
à la coste de Finlande. On ne sçait où ont relâché
les Russes. »

Au milieu des préoccupations que faisaient naître
dans son esprit les embarras intérieurs et les évènements du nord de l'Europe, l'Amiral songeait souvent
aux affaires de l'Inde. Il contribua, par son influence,
à l'accueil qui fut fait aux ambassadeurs de Tippoo-
Saëb, auquel il écrivit sa satisfaction de le voir continuer d'affectueuses relations avec la Cour de Versailles :

« Si jamais la guerre revenait, votre puissance
étant unie à la nôtre, avec les connaissances que nous
avons acquises dans l'Inde, je ne doute pas que les
Anglais n'en seraient chassés, et je me chargerais
avec plaisir du commandement des forces navales. »

« Je serais au comble de mes vœux si, étant uni

avec vous, je pouvais continuer à rendre la liberté aux peuples de l'Inde en les délivrant des Anglais. »

« Après vous avoir parlé du désir que j'aurais d'abaisser cette nation, je dois vous écrire en faveur de ceux qui sont détenus dans vos états. » ....Et de Suffren terminait en priant le nabab de rendre à la liberté les prisonniers anglais.

« J'ai donné une petite fête aux Indiens qui a bien réussi. Il y avait dans ma maison, qui est grande comme la main, soixante-dix personnes, trente jolies femmes , illumination , musique guerrière , concert, etc. »

« Après le départ des ambassadeurs de Tippoo-Sultan , à qui on a servi un grand souper, un homme d'esprit a dit : « qu'ayant fait dans l'Inde l'honneur « de la France , il était juste que j'en fisse les hon-« neurs. » Lettre à Mme de Seillans.

Une lutte imprudente était engagée entre les parlements et la royauté singulièrement compromise , et le cardinal Loménie de Brienne venait de remplacer M. de Calonne. Entraîné par la pusillanimité de ce ministre, Louis XVI évita d'entrer plus avant dans la querelle du Stathoudérat et abandonna peu à peu les États généraux, qu'une saine politique aurait dû couvrir d'une protection avouée. Les deux cabinets de Versailles et de Londres convinrent de désarmer, quand jamais il n'y avait eu autour de la France autant d'éléments de conflagration générale. M. de Brienne fut le seul à profiter de son passage au ministère qu'il quitta , le 24 août 1788 , pourvu de

800,000 francs de bénéfices, de l'archevêché de Sens
et du chapeau de cardinal.

Nous allons voir dans une dernière lettre du Bailli,
son opinion sur ce prélat.

« Si tout le monde voyait et sentait les circonstances présentes avec la même chaleur, la cour se trou-
verait arrêtée. Il paraît, quant à présent, qu'elle a
suspendu les actes de rigueur. Dans les désordres de
la joie effrénée où la populace brûlait le garde des
sceaux et l'archevêque (en effigie), il y a eu des actes
d'imprudence et de cruauté de la part de la garde de
Paris. Il y a eu, dans les différents quartiers, plus de
150 personnes tuées ou blessées : il est à remarquer
qu'il n'y avait pas un homme armé. Le parlement in-
forme. On croit qu'il ne donnera pas suite à la dé-
nonciation contre le Principal (M. de Brienne) ; il a
eu l'adresse de trop identifier sa besogne avec le roy
pour qu'il puisse être attaqué. Il n'est pas possible
de sortir de place plus deshonoré. On luy refuse
même de l'esprit. Il avait assuré qu'il avait des fonds
pour le reste de l'année. Il estait ignorant , présomp-
tueux , despote. »

Il est difficile de présumer ce qu'aurait fait Suffren s'il eut traversé les phases de la grande révolution. A quel parti politique eut-il apporté son concours ? Le grand homme se fut certainement main-
tenu à la hauteur de son beau caractère et n'eut jamais failli à ses devoirs de citoyen. Mais sa belle
renommée, la gloire qu'il s'était acquise en Orient,
son patriotisme et sa popularité auraient-ils été une

sauvegarde au milieu des drames sanglants de ces temps ?

Le comte de Las-Cases, qui tout jeune avait été garde de la marine, s'exprimait un jour en ces termes :

« J'ai entendu des gens très-sensés et très-forts, dire que la mort de M. de Suffren pouvait avoir été une calamité nationale ; qu'admis aux conseils du roi dans la crise du moment, il eut été de taille à donner une autre issue aux affaires. »

« Il aurait su, dit M. Ortolan, rallier autour de soi et contenir dans le devoir ces nombreux officiers de l'ancienne monarchie, braves, instruits et expérimentés dans leur art ; quelques-uns savants distingués ; mais qui, entraînés par des préjugés de caste, désertèrent le sol national et vinrent, pour la plupart, se faire tuer sous la bannière anglaise sur la plage de Quiberon (1). »

Mort de l'amiral de Suffren 8 décembre 1788.

Le 8 décembre 1788 fut un jour de deuil pour la marine française, l'amiral de Suffren venait d'expirer sans qu'aucun signe eût fait présager une mort aussi prochaine.

Presque tous les biographes, d'accord avec la tradition de la maison de Suffren, ont affirmé que le Bailli avait succombé à une courte maladie ; il avait, en effet la conformation apoplectique au plus haut degré, et l'on put facilement répandre le bruit qu'il avait succombé à une hémorrhagie cérébrale. Mais les re

______

(1) Ortolan. Ouv. cité.

cherches de M. Jal (1), historiographe de la marine, prouvent que Suffren fut tué en duel par le prince de Mirepoix.

Le prince avait deux neveux qui avaient mécontenté l'Amiral dans une affaire ; il pria ce dernier d'employer son crédit pour obtenir leur grâce ou d'adoucir les termes de son rapport. Sur un refus sévèrement motivé, M. de Mirepoix s'emporte, soutient l'honneur de ses neveux et provoque le Bailli qui, entraîné par son bouillant courage, accepte le cartel. Une rencontre eut lieu à Versailles de grand matin, derrière le groupe de marbre du cavalier Bernin, en haut de la pièce d'eau des Suisses. L'obésité de l'Amiral rendait ce duel absurde, il reçut un coup d'épée au-dessous de l'estomac. Transporté à Paris, dans son domicile de la Chaussée-d'Antin, ce grand homme donna l'ordre de cacher à tous la cause de sa mort, et malgré les soins d'un chirurgien habile, il expira, trois jours après, dans les bras de M. Gérard, son intendant (2).

Une autre version, rapportée par M. Léon Guérin, donne une cause différente au duel. Dans un bal, Suffren aurait accroché avec son épée les dentelles d'une danseuse ; le personnage qui donnait le bras à cette dame s'y serait pris peu poliment pour avertir l'Amiral et lui aurait dit : « Prenez donc garde, « Monsieur, vous embarrassez avec votre épée les « dentelles de Madame ! » A quoi le Bailli, qui avait

(1) V. Scènes de la vie maritime de M. Jal.
(2) Père du baron Gérard, l'habile peintre.

conservé toute la vivacité de la jeunesse, aurait « répondu : Mon épée, Monsieur, elle en a embar- « rassé bien d'autres. » Quelques autres paroles très-vives auraient été échangées, et le lendemain, au point du jour, un duel aurait eu lieu à l'épée : Suffren qui, à la fougue de son caractère, ne pouvait joindre la prestesse nécessaire, à cause de sa corpulence, encore plus que de son âge, se serait enferré lui-même (1).

Ses obsèques dans l'église de Ste-Marie du Temple. 10 décembre 1788.

Le 10 décembre 1788, l'église de Sainte-Marie-du-Temple, à Paris, reçut dans ses caveaux le corps du très-illustre religieux, seigneur frère, Pierre-André de Suffren-Saint-Tropez, bailli, grand' croix de l'ordre de Saint-Jean-de-Jérusalem, vice-amiral de France, chevalier des ordres du Roi, ambassadeur extraordinaire de la Religion auprès de la Majesté trés-chrétienne, ancien capitaine et général des galères de son ordre, commandeur des commanderies de Trinquetaille et Puimoisson, au grand prieuré de Saint-Gilles, et de Troyes, au grand prieuré de France, à l'âge de cinquante-neuf ans et quatre mois.

Le bailli de Suffren, malgré son obésité prodigieuse, avait les traits réguliers, un aspect noble et imposant. On avait peine à concevoir l'activité infatigable de ce gros homme qui, malgré son sourire moqueur et dédaigneux, savait enlever ses équipages et leur communiquer, avec sa haine pour les Anglais, sa

______

(1) M. Léon Guérin dit tenir ces détails de l'amiral Linois qui les avait entendus souvent raconter dans sa jeunesse par le second des Latouche-Tréville.

bravoure et son audace. Ses lettres sont en quelques endroits admirables par la précision et l'énergique simplicité du style ; plus admirables encore de pensées et d'expression de sentiments ; on y voit pour ainsi dire en relief sa passion dominante, l'ambition de s'illustrer par de hauts faits utiles à la patrie. C'est vers ce but que tendaient uniquement tous les actes de Suffren ; avant tout, il voulait acquérir une belle renommée, et s'il désirait les grades élevés et le commandement suprême, c'est qu'il les lui fallait pour pouvoir agir avec une libre initiative.

Les rapports de Suffren avec ses capitaines étaient pénibles ; tous admiraient son génie, mais peu aimaient ce caractère inquiet et grondeur, qui blâmait durement leurs actions lorsqu'il y soupçonnait la moindre couardise. Comme amiral (1), il fut le plus sou-

(1) On dit qu'il aimait beaucoup la table et que le comte d'Estaing le voyant un jour embarquer force volailles et autres provisions de table, lui dit : « Commandant, pourquoi tant de volailles, embarquez plutôt de la poudre et des boulets. » — « Général, répondit Suffren, j'aime bien à me battre, mais aussi à bien manger. » — Cette particularité est confirmée par Berchoux, dans sa *Gastronomie,* car c'est à propos de Suffren qu'il dit :

« Rien, ne doit déranger l'honnête homme qui dîne. »

Le Bailli était à Achem, une députation des habitants de la ville lui fit demander audience au moment où il était à table. Commeil n'aimait pas à être troublé dans ses repas, il imagina plaisamment pour se débarrasser de la députation de lui faire « dire : qu'un article de la religion chrétienne défendait expres- « sement à tout chrétien à table, de s'occuper d'autres choses « que de manger, cette fonction elle même étant de la plus « grande importance. »

La députation se retira très respectueusement, en admirant l'extrême dévotion du général français. — V. *Berchoux, Gastronomie.*

vent mal secondé, et l'on ne peut, à cause de cela,
critiquer les fautes de ses premières batailles. Son
jugement rapide lui permettait de saisir toutes les
chances favorables qui s'offraient dans un combat;
nous avons déjà démontré, dans le cours de ce récit,
combien sa haute intelligence savait prévoir de loin les
évènements.

Comme tacticien, l'amiral français fut le précurseur de Nelson et nous trouvons, dans le beau livre
de M. le comte Bouët-Willaumez (1), une parfaite
appréciation des progrès que son génie avait imprimés,
sur ce point important, à la science des combats.

« Le 12 avril, à la tête d'une escadre de 12 vaisseaux, de Suffren attaquait devant Provediern l'amiral anglais Hughes, qui lui opposait une escadre de
même force, et l'avantage restait à l'amiral français,
comme il lui était resté devant Madras le 17 février
précédent, comme il lui resta le 2 septembre suivant
devant Trincomalé; et si, dans ces combats, Suffren
ne captura pas de vaisseaux ennemis, du moins il les
força à fuir après les avoir mis dans un état tel que
l'amiral Hughes écrivait à l'amirauté : « L'*Aigle*, le
« *Montmouth*, le *Beaufort* et le *Superb*, faisant beau-
« coup d'eau par suite des boulets qu'ils ont reçus à
« la flottaison, et l'escadre anglaise tout entière ayant
« de fortes avaries, je me suis déterminé à faire
« route pour Madras, ne pouvant mouiller à Trinco-
« malé. »

(1) Batailles de terre et de mer.

« Un historien anglais, John Clerk , qui, après la guerre de 1778, exposa des méthodes nouvelles de combat dont Nelson fit l'application quelques années plus tard, parle dans les termes suivants de l'habileté de l'amiral Suffren et de la hardiesse de ses plans d'attaque : « Quoique M. de Suffren n'ait pas eu tout
« le succès qu'il s'était promis de son attaque bien
« concertée sur l'arrière-garde de l'escadre anglaise,
« dans l'affaire du 17 février, cette affaire et l'attaque
« également bien concertée qu'il exécuta, le 12 avril,
« sur l'avant-garde anglaise prouvent avec évidence
« son génie, sa bravoure et ses talents militaires.

« Si M. de Suffren put d'abord amener, vent ar-
« rière, son avant-garde sur l'avant-garde anglaise
« pour l'attaquer ; s'il a pu ensuite, après s'être mis
« en bataille, *à portée de pistolet* du corps de bataille
« anglais, faire rallier à lui son arrière-garde pour le
« soutenir ; si, dans cette occasion, les vaisseaux de
« l'arrière-garde anglaise n'ont pas pu venir à temps
« pour prendre part au combat et pour harasser un
« ennemi déjà bien mal traité , on *y trouve la preuve*
« *très-marquée* de la *convenance* et de la *possibilité*
« qu'il y a d'amener la totalité, ou une partie seule-
« ment d'une armée navale contre une moindre par-
« tie des forces d'une armée ennemie : et l'effet de
« cette disposition doit avoir des suites infiniment
« importantes dans les *combats de mer*, aussi bien
« que dans les *batailles de terre*. »

« Comme on le voit, et de l'aveu même de l'historien anglais, dont l'ouvrage fit grande sensation en Angle-

terre et commença à se répandre en France en 1791,
l'attaque de Rodney, le 12 avril 1782, avait porté une
rude atteinte à cette espèce de fétichisme que les amiraux professaient depuis si longtemps pour la longue
ligne de bataille. Suffren en avait également secoué
le joug, non-seulement le même jour, mais plusieurs
fois avant et après dans la mer des Indes ; ainsi, le 17
février 1782, il arrive grand largue sur deux colonnes
pour envelopper l'arrière-garde ennemie avec toutes
ses forces, l'attaque, la désempare, et n'est empêché
de poursuivre ses avantages que par le manque absolu
de brise ; le 12 avril, c'est sur le centre et l'avant-
garde ennemis, au contraire, qu'il masse ses forces,
et les maltraite de telle sorte, que l'amiral Hughes
laisse porter et quitte le champ de bataille ; enfin, le
2 septembre de la même année, le seul jour où il se
trouve plus fort en nombre que l'escadre anglaise,
son audace et son génie apparaissent encore plus
grands et achèvent de lui donner une grande analogie
avec la célébrité maritime qui va paraître en scène, avec
Nelson.

« Non-seulement Suffren se montra dédaigneux des
règles absolues de tactique navale de son époque,
mais il ne tint pas plus de compte de ces traditions· de
combat à moyenne distance que nous venons de voir
prédominer depuis deux siècles, désireuses qu'étaient
sans doute les nations maritimes d'épargner un matériel si coûteux et souvent d'un renouvellement fort
difficile ; c'est à portée de pistolet qu'il engageait
l'ennemi, c'est en plein bois, comme Duguay-Trouin,

qu'il faisait diriger le tir de ses bouches à feu : aussi, l'historien anglais Clerk ajoute-t-il, après avoir commenté les combats de Hughes et de Suffren : « En se « rappelant le peu d'effet produit d'ordinaire par des « canonnades de plus de trois heures, je ne puis « m'empêcher de faire remarquer que, dans cette oc-« casion, la canonnade, qui ne dura que *neuf minutes*, « si elle maltraita le vaisseau le *Héros* de M. de Suf-« fren, tua 59 personnes et en blessa 96 à bord du « *Superb*, que montait l'amiral anglais, et que le « *Montmouth* eut 45 morts et 102 blessés. » (Comte Bouët-Willaumez, Vice-amiral).

. C'est donc avec regret que nous avons vu un officier général de la marine, écrivain distingué, élever Nelson sur un magnifique piédestal, en oubliant d'attribuer au bailli de Suffren la priorité d'une tactique que l'amiral anglais ne fit qu'imiter à Trafalgar, au grand préjudice de la flotte française. Malgré les leçons du passé, et par suite de l'inexpérience avouée de ses capitaines, Villeneuve, fidèle dans ce jour néfaste à des traditions surannées, maintint sur une longue ligne ses vaisseaux trop éloignés les uns des autres pour s'assister mutuellement : Ligne pleine de trouées où les vaisseaux anglais purent pénétrer pour envelopper les nôtres avec des forces supérieures. En outre c'est dans la mâture, sur quelques cordes et mâts, se balançant dans les airs, que les capitaines français (et les meilleurs encore) commandèrent à leurs canonniers de diriger leurs coups.

Certes, ce n'est point ainsi que nous avons vu dans

ce récit, Suffren traiter les vaisseaux de sir Hughes ;
c'est comme lui en plein bois que Nelson et Colling-
wood ordonnaient leur tir ; c'est d'après les traditions
de Rodney et du Bailli qu'ils parvinrent avec autant
d'habileté que d'audace à mettre une notable partie
de la queue de notre ligne entre deux feux.

Supposez à la place de Villeneuve, trop esclave de
la vieille tactique, Suffren livré aux inspirations de
son génie, et qui oserait affirmer que la bataille de
Trafalgar eût abouti à une pareille défaite ?

LIVRE HUITIÈME.

—

Résultats des victoires de M. de Suffren. — Situation de l'Inde après le traité de Versailles.

Des craintes qu'inspirèrent en Angleterre les victoires du Bailli. — Obstacles qu'il eût à vaincre dans ses opérations. — Fautes du cabinet de Versailles.— La Hollande se décide trop tard à prendre une part active à la guerre. — Préliminaires du traité de Versailles, 20 janvier 1783. — Articles relatifs aux colonies indiennes. — Tippoo-Saëb est abandonné par la France. — Conséquences et utilité des victoires de M. de Suffren. — Rétablissement de la Compagnie des Indes. — Commerce de nos colonies orientales. — Cossigny. — Conway. — Du Christianisme dans l'Inde. — Que serait devenue l'Inde sous une administration française ?

Avant de faire connaître les résultats de la mémorable campagne dont nous venons de retracer l'histoire, son influence sur les relations ultérieures de la France avec le monde Indien et d'exposer les conséquences des victoires de notre illustre amiral, qu'il nous soit permis de peindre la panique que produisit en Angleterre la nouvelle de ses premiers exploits.

Au cri d'alarme des feuilles anglaises, divers orateurs du parlement, organes des négociants de la cité, joignirent leurs clameurs de détresse. « Les revenus de Madras étaient insuffisants ; le Bengale, la plus riche

et la plus fertile des possessions britanniques, épuisé
par la guerre des Mahrattes, ne pouvait même
acquitter ses dettes ; et le commerce entravé ne cessait d'indiquer par ses plaintes le point vulnérable de
la puissance de l'Angleterre. »

Au lieu de donner une attention sérieuse au malaise
que trahissait le peuple anglais, le cabinet de Versailles fit si bien que les efforts de nos marins dans
l'Inde n'eurent pas les résultats qu'ils auraient dû
obtenir ; que les cinq batailles navales de Suffren
n'aboutirent qu'à venger la défaite du comte de Grasse,
et au rachat des honteux traités de 1763, sans
accroître en rien la puissance de la France dans
l'Hindoustan.

On est étonné, en lisant la relation de cette campagne, de voir les vigoureux et opiniâtres efforts du
Bailli rester longtemps infructueux, et le gouvernement tirer plus tard une aussi mince parti de ses
avantages.

Des obstacles
que le Bailli
eût à vaincre
dans ses
opérations.

Outre le fâcheux état des vaisseaux, qui donnaient
après chaque engagement de graves inquiétudes à
l'illustre amiral, il faut placer en première ligne des
causes qui enrayèrent le succès de nos armes, le
malheureux choix de ses capitaines, indisciplinés ou
sans bravoure militaire. Il semblait qu'un génie mal-
faisant, eût placé sur notre escadre de l'Océan Indien
les plus mauvais officiers du corps de la marine. Sur
onze commandants que Suffren trouva autour de lui,
à la mort du comte d'Orves, quatre furent démontés
et quatre autres demandèrent à quitter l'escadre à la

veille de nouveaux combats. Quant au ministère, il ne commit que des fautes, et ses combinaisons inhabiles firent échouer les projets de Louis XVI sur l'Inde.

On avait reconnu bien tard, il est vrai, la grande importance d'une diversion en Asie ; mais il était encore temps d'agir en faisant suivre les cinq vaisseaux de Suffren par de puissants renforts : au contraire, huit mois s'écoulèrent sans qu'il fut expédié un seul bâtiment de haut bord au-delà du Cap. Les manœuvres de quelques intrigants avaient d'abord fait conférer à Duchemin un grade égal à celui de Suffren ; le cabinet de Versailles crut faire taire le conflit des deux autorités rivales, en plaçant Bussy à la tête des opérations.

Faute du cabinet de Versailles. La France vit avec surprise, pour une guerre ou l'activité la plus infatigable était nécessaire, réunir des troupes et des vaisseaux sous les ordres d'un vieillard podagre. Mais ce qui prouve encore d'avantage l'incapacité du ministère, dont la bonne volonté était pourtant inattaquable, ce fut la décision qu'il prit d'expédier les convois isolément, au lieu de les réunir en une masse compacte et imposante. Il espérait, par cette disposition, les voir échapper plus facilement à la surveillance des escadres anglaises ; nous avons dit l'insuccès de cet armement.

L'Angleterre comprenant cette faute et la menace faite à ses colonies, au lieu de risquer partiellement ses renforts, eut soin de placer son expédition sous l'escorte de six gros vaisseaux et de deux belles frégates. Cette mesure et la perte de deux de nos convois lui sauvèrent ses précieux établissements : car à cette époque, la position de la Compagnie était très critique , de l'aveu même des journaux anglais , et si « l'amiral Hughes eut éprouvé un échec avant l'arrivée de Bikerton, un miracle seul pouvait sauver Madras : tous les souverains du pays étaient intéressés à la chute de la Compagnie. »

L'inquiétude du peuple anglais fut à son comble à l'occasion de nos succès devant Négapatnam ; et le cabinet de Saint-James se trouva un moment très embarrassé des suites de cette guerre désastreuse.

Il est certain que les Anglais ne nous auraient jamais enlevé la domination de l'Inde sans les fautes qui rendirent les victoires de Suffren presque stériles et surtout sans la conclusion d'une paix intempestive pour nos intérêts. Au moment où l'on voyait la Grande-Bretagne frappée dans ses intérêts les plus chers et qu'on s'attendait à l'envoi de nouvelles forces françaises, le ministère, préoccupé de la défaite du comte de Grasse, abandonna le Bailli et son escadre délabrée, pour se livrer tout entier à ses projets sur Gibraltar.

La Hollande se décide trop tard à prendre une part active à la guerre.

Nous ne devons pas, avant d'aller plus loin, passer sous silence une cause importante qui contribua encore à sauver la colossale puissance de la compagnie anglaise. Tandis que les Etats-Unis d'Amérique couvraient de leurs croiseurs la surface de l'Atlantique et venaient porter la perturbation la plus grande dans le commerce de la métropole, les États Généraux de Hollande oubliant, au milieu de leurs dissenssions in-

testines, les intérêts de leurs possessions compromises,
ne mettaient pas un seul bâtiment à la mer. Ce ne fut
que le 7 juillet 1783, que l'amiral Hasting sortit du
Texel avec quelques vaisseaux escortant, dans la mer
du Nord, 8 navires armés de la compagnie et 2 frégates. Mais ces renforts arrivèrent trop tard, la guerre
était terminée.

En brusquant les préliminaires de la paix, le cabinet de Versailles commit une autre faute. Les dispositions pacifiques dans lesquelles se maintenaient
les ministres anglais, après la victoire de Rodney,
disaient assez combien était onéreuse pour leur pays,
cette guerre maritime. La Hollande se disposait, quoique lentement, à prendre une part active à la guerre,
et l'Espagne venait de réunir ses vaisseaux à nos escadres. Devant ce péril, que pouvaient aggraver les
victoires de Suffren, le cabinet de Saint-James s'estima très-heureux de voir accepter ses propositions
de paix ; et le gouvernement de Louis XVI comprit
trop tard que l'Angleterre s'épuisait en hommes, en
vaisseaux et en argent, dans cette guerre *compliquée*,
comme l'appelait Georges III.

La révolution faisait déjà retentir sa grande voix à
l'horizon des événements, et les ministres pressés d'en
finir avec la guerre extérieure et les embarras finan-
ciers toujours croissants, restèrent indifférents aux
destinées de l'Inde. Au moment où l'on aurait pu
exiger de grandes concessions, on se tint pour satisfait des articles du traité qui nous donnaient rigoureusement ce qui nous revenait, et à nos alliés ce

qu'ils avaient le droit de réclamer. On verra surtout que cette paix fut conclue trop tôt, si l'on considère qu'elle affermit la puissance britannique, au moment où le bailli de Suffren venait de l'ébranler jusque dans ses fondements et qu'il allait en consommer la ruine.

Au lieu de l'empressement que l'on mit à envoyer M. de Reyneval à Londres, pour s'assurer plus positivement des dispositions pacifiques du cabinet de Saint-James, il aurait mieux valu continuer la guerre. Malgré le mauvais vouloir du Stathouder et le manque d'énergie des Etats généraux, dix vaisseaux de guerre bataves devaient se rendre à Brest pour se réunir à ceux qui y étaient en armement, et profiter de l'absence des forces britanniques employées à secourir Gibraltar, pour agir vigoureusement. L'amiral Hughes, forcé de réfugier son escadre sous les canons de Madras, n'avait plus que des bâtiments délabrés et des équipages hors d'état de tenir la mer. Suffren, qu'allaient rejoindre plusieurs vaisseaux français et hollandais, n'attendait qu'un moment favorable pour chasser Stuart de ses positions ; tandis que Tippoo-Saëb, secondé par les troupes de Cossigny et de Lallée, revenait dans le Coromandel nous tendre la main, après avoir recouvré ses provinces du Malabar et détruit l'armée de Mathews. Le fameux traité de Versailles fut donc signé dans un moment inopportun.

Préliminaires du traité de Versailles. 20 janv. 1783. Les préliminaires en furent arrêtés le 20 janvier 1783. Un des articles de ces préliminaires (article 20) portait : « La France sera remise en possession des villes et des comptoirs qui lui sont restitués aux Indes-Orientales et des territoires qui lui sont procurés pour servir d'arrondissement à Pondichéry et à Karikal, six mois après la ratification ou plus tôt, si faire se peut. La France remettra au bout du même terme de six mois, les villes et territoires dont ses armes se seraient emparés, sur les Anglais ou sur leurs alliés, dans les Indes-Orientales, en conséquence de quoi les ordres nécessaires seront envoyés par chacune des parties contractantes, avec des passeports réciproques pour les vaisseaux qui les porteront immédiatement après la ratification du traité définitif. »

La politique du ministre Vergennes, contente du strict nécessaire qu'on lui accordait, crut avoir fait merveille et avoir effacé la honte de 1763, en obtenant l'affranchissement de Dunkerque et l'île de Tago, sans s'apercevoir que l'Angleterre gardait le Canada ; que, si nous rentrions en possession de quelques comptoirs de l'Inde, elle gardait les vastes possessions qu'elle y avait conquises sur les princes du pays.

Articles du traité de Versailles relatifs aux colonies indiennes. 3 septembre 1783.

En effet, qu'obtint la France par l'article 13 du traité définitif (3 septembre 1783) : la restitution de tous les établissements qui lui appartenaient au commencement de cette guerre, au Bengale, sur les côtes du Coromandel, d'Orixa et de Malabar. La liberté d'entourer Chandernagor d'un fossé pour l'écoulement des eaux. L'assurance d'un commerce sûr, libre ou indépendant dans le Bengale, comme sur les côtes d'Orixa, Coromandel et Malabar, que ce commerce fut entrepris par une Compagnie ou.qu'il fût fait par des particuliers. — L'article 14 portait la reddition de Pondichéry et de Karikal. — Le roi d'Angleterre s'engageait à procurer les districts de Vélanour et de Bahour pour servir d'arrondissement à Pondichéry, et les quatre Mayans ou territoires qui avoisinent Karikal.

La paix nous valut encore la restitution du canton d'Archivouac, dont les produits presque nuls ne pouvaient être d'aucun secours pour Pondichéry ; quant aux cantons de Valdaour et de Vélanour, c'étaient les seuls qui pouvaient assurer la subsistance de ses habitants, aussi, malgré le traité, furent-ils retenus par les Anglais. Quels pauvres résultats pour tant de sang versé !

Par l'article 15, Mahé et Surate furent restituées aux Français, et le négoce qu'ils devaient y faire fut garanti d'après les principes de liberté, de sûreté et d'indépendance de l'article 13. Une clause permettait aussi à notre commerce de transporter du sel au Bengale, et de le vendre aux naturels du pays, dans les provinces d'Orixa, de Bahour, etc. Malgré cette stipulation formelle, la faculté de l'introduction fut réduite quatre ans après à la quantité de 150,000 quintaux, et encore y mit-on pour condition que cette denrée serait livrée à un prix fixe aux préposés de la gabelle anglaise. Quant à l'exportation de l'opium, il fut pareillement réglé, par dérogation au traité, que les Anglais en fourniraient tous les ans 200 caisses à

Chandernagor ou qu'ils paieraient une somme en représentation du bénéfice présumé de cette marchandise.

Le même jour où la France, l'Espagne et les Etats-Unis signaient les préliminaires de la paix, la Hollande convenait aussi d'une armistice. Elle refusa d'abord à l'Angleterre la cession de Négapatnam, en raison de l'importance de ses dépendances ; mais la république batave avait mis tant de mauvais vouloir à nous seconder dans cette guerre, que la France la laissa en présence de ces difficultés. Il fallut souscrire aux exigences de l'Angleterre qui lui rendit ses autres possessions. La perte de Négapatnam fut la conséquence de la déloyale partialité du prince d'Orange pour les Anglais, de la conduite inqualifiable de Plettemberg au Cap et de la régence de Batavia aux Indes.

Dans la discussion du traité, Tippoo-Saëb fut évidemment abandonné à la merci de ses ennemis qui devaient lui dicter leurs conditions de paix (article 16). Aidé de Cossigny, Tippoo-Saëb avait rapidemment reconquis toutes ses possessions, toutes ses villes, sur les Anglais saisis d'une terreur inconcevable. Bientôt l'on vit Mathews, chassé ou plutôt traqué par les troupes mysoréennes, être réduit à s'enfermer dans Bédanore et à se rendre à la merci de son ennemi, qui vengea sur lui les atrocités commises au siége d'Anampore (1). Onore venait d'être pris, et Manga-

Tippoo-Saëb
est abandonné
par la France.

(1) En février 1783, cette ville fut prise d'assaut par les Anglais, la garnison passée au fil de l'épée et 400 des plus belles femmes de l'Hindoustan offrirent en vain de racheter leur honneur et leur vie au prix de leurs richesses.

17

lore allait subir le même sort, lorsque la nouvelle de la paix vint arrêter ses succès. Le 24 juillet, Cossigny eut ordre de quitter l'armée mysoréenne et de ramener son contingent. Cependant, malgré le départ de nos troupes, les Anglais étaient encore dans une situation des plus critiques, leur armée était perdue, lorsque à la sollicitation de Bussy, le sultan consentit à faire la paix avec l'honorable compagnie.

Les difficultés, qui compromirent un instant le succès des négociations, furent abrégées grâce à l'intervention d'un missionnaire allemand, fort adroit, nommé Swarz ; et les puissances belligérantes se rendirent réciproquement les conquêtes qu'elles avaient faites. Cette clause était bien absurde puisque le nabab venait de reconquérir toutes ses possessions par la force des armes. Mais l'Angleterre y gagna pour toujours la nababie d'Arcate et les royaumes de Tanjaour et de Travancor.

C'est donc avec raison que l'on a reproché à Louis XVI de n'avoir pas su profiter des victoires du bailli de Suffren pour abattre dans l'Inde la puissance anglaise et y rétablir celle de la France dans son ancienne splendeur. Tout ce que l'on peut dire en faveur de son gouvernement, c'est que le traité de 1783 fut signé sous l'influence de grands embarras intérieurs, sous la préoccupation de la défaite du comte de Grasse aux Saintes, avant que l'on eut reçu avis des dernières victoires du Bailli.

On ne pouvait, disait-on à la cour, se flatter de l'emporter sur l'Angleterre en raison de la faible escadre mise à la disposition d'un général dont on ne connaissait point la valeur. On vit plus tard, avec un étonnement et une admiration extrêmes, le parti que son génie sut tirer de ses faibles ressources.

On a encore allégué, pour excuser cet oubli de nos intérêts coloniaux, que ce n'était pas pour l'Inde, mais pour l'indépendance des Etats-Unis que l'on avait à combattre. Ce sont là de bien mauvais arguments qui ne peuvent être pris en sérieuse considération. Quant au vaillant successeur d'Hyder-Ali, ce fidèle allié dont le concours nous avait été si utile pendant les dernières phases de la guerre, il fut indignement sacrifié. L'abandon de Tippoo-Saëb dans ce traité, dont l'article 16 lui était même hostile, fut un sujet de honte pour la France, et sa fin tragique un remords pour l'Angleterre.

Conséquences et utilité des victoires de M. de Suffren.

Cependant si les victoires de Suffren et la politique de Vergennes ne purent rétablir dans tout son éclat notre puissance dans l'Inde, il est impossible de ne pas leur attribuer l'isolement où l'Europe entière laissa la Grande-Bretagne, le maintien de la neutralité armée des puissances du Nord, et Dunkerque affranchie de la présence d'un commissaire anglais.

Pendant quelque temps le commerce français put lancer ses navires sur cet océan que Suffren venait de délivrer. Les Indiens, dont nos exploits maritimes nous avaient concilié l'estime, échangeaient volontiers avec nos bâtiments les produits de leur industrie, lorsque le 14 août 1785, sur la proposition de M. de Calonne, qui cherchait à relever le crédit, un arrêt du

conseil d'Etat rétablit la compagnie des Indes au capi-
tal de 20 millions. Exempte de soucis politiques et
militaires, Lorient fut désigné pour être son port
d'armement, et les importations de l'Inde ne purent
s'effectuer que par ce port jusqu'au 19 juillet 1790,
époque où l'assemblée constituante étendit cette faculté au port de Toulon. Dans l'Inde, on lui abandonna les comptoirs qui ne permettaient en aucune
manière le déploiement de forces militaires. Le roi
gardait Pondichéry, Karikal, Mahé, Chandernagor,
Janaon en réserve; on céda à la compagnie Moka,
Balaçor, Cassimbazar, Patna, Daka, Jougdia, Chon-
pour, Monnepour, Siranpour, Kirpaye, Chatigham,
Malde sur les côtes de Coromandel, de Malabar,
d'Orixa.

Le comptoir le plus important de la côte orientale était Pondichéry. Dupleix avait conçu le projet
de doter cette ville d'un port, en creusant le lit de
l'Ariancoupan, en établissant des quais sur ses bords,
et en les prolongeant dans la mer sous forme de jetées.
L'exécution de ce plan aurait produit pour cette colonie d'immenses avantages ; le rappel de Dupleix le fit
avorter.

Le premier et le principal article de commerce sur
cette côte consistait en *guinées*, toiles d'un grand au-
nage. On en exportait beaucoup pour l'Afrique où elles
étaient destinées à la traite des noirs et de la gomme.

On y trafiquait aussi de *percales* tissées avec le
coton maipangi qui croît abondamment dans les plaines
du Carnatique. Ces toiles, peintes en couleur sur la

côte de Coromandel, portaient le nom de *Perses*, tandis que celles de Mazulipatam présentaient des fleurs d'or et d'argent imprimées sur leur tissu.

A Karikal , situé à 25 lieues au sud de Pondichéry, la France avait un comptoir florissant au milieu d'une plaine fertile qui produisait quelquefois jusqu'à quatre récoltes dans une année. On y fabriquait, en quantité considérable, des toiles peintes qui s'exportaient aux îles voisines, et des mouchoirs aussi beaux pour la couleur , mais moins fins, que ceux de Mazulipatam : ces mouchoirs (dits Madras) portaient le nom de *vetépaléons* et *sasserganti*, suivant les lieux de leur provenance. Les premiers étaient tous à grands carreaux ; le dessin des seconds variait. Les perses ou *chites* de ces pays, brochés d'or et d'argent, étaient d'un prix très-élevé et très recherchées.

Les mousselines rayées que l'on tissait sur la côte de Coromandel, dans le voisinage des Ghattes, portaient le nom de *bétilles* ou *dorias*. Nos pères en faisaient, pendant le xviiie siècle , un article essentiel d'exportation, d'une consommation considérable dans le Levant. Les *organdis* brochés, à fleurs blanches ou de couleurs, qui nous venaient des environs d'Arcot et des manufactures de Condavir, étaient aussi, pour les Français , un article de spéculation très-important qu'ils envoyaient à la Cochinchine , d'où ils tiraient en échange des lingots d'or, des porcelaines, du thé et d'excellente cannelle.

Les *guinguams* et les *princesses* formaient des articles moins importants pour nos colonies de cette côte ; mais , en revanche , l'ancienne Compagnie des Indes exportait , dans son temps , pour une valeur de six millions de demi-guinées bleues.

Dans le nombre des riches substances colorantes que l'Inde produit, se trouve en première ligne l'indigo, dont le commerce de Pondichéry exportait pour une valeur de 200,000 francs.

Sur la côte de Malabar, la plus précieuse, la plus importante production était le poivre. Les plantes pipérinées croissent en abondance dans cette riche contrée; mais la meilleure qualité de grains venait de Mahé et des environs de cette ville, conquise en 1727 par Labourdonnais. L'établissement de Surate, le plus ancien de ceux que les Français avaient formés dans l'Inde, fut effacé dans la deuxième moitié du siècle par l'opulente Bombay. Pourtant les draps et les dorures de Lyon y trouvèrent longtemps un débouché facile et s'y échangèrent avantageusement contre les cotons du Guzzerat.

Les Mahrattes nous avaient cédé , en 1770, la ville et le port de Chaoûl , au milieu de la côte de Canara, à 50 lieues environ de Poönah leur capitale, mais le voisinage de Bombay écrasa encore cet établissement. Cette côte fournissait aussi à nos commerçants le cardamone, baie aromatique que les Hindous mêlent au bétel , la canelle et le bois de sandal.

Quant à Surate , admirablement située au confluent des transactions entre Bagdad, Bassorah , Moka, et Ormultz, d'une part ; la presqu'île et le Bengale de l'autre , elle se soutint longtemps , malgré le voisinage de ses fières rivales, Goa et Bombay. Mais lorsque Lyon commença à imiter , avec le plus grand succès, les étoffes brochées de Surate, les Français cessèrent de spéculer sur cet article, et les importations de cette ville diminuèrent.

La factorerie d'Ianaon , au nord de Mazulipatnam, avait de l'importance à cause des nombreuses manufactures des environs, où se fabriquaient les guinées et les organdis; malheureusement les Anglais ne cessèrent de nous nuire en obligeant les ouvriers à rompre leurs marchés avec nos traitants, pour travailler pour leur propre compte.

Dans le Bengale, la France possédait Balassor, au dessous de l'embouchure de l'Hoogly ; c'était un point de communication entre Pondichéry et Chandernagor. Cette dernière ville, autour de laquelle s'élevaient nos plus belles fabriques , était surtout le théâtre de vexations sans nombre de la part des agents anglais. Non loin de ce comptoir, Dacca servait d'entrepôt aux belles mousselines du Bengale et aux toiles de coton : cette ville par sa proximité du Gange et de Brâhmapoutre, fut toujours très commerçante. Dans la loge de Patna se faisait le commerce de l'opium ; le meilleur pavot blanc était recueilli dans ses environs. Celles de Jougdia et de Cassimbazar, sur l'Hoogly , étaient connues par leurs belles casses et leurs taffetas. Cette dernière ville servait d'entrepôt pour les soieries de tout le Bengale.

De tous les articles d'exportation de ce beau pays le plus important était celui des mousselines nommées

nensouques (de Noyangsouk), Dacca en possédait
d'excellentes fabriques (1) ; les Mallemoles y étaient
brochées en or et en argent ; on y fabriquait, ainsi
qu'à Jouddia, des amames, des boffetas, des garats
et des doréas, espèces de mousselines qui tiennent de
la mallemole de l'Inde et de l'organdi du Coromandel.

Vers le milieu du siècle M. Burgos, agent principal
du comptoir de Chandernagor, entreprit de faire
fabriquer dans ses ateliers des mouchoirs rouges
comme ceux de Paliacate ; il y réussit complètement
et leur donna son nom.

Quant aux soieries nous avons déjà dit que les plus
belles venaient de Cassimbazar. Les autres produits
exportés de l'Inde, par le commerce français étaient
du sucre, du café, des çauris, du coton laine, du séné,
du quinquina, du thé, du salpêtre dont le bas prix fit

(1) M. Legoux-Deflaix rapporte que, se trouvant dans cette
ville, il commanda à un fabricant une pièce de mousseline nan-
souque. Cette pièce lui fut envoyée à Chandernagor, en 1777,
dans une très petite boîte. La pièce était de 16 aunes, sa largeur
de cinq quarts pleins; elle était blanchie, gommée et brodée sur
un dessein qu'il avait donné lui-même. A travers six doubles
de cette mousseline on distinguait la couleur de la peau ; tout
à fait dépliée elle produisait, devant les yeux, l'effet d'une
légère vapeur. Cette pièce fut présentée à Mlle de Condé qui la
fit voir comme un phénomène à plusieurs manufacturiers et
ceux-ci déclarèrent tous qu'ils n'auraient pas cru possible de
donner au fil de coton un tel degré de finesse.

« Quand M. de Bussy revint en France, après les désastres de
nos colonies, en 1761, il présenta à la marquise de Pompadour,
douze petites tabatières renfermant chacune une chemise de
femme de Guinée. »

(Histoire générale de l'Inde ancienne et moderne par M. de
Marlès).

toujours un objet de fret très avantageux ; enfin le commerce du sel. En échange, nous portions dans l'Inde des ustensiles de cuivre rouge, dont les Hindous manquent souvent. Les draps et les velours, qui semblent, au premier abord, ne convenir qu'aux habitants des pays froids, étaient et sont encore recherchés ; surtout lorsqu'ils ont des couleurs vives et éclatantes. Les *londuns*, que l'ancienne compagnie française faisait fabriquer à Carcassonne, étaient très désirés ainsi que nos velours, par les riches Rayahs. Les vins de France trouvaient à cette époque peu de débouchés, dans un pays peuplé de Mahométans et de sectateurs de Brahma. Cependant on y opérait quelques transactions avec les Anglais.

Pour compléter les notions qui précèdent sur le commerce de la France avec l'Inde, nous devons indiquer les principaux obstacles qui entravaient journellement nos rapports avec ces riches contrées. Pour traiter convenablement avec les peuples de l'Inde, il fallait savoir au moins neuf langues ayant des alphabets particuliers, sans parler des jargons ou idiomes. L'esprit est effrayé à la vue du travail que demande tant de connaissances. « Ce sont, dit Anquetil du Perron, des montagnes bien autrement difficiles à franchir que les Ghâttes. » Les Portugais, qui les premiers s'établirent dans l'Inde, ne s'étant point donné la peine d'apprendre les idiomes du pays, il fallut que les Indiens qui voulaient trafiquer parlassent le portugais, qui servit bientôt aux marchands Indous, Maures, Arabes, Persans, Parsis, Juifs, Arméniens à communiquer avec les comptoirs européens. Ce fut pendant le xviiie siècle, la langue commune dans l'Inde, et ce fut aussi au moyen de ce jargon, de ce portugais *paria*, que dans nos établissements l'on traita généralement les affaires avec les naturels du pays et même avec les nations européennes.

Cependant, dès 1778, l'interprète en chef de Pondichéry, chrétien malabar élevé par les jésuites, savait le Français ; c'était un vice de moins dans l'administration.

Les inconvénients de cette manière de procéder sautent aux yeux ; les naturels du pays que l'on était obligé d'employer dans les négociations étaient souvent infidèles ou comprenaient mal. Dupleix dut une partie de ses succès à sa femme qui, sachant la langue du pays, écoutait tout le monde, entretenait des iutelligences dans l'intérieur à l'insu des interprètes indiens. Les Anglais de leur côté encouragèrent, par de fortes gratifications, l'étude du *Persan moderne* et l'*Hindoustani*, appris dans les livres écrits en caractères Nagris. C'est pour parer à cet inconvénient que Anquetil du Perron proposa, vers 1779, de préparer en France des sujets destinés à servir d'interprètes, d'aides de langues, dans nos comptoirs de l'Hindoustan. Le commerce, les négociations avec les puissances et l'administration civile étaient les trois objets sur lesquels devait porter cet enseignement.

L'époque de la prise de possession par la nouvelle compagnie, fut fixée en 1787 à cause de l'éloignement et de quelques différents que souleva l'inter-

prétation du traité de paix. Cette compagnie fut
exemptée du droit d'indult (5 p. %) que payaient les
marchandises.

Les provenances de l'Inde étaient soumises, en outre, à un droit de traite de 24 livres par quintal, plus
10 sous pour livre de ce droit. Ces mêmes marchandises importées de l'étranger autrement que par des
navires nationaux, payaient par quintal un nouveau
droit de 25 livres et les 10 sous pour livre.

« La compagnie fut exemptée du second de
ces droits. Le roi s'engagea à l'indemniser de toutes
les pertes qui excéderaient 10 p. %. »

« Malgré tant de priviléges, elle fut loin de procurer à la France autant d'avantages que le commerce
libre dont on avait déjà fait l'essai. Elle exportait
beaucoup moins de marchandises manufacturières et
beaucoup plus de piastres. »

Cossigny, qui dirigea les affaires après Bussy, eut
à lutter contre le mauvais vouloir des Anglais et le
caractère aigri et devenu soupçonneux de Tippoo
mécontent de l'abandon de la France.

Mais Conway acheva de perdre cette alliance et nos
intérêts, en faisant arrêter de sa propre autorité les
personnes qui témoignaient le désir d'aller servir sous
les drapeaux de Mysore. Il agit de même à l'égard des
troupes que l'on envoya de plusieurs parties de l'Europe pour cet objet, tandis qu'il autorisa des officiers
anglais à enrôler de force un grand nombre de Français. Sa honteuse défection était déjà évidente pour
tous ; bientôt il acheva de se couvrir d'opprobre. En

1792, sous l'uniforme français, des Anglais vinrent enlever des magasins, les provisions qu'ils contenaient, sous prétexte de les envoyer à Tippoo-Saëb. Ils pouvaient ainsi affamer Pondichéry qui s'aperçut trop tard du larcin.

L'année suivante, nos établissements tombèrent encore une fois entre les mains des Anglais, dont la colossale puissance ne connut plus de rivale en Orient. Que devint le commerce particulier de nos ports pendant ces dernières années du siècle? La création malheureuse de la nouvelle compagnie obligea nos négociants à recourir à des pavillons étrangers, et Marseille particulièrement continua son commerce sous le pavillon italien. « Mais ce mode entretenait des frais considérables d'assurance, car le pavillon italien n'était pas, comme le français, respecté par les pirates. Il fallait aussi payer un droit de commission au négociant étranger qui prêtait son nom, plus un droit aux bureaux du souverain où se faisait l'expédition. Il fallait aussi que les navires fussent armés en guerre contre les pirates, et eussent un double équipage. Qu'on ajoute à ces pertes celles qui résultaient des retours forcés dans les ports de l'Italie, et l'on aura une idée de la richesse de ce commerce qui, malgré tant d'entraves procurait des bénéfices considérables.» (Julliany, Essai sur le commerce de Marseille.)

L'assemblée constituante supprima heureusement le privilége de la Compagnie (2 mai 1790) ; le commerce au delà du Cap redevint libre pour tous les Français.

D'après la tradition du royaume de Maduré et du Carnate, l'Évangile fut prêché dans ces contrées par St-Thomas ; et St-Jérôme assure que cet apôtre souffrit le martyre à Calamine. Mais c'est surtout au zèle et aux travaux de St-François-Xavier, que l'église dut de véritables conquêtes.

Avant d'examiner la part que prit la France à la propagation du christianisme dans l'Inde, pendant la période de temps que nous venons d'étudier, jetons un coup d'œil rapide sur les principaux obstacles que rencontrèrent nos missionnaires dans leur apostolat, et qu'ils ne parvinrent pas toujours à surmonter. Nous trouvons, en premier lieu, la tournure d'esprit des Indiens, fortement attachés à la religion pantheistique de leurs pères en opposition avec le monotheisme sémitique. Cette fidélité aux croyances anciennes était encore telle au xviiie siècle, que les serviteurs de l'évêque de Pondichéry n'étaient pas chrétiens. Les peuples orientaux, entourés d'une admirable création, vivant sous un soleil éclatant, se laissent aisément entraîner aux séductions des sens, et la magnificence de leurs pagodes, enrichies, depuis une série de siècles par les offrandes des souverains et des riches particuliers, contrastait trop avec la pauvreté des églises chrétiennes. L'Évangile, qui prêchait l'égalité, devait choquer naturellement les Choutter (1), dont les Parias ne s'approchaient qu'en

(1) Les adorateurs du Lingam (priape) et les prêtresses de la Vénus impudique, les Devadassi, étaient surtout les plus difficiles à amener à la religion chrétienne.

rampant et la main sur la bouche. Il fallut transiger dans les premiers temps avec ces préjugés inattaquables, et aussi forts que la nature. Il y eut des missionnaires pour les nobles (Choutter), d'autres pour les Parias, et dans les localités où ne se trouvait qu'un seul missionnaire, les Parias durent assister à des cérémonies de nuit ou se cacher dans un coin retiré et obscur de la chapelle.

D'autres causes contribuèrent encore à éloigner les Indiens du catholicisme, ce furent l'horreur de ces peuples pour la *salive*, dont ils ne prononcent le nom *itchi* qu'avec dégoût (1), les écarts de quelques missionnaires, les discussions déplorables qui surgirent au milieu d'ordres religieux trop nombreux et trop variés (2), enfin la conduite de plusieurs Européens, dont les mœurs dissolues contrastaient avec la morale du christianisme prêchée par les missionnaires. Les prêtres français, suivant le chanoine Perrin, eurent surtout à se plaindre de l'opposition qu'ils rencontrèrent souvent parmi les membres de l'autorité en proie à la fièvre d'irréligion, d'immoralité et de doute qui caractérisait cette époque (xviiie siècle).

Dans les commencements il n'y avait que des Jésuites portugais, mais bientôt la plupart des nations de l'Europe ayant formé des établissements com-

(1). Benoit XIV fut obligé de dispenser pendant 20 ans de la cérémonie de la salive dans le sacrement de baptême.

(2) On connaît assez l'affaire des rites Malabars sous Clément XIV et Grégoire XV.

merciaux dans l'Hindoustan, les missionnaires accoururent de tous les pays, et les Jésuites français se piquant d'émulation, vinrent associer leurs efforts et payer leur contingent de zèle.

Pendant le xviiie siècle, les missionnaires de l'Inde étaient de deux sortes : ceux qui exerçaient leur ministère dans les comptoirs Européens (à la côte de Malabar, les Carmes, les Capucins, les Cordeliers, sans parler des nombreux couvents de Goa ; à la côte de Coromandel, les Capucins, les Jésuites et les Augustins); quant à ceux qui se répandaient dans les terres, c'étaient d'abord les Jésuites aux deux côtes et dans le nord de l'Indoustan ; les Carmes à la côte de Malabar; les Capucins dans le Thibet.

Lorsque, après le bref de 1773, les Jésuites furent obligés de remettre leurs fonctions à des successeurs pris au hasard, il y eut quelques scandales, surtout de la part des aumôniers de vaisseaux, mais ils furent bientôt réprimés (1).

Dans la dernière moitié du siècle, la France envoya dans l'Inde, les pères des missions étrangères ; ils y trouvèrent un champ déjà fécondé par les Jésuites ; car depuis François-Xavier, tous les membres de

____

(1) Les religieux qui servaient d'aumôniers à bord des vaisseaux, hormis quelques rares exceptions, donnèrent lieu à des plaintes fréquentes. Aussi le ministre de la marine, de Sartines, fatigué de la conduite de ces religieux, avait formé le projet de confier ces fonctions à une congrégation séculière qui aurait répondu des sujets qu'elle aurait fournis et qui aurait pu les rappeler s'ils se fussent écartés du devoir. M. de Sartines avait choisi la congrégation du St-Esprit pour cet objet.

cette compagnie, envoyés dans la mission française de l'Hindoustan, avaient fait honneur au catholicisme par un zèle et un talent peu communs.

Pendant les guerres contre les Anglais, après la prise de Pondichéry (1778), Hyder-Aly compta jusqu'à 20,000 chrétiens à sa suite, parmi lesquels plusieurs milliers de femmes et de filles occupées à couper l'herbe pour les chevaux et à piler du riz. Ces femmes étaient, dit-on, les plus sages de l'armée.

Quelques couvents furent fondés pendant le cours de ce siècle, entr'autres celui des Carmelites, destiné à recueillir les jeunes veuves obligées de garder toute leur vie le célibat ; on vit aussi s'élever sous la direction des Jésuites plusieurs filatures de coton où une jeunesse nombreuse travaillait en s'instruisant des vérités de l'Évangile. Une particularité digne d'être notée, c'est que les missionnaires firent longtemps fonctions de *Juges-correctionnels*. Un des prêtres les plus distingués du temps, a écrit à ce sujet. « Je m'abstins pendant plusieurs années de remplir cet emploi odieux, je disputai le terrain ; mais enfin je fus obligé de céder et je demeurai convaincu que la morale se prêchait aux Indiens d'une manière plus efficace par la main qu'avec la langue et des phrases ». Je laisse mes lecteurs juges de la force de ces arguments de conversion. Mais ce qui arrivait souvent à cette époque, c'est que le missionnaire était délégué par le nabab pour punir les fautes de ses disciples ; son pouvoir au reste se bornait à la simple bastonnade.

Quant aux fêtes religieuses des chrétiens dans nos

colonies, elles avaient lieu cinq ou six fois par an, et chacune durant neuf jours, soit à Pondichéry, soit dans les aldées voisines. La cérémonie de la fête des Rois ou Épiphanie se célébrait surtout à Pondichéry avec une pompe extraordinaire. — L'acte principal de ces solennités était une procession aux flambeaux qui se formait chaque nuit et durait quelquefois jusqu'aux premières lueurs de l'aurore. Toute l'Inde y accourait et on y voyait autant de sectateurs de Brahma que de chrétiens. On y chantait, on y dansait, et on rentrait chez-soi excédé de fatigue ; peu importait : point de fêtes sans processions et point de chrétien à prétentions qui ne voulut faire les frais d'une ou de plusieurs, afin de faire parler de lui. La croix et le clergé n'étaient pas ce qui brillait le plus dans ces fêtes religieuses, c'étaient surtout les *ters* ou pavillons de bois peints et dorés dans lesquels étaient placées les statues des Saints-patrons que les fidèles avaient choisis. Aux processions particulières, on ne portait que le *ter* du Saint dont on célébrait la fête ; mais dans les grandes cérémonies, tous les *ters* étaient en marche suivant un certain rang établi par la dévotion des processionnaires.

La plupart des curés des établissements européens ne savaient guère que le portugais ; les pères Jésuites employés aux missions furent les seuls qui travaillèrent solidement à l'étude des langues et des sciences de l'Inde. Les R. P. Nobili, Beski, Martin, Calmette de la Lane, Pons, le Caron, Bouchet, composèrent des ouvrages remarquables. Mais plus tard cette émulation s'appaisa et les missionnaires, aidés de quelques catéchistes indiens, se contentèrent d'un jargon formé de portugais, de malabare et de bengali. Quelques-uns pourtant se rendirent très habiles dans les langues indiennes et orientales ; Le P. Coueurdoux dans la langue malabare , et l'Allemand Tieffenthaler dans le persan, à **Mysore**, à **Agra** et à **Oude**. Les difficultés éprouvées par les missionnaires à s'initier aux lettres et aux sciences orientales , sont dues évidemment à la multitude des fonctions du ministère évangélique , à leur âge déjà trop mûr pour la culture des langues, à leur vie agitée, à leurs voyages. L'éloignement systématique où ils se tinrent longtemps des Brahmanes et des savants Indiens, joint aux querelles de religion et autres entre les missionnaires eux-mêmes, doivent encore être ajoutées aux causes de la pénurie de leurs travaux.

Nous avons dit précédemment que les missionnaires étaient souvent délégués par les **Rayahs** pour rendre la justice à leurs disciples. Dans les établissements de la côte, les Français venus seulement pour des affaires commerciales n'avaient presque de biens fonds qu'en maisons. Les discussions en matière de commerce étaient jugées par le greffier du comptoir, le second du poste , ou portées au conseil. Les affaires criminelles étaient soumises au conseil civil ou au conseil de guerre suivant la nature du délit et l'état du coupable. Tout s'expédiait sans frais et promptement, le conseiller payé par l'état jugeait sans *épices*, comme le médecin appointé par le gouvernement guérissait sans honoraires. Pendant presque tout le xviiie siècle les colonies furent affranchies des procureurs et des avocats.

Que serait devenue l'Inde sans une administration française.

Le plan de cet ouvrage nous impose l'obligation de ne point franchir le seuil du xixe siècle ; cependant, en présence des graves événements qui, dans ces dernières années, sont venus mettre en question la suprématie de l'Angleterre et sa domination sur le monde indien, nous nous sommes posé la question suivante : *que serait devenue l'Inde sous une administration française ?*

Le génie et le caractère du peuple français n'auraient-ils abouti, après un demi-siècle d'autorité absolue, qu'à faire éclater chez les vaincus cette haine terrible et sauvage que les peuples de l'Hindoustan ont cherché à éteindre dans des flots de sang? Nous avons de la peine à le croire, en considérant ce qui s'est passé dans divers autres pays, pendant une occupation temporaire ou prolongée.

Tant que la puissance britannique se vit dominée par l'influence de Dupleix, ou tenue en échec par les victoires de Suffren et de Hyder-Ali, elle comprit la nécessité de se concilier la sympathie du peuple indien. Ce n'était que par ce moyen que les Anglais pouvaient espérer de soutenir, sans trop de désavantage, les luttes dans lesquelles ils se trouvaient engagés contre Mysore et la France. Ils dépendaient alors complètement des indigènes pour l'alimentation de leurs armées ; c'était à eux qu'ils avaient recours pour la perception de leurs revenus. Instruits par

l’exemple et les succès de Dupleix , des avantages
que l’on pouvait retirer en se mêlant à ces intrigues
quotidiennes qui constituaient la politique des princes asiatiques , ils s’immiscèrent dans toutes leurs
querelles.

Pendant les trente premières années de ce siècle,
vainqueurs et vaincus se plaisaient aux mêmes fêtes,
aux mêmes amusements : combats de coqs, courses de
chevaux, etc. Les officiers anglais, plus familiers avec
leurs subordonnés, se rendaient volontiers aux réu-
nions des familles indiennes, où ils étaient accueillis
avec respect et sympathie. Bien plus, les résidents
avaient jugé à propos de faire une large part aux naturels dans l’administration de leur pays, et à cette
époque un soldat anglais ne refusait point de reconnaître pour son supérieur un officier indigène.

Jusque là, les vainqueurs semblaient imiter en
grande partie la conduite des musulmans qui avaient
conquis ces belles contrées et s’y étaient maintenus
pendant si longtemps en s’identifiant à la population. Le manque de femmes et l’éloignement de la
métropole conduisirent même plusieurs Anglais à
établir des relations sociales et à prendre un peu les
mœurs et les habitudes du pays. L’on eut alors
le type du nabab des premiers temps de la conquête.
Les plus nobles familles s’allièrent avec des officiers ou des fonctionnaires qui ne les dédaignaient
point.

Si, comme on le voit, le peuple anglais, malgré
son caractère froid et peu liant, était parvenu à établir

des relations aussi sympathiques avec un peuple dont il différait tant par le costume, les mœurs, la langue la religion, la couleur de la peau, etc. ; qui ne prévoit les progrès que nous aurions pu faire à notre tour dans le même pays ? En Algérie, la gravité naturelle de l'Arabe se serait peut-être façonnée à la morgue froide et compassée de nos voisins d'outre-Manche, mais le naturel indien se serait bien mieux accommodé du caractère jovial et communicatif de nos compatriotes toujours disposés à s'identifier avec le caractère de ceux qui les entourent.

N'a-t-on pas vu, en 1798, nos soldats français de l'armée d'Égypte assister et manifester un grand plaisir aux fêtes des Musulmans, sur les bords du Nil et dans les mosquées ; laisser la justice aux cadis, établir un divan composé des principaux scheiks pour l'administration intérieure qu'on avait l'air de leur confier. Ne se souvient-on pas des égards que nous avions pour les peuples soumis à nos armes, et des habitudes bien vite adoptées et capables de flatter les populations diverses.

Notre conquête de l'Algérie, nonobstant quelques marabouts, toujours écoutés par un peuple fanatique et sauvage, n'est-elle pas plutôt le résultat de notre sage administration et du caractère facile de nos nationaux que des combats qu'ils y ont livrés ? Tout en respectant les mœurs de l'Arabe africain, le soldat français a appris sa langue, et de nos jours une génération entière s'est élevée dans l'une et l'autre race, en partageant paisiblement les mêmes travaux, les mêmes plaisirs, et, dans une circonstance remarquable, en combattant avec ardeur sous le même drapeau (1).

Le changement dans la conduite des Anglais vis-à-vis des Indiens fut bien marqué, dès que les premiers crurent leur autorité établie sur des bases solides. Cornwalis, en 1793, exclut les indigènes de tous les emplois, à l'exception de ceux que les Anglais ne voulaient point occuper.

Cette décision creusa un abîme entre les deux races. Tandis que dans notre belle colonie algérienne, nous sommes revenus après quelques tâtonnements inévitables, à l'établissement de tribunaux arabes, pour les contestations intestines; que le principe de l'égalité politique et l'admissibilité aux fonctions publiques a été conservé dans toute son intégrité. Les Anglais (depuis le commencement du siècle) ont traité les Indiens avec une insolence, un mépris et une hauteur qui n'ont point d'exemple.

Dans les grandes villes, le tribunal de police pouvait encore protéger les vaincus contre les mauvais traitements infligés par les vainqueurs; mais dans les localités éloignées, la rigueur du conquérant, qui n'admet pas une égalité possible entre lui et l'hindou, était à peine tempérée par cette protection que l'on témoigne à des animaux domestiques.

Tandis que nous formons volontiers des établis-

(1) A la bataille d'Inkerman, à Magenta, les bataillons de chasseurs indigènes Algériens, commandés par des officiers français se firent remarquer par leur intrépidité comme par leur soumission à la discipline.

sements durables pour nos familles, dans nos colonies, les Anglais n'ont vu dans leur séjour dans l'Inde, qu'un temps d'exil nécessaire à l'acquisition d'une fortune considérable et n'ont songé qu'à introduire dans ce pays le confort du luxe européen. Les jeunes miss anglaises redoutant moins de s'expatrier, les alliances entre les deux races sont devenues de plus en plus rares, et bientôt les liens de sympathie ont disparu pour faire place à cette haine vigoureuse que nous avons vue se préparer par une foule d'actes souvent inhumains, et qui a fait éclore, enfin, une insurrection effrayante, mais prévue (1).

Nous avions su, dans l'Inde, nous attirer l'affection et l'admiration d'Hyder-Ali, de Tippoo-Saëb et de tous les peuples du Coromandel par notre courage et notre loyauté. Il est probable que nous n'aurions jamais eu à déplorer les conséquences d'un éloignement prononcé entre la race soumise et la race dominante. L'*aman* des Français est sacré, leur justice impartiale et incorruptible ; les peuples les plus étrangers à toute civilisation finissent par avoir confiance en lui. Le fonctionnaire anglais à tant d'occupations, il est entouré de tant de subordonnés, que ses administrés ne peuvent arriver jusqu'à lui qu'en donnant des *boxis* ou cadeaux à ceux qui l'entourent.

Les chefs de nos bureaux arabes vont planter leurs

(1) Sur son rocher de St-Hélène, Napoléon, tournant ses regards vers l'Inde, à dit souvent à ceux qui l'avaient suivi dans son exil : qu'il ne faudrait qu'une étincelle pour allumer un vaste incendie dans ces belles possessions Anglaises.

tentes à l'ombre d'un bois épais, et là ils s'entre-
tiennent gravement avec les scheiks et même avec le
premier bédouin qui a une requête à présenter :
tandis que le fonctionnaire anglais, qui ne doit être
jugé dans ses actes que par des paperasses et des
chiffres laborieusement entassés, laisse souvent com-
mettre, contre son gré, des dénis de justice, et permet
à son entourage de s'enrichir aux dépens des malheureux qu'il dépouille. De là la misère, la haine
et la révolte du peuple indien qu'il sera impossible de
courber complètement sous le joug, car son désespoir
est favorisé par un climat brûlant et par des maladies
qui dévorent des armées presque impuissantes.

La politique d'annexion, préconisée et mise en pra-
tique par Clive et lord Dalhousie, n'a produit que des
résultats désastreux. On a confié le gouvernement de
plusieurs centaines de mille âmes à des jeunes gens
fraîchement sortis des écoles et laissés, sans contrôle,
à toute la fougue de leurs passions et aux fantaisies
de leurs volontés.

Nul doute pour nous qu'une administration française ne se fut bientôt conciliée l'affection des Indiens.
Ne pouvant contenir par des troupes européennes
cette étendue considérable de pays, elle aurait conservé le pouvoir à un certain nombre de princes indigènes ; couvert les religions et les coutumes de ces
peuples intelligents d'une protection efficace ; secondé
leur aptitude merveilleuse pour les sciences et partagé
avec eux les fonctions publiques, en les appelant à
tous les emplois, dans la mesure de leurs facultés.

Telles auraient été les destinées de l'Hindoustan,
si les glorieux faits d'armes du bailli de Suffren avaient
eu leurs résultats mérités et leurs justes conséquences.

FIN.

PIÈCES A L'APPUI.

PIÈCES A L'APPUI.

I.

Suffren (ancienne maison de Lucques.)

Hugon de Suffren vint s'établir en Provence dans le XIVme siècle, lors des troubles de cette république. Cette maison a fourni trois branches ; il y en a une établie dans les pays étrangers, et les deux autres en Provence. Elles ont pour auteur commun :

Antoine de Suffren, chevalier, seigneur d'Aubes et de Moulèges, marié en 1571, à Louise de Châteauneuf, fille de Laurent de Châteauneuf, chevalier, et de Blanche de Simiane ;

Laurent de Suffren, fils de Joseph et de Marguerite de Montplaisir, marié en 1748, à Marguerite de Régis-Fuveau, fille de Louis, chevalier, et de Louise Jujardy, a pour enfants ; — 1° Palamède de Suffren, officier de marine, 2° Louis, admis pour être comte du noble chapitre de Saint-Victor-lès-Marseille ; — 3° Emmanuel, encore jeune, aspirant pour être garde de la marine ; 4° — Félicité Perpétue, mariée le 27 mars 1776, à Charles-François de Rians ; — 5° et 6° Appollonie et Colombe, non encore mariées.

De l'autre branche était Jean-Baptiste de Suffren, marquis de Saint-Tropez et de Saint-Cannat, baron de la Molle, seigneur de Richebois, qui épousa Geneviève de Castellane, fille du marquis de Castellane-Saint-Jeurs, seigneur du Golphe de Grimaud, maréchal des camps et armées du roi, et de dame Marguerite de Sabin Janson, dont il a eu : — 1° Paul, qui suit ; — 2° et 3° Louis et François, chevaliers de Malte, capitaines dans Royal-Comtois ; tués l'un et l'autre au siège de Douai ; — 4° et Madeleine de Suffren, mariée à Jean-Baptiste, marquis de Castellane-Esparon.

Paul de Suffren, premier procureur du pays de Provence en 1725, et procureur-joint de la noblesse en 1749, a épousé, le 3 septembre 1755, Hiéronime de Bruny, fille de Jean-Baptiste de Bruny, seigneur de Châteaubrun, et de dame Elisabeth de Chataignier.

Leurs enfants sont : — 1° Joseph-Jean-Baptiste, qui suit ; — 2° Louis-Jérôme, évêque de Sisteron ; — 3° Pierre-André, commandeur de Saint-Christol, capitaine des vaisseaux du roi ; — 4° Paul, chevalier de Malte, capitaine des vaisseaux de la Religion ; — 5° et 6° deux filles mariées, l'une à N... d'Arnaud, baron de Vitrole, et la seconde au marquis de Pierrevert ;

Joseph-Jean-Baptiste de Suffren, marquis de Saint-Tropez, mestre de camp-cavalerie, a épousé, le 21 février 1744, Louise-Pulchérie-Gabrielle de Goesbriant, fille du comte de Goesbriant, maréchal-de-camp, gouverneur du château du Taureau, et de Marie-Rosalie de Châtillon, dont : — 1° Pierre-Marie de Suffren, comte de Saint-Tropez, gouverneur de la ville et citadelle de Saint-Tropez, capitaine dans le régiment Royal-Lorraine ; — 2° Louis-Victor, chevalier de Malte, officier du régiment

Royal-Cravate ; — 3° Olympe-Emilie, mariée à Louis-Charles de la Baume, comte de Suze.

Les armes d'azur, au sautoir d'argent, cantonné de quatre mufles de léopards d'or.

« *Dictionnaire de la noblesse.*—De la Chenaye-Desbois.»

II.

Copie littérale de l'acte de naissance du bailli de Suffren ; extrait des registres de Saint-Cannat.

L'an mil sept cent vingt-neuf et le 17 juillet, est nai noble Pierre–André de Suffren, fils de noble Paul de Suffren, chevalier, seigneur de Saint-Tropez, de Riche-Boislamole, marquis de ce lieu de Saint-Cannat; et autres places, et de dame Marie-Hiéromée de Bruni-de-Suffren, dame de ce d. lieu de Saint–Cannat, mariés, et esté ondoyé dans le château de cedit lieu, ensuite de la permission de M. S^r le grand vicaire de Marseille, ensuite de la permission le susdit jour, et les cérémonies du baptéme ont esté supplées dans l'église parroissiale de ce d. lieu, le vingt-sept du susdi mois, par moy de Saint-Chamas, curé soussigné. Le perrin a esté noble Pierre–André Le Blanc, ancien capitaine de cavalerie de la ville d'Aix, et la merrine dame Thérèse Destienne de Villemus, épouse de M. de Saint-Pons, conseiller à la Cour des comptes de la d. ville d'Aix. Le père, le perrin et la merrine ont signé.

« Le Blanc, Villemus de Saint-Pons, Suffren Saint-Tropez, de Saint-Chamas, curé. »

III.

Ordre donné par M. le comte d'Estaing à M. le chevalier de Suffren.

M. le chevalier de Suffren appareillera le plus tôt qu'il lui sera possible, avec les vaisseaux l'*Artésien* et la *Provence* et avec les frégates la *Fortunée*, la *Blanche* et la *Chimère*, pour aller mouiller devant l'embouchure de Savanah, à la distance de terre qui lui sera indiquée par les pilotes pratiques. Il tâchera, par le relèvement de son mouillage, de bloquer dès actuellement tous les bâtiments anglais qui sont dans la rivière de Cok-pur ; il mouillera aussi près de terre qu'il pourra le faire sans danger, et il fera mouiller les frégates plus près de terre que les vaisseaux. L'objet du moment est d'empêcher de sortir. Lorsque l'escadre sera réunie, on pourra faire rapprocher du lieu de la descente les vaisseaux et les frégates, qui serviront alors à déposer des troupes. Il sera utile de s'assurer promptement du fond et de constater, par des sondes réitérées, les connaissances, toujours très-douteuses, des pilotes américains. Toute l'escadre suivra au moment même que le gouvernail du *Réfléchi* permettra de le faire. J'espère que ce sera aujourd'hui.

A bord du *Languedoc*, le 7 septembre 1779.

Signé : ESTAING.

IV.

Lettre du Ministre de la Marine, adressée au commandant de Brest.

A Versailles, le 31 juillet 1784.

Le roi, en prononçant, Monsieur, sur les grâces méritées par les officiers qui ont bien servi dans l'escadre de l'Inde, sous les ordres de M. le bailli de Suffren, a pro-

noncé aussi sur le sort de ceux qui se sont mal conduits ;
il y en a six de votre département :

Sa Majesté a cassé M. le chevalier de Cillart, capitaine
de vaisseau, commandant le *Sévère*, qui, au combat du 6
juillet, devant Négapatnam, avait amené le pavillon ;

Elle a fait expédier la permission de retraite, ci-jointe,
à M. de la Landelle-Roscanvre, capitaine de vaisseau, qui
a demandé à quitter son commandement après l'affaire de
Trinquemalay ;

Elle a donné la retraite, avec 600 fr. de pension sur le
trésor royal, au sieur Tréhouret de Pennelé, lieutenant
de vaisseau, qui, ayant obtenu le commandement du
Bizarre, l'a perdu à la côte de Coromandel par son incapacité; vous lui remettrez sa permission de se retirer que
je joins ici ;

Elle a aussi donné la retraite, avec 800 fr. de pension
sur le trésor royal, au sieur de la Boixière, lieutenant de
vaisseau, qui était en second sur l'*Artésien* au combat
de la Praya ;

Enfin, elle n'a pu conserver au service, le sieur de la
Pallière, enseigne de vaisseau, qui, se trouvant de quart
sur l'*Orient*, et son père étant attaqué de la goutte, a
perdu ce vaisseau sur une roche, par son entêtement et
son ignorance ; sa permission de retraite est ci-jointe ;

Un autre vaisseau qui, n'était pas sous les ordres de
M. le bailly de Suffren, a été perdu par la désobéissance
et la faute très-grave du sieur L'Héritier, lieutenant de
frégate, embarqué sur le *Sérapis*. Ce vaisseau, se trouvant en relâche à Madagascar, le sieur Roché, qui commandait, ordonna un transversement d'eaux-de-vie et
enjoignit, en même temps, que les lumières fussent tenues
soigneusement dans les fanaux, pendant cette opération.
Le sieur L'Héritier, qui commandait dans la cale, fit
sortir les lumières des fanaux, malgré les représentations
de ceux qui y étaient, le feu prit aux eaux-de-vie et brûla

le vaisseau. Ces faits sont constatés par un procès-verbal,
et Sa Majesté a cassé le sieur L'Héritier pour sa désobéissance et le mal qu'elle a causé. J'envoie l'ordre, expédié
pour cet effet à M. Thévenard, commandant à Lorient, où
le sieur L'Héritier se trouve.

J'ai l'honneur d'être, etc.

Le Maréchal De CASTRIES.

V.

Mémoire sur la nécessité de doubler en cuivre les vaisseaux du Roi.

Depuis que les Anglais ont doublé en cuivre quantité
de vaisseaux et qu'ils continuent à les doubler avec tant
d'activité qu'ils le seront tous dans peu, l'opération de
doubler les nôtres ne doit point être regardée simplement
comme avantageuse ; elle est d'une nécessité absolue.
Sans cela, lorsqu'ils seront les plus forts, ils seront sûrs
de joindre ; et, lorsqu'ils seront faibles, de nous éviter.
Leurs armements seront plus prompts, leurs vaisseaux
pourront être plus longtemps aux îles ; nous ne pourrons occuper aucune croisière avec avantage, tandis
qu'eux, même avec des forces inférieures, désoleront
notre commerce. On voit dans les relations de l'amiral
Rodney avec quelle confiance il envoie trois vaisseaux
dans la Méditerranée ; avec quelle témérité il en a fait
croiser devant le Fort-Royal où nous en avions vingt-cinq.
Sans les vaisseaux doublés, vu l'approche de la nuit et le
mauvais temps, l'*Angara* aurait pu échapper, le *Prothé*,
doublé n'aurait pas été pris. Ces réflexions, qu'il est impossible à un marin de ne pas faire, m'ont affecté sensi-
blement en voyant échapper l'escorte du convoi que

l'armée combinée vient de prendre. Si le *Zélé* eut été doublé, il aurait joint et attaqué le *Ramilies*. Dans ma croisière précédente, j'aurais pris cinq corsaires que j'ai chassés, et un convoi très-riche, allant · de Londres à Lisbonne, que j'ai manqué, pour avoir chassé seize heures un corsaire, qui m'a éloigné de vingt-cinq lieues de ma croisière que j'avais établie du cap de la Roque aux Barlingues. Enfin, l'audace avec laquelle le commodore Johnston croise, avec un cinquante canons et quelques frégates, entouré de cinquante vaisseaux de guerre, est une bien forte preuve de ce que je viens d'avancer.

Il paraît, par les efforts qu'on a fait, pour doubler plusieurs frégates et quelques vaisseaux, qu'on a senti l'importance de cette opération; ainsi, on ne s'occupera dans ce mémoire que des moyens de doubler promptement tous, ou presque tous les vaisseaux du Roi,

Il ne peut y avoir que deux obstacles : 1° le manque d'argent; 2 le manque de matière ouvrée, et peut-être même non ouvrée.

Quand au premier, l'importance de la chose doit l'emporter sur toute autre considération. Si on ne peut augmenter les fonds pour cet objet, qui serait de 7 à 8 millions, il vaudrait encore mieux diminuer les armements, suspendre les constructions, laisser les paiements en arrière. Mais un meilleur moyen , et infiniment plus avantageux, est un emprunt dont on assignerait l'intérêt et l'amortissement sur le tiers réservé à la caisse des Invalides, des prises faites par les vaisseaux doublés et à la paix, sur les fonds de la marine. En faisant croiser sur les côtes d'Angleterre, on ferait des prises immenses, et les corsaires seraient bientôt détruits.

Pour accélérer ce travail, dont la nécéssité n'est que trop démontrée, il faut travailler dans les trois grands ports, et en même temps au port-Louis et à Marseille, où l'on peut envoyer les frégates et les corvettes. Il faut, en conséquence, destiner les vaisseaux et autres bâtiments pour chacun des ports où l'on aura la matière et les ouvriers. Voici les moyens qu'on emploiera à Toulon : il y a en Provence deux ou trois martinets à raffiner et à laminer le cuivre, qui ne travaillent que peu, le Roi les prendrait et les donnerait à des entrepreneurs pour y faire travailler avec célérité et multiplier les fonderies, marteaux, engins, etc.

On emploiera à cet usage la forge qui est à Ardennes, près de Toulon. On pourra établir aisémment d'autres martinets sur la petite rivière de Gapeau, qui n'est qu'à trois lieues de Toulon, et sur l'Huveaune, qui est près de Marseille. Quand au cuivre, on peut en tirer de toutes les places de commerce, Gênes, Livourne, Naples, Venise, qui en tirent des mines du Frioul, Constantinople, où il y en a immensément, Smyrne, etc.

Il y a des mines de cuivre en Vivarais et en Auvergne, il n'y manque pas de positions pour y établir des martinets, supposé qu'il n'y en eût pas; et, par la Loire, on ferait passer aisément les matières ouvrées à Nantes, et de là à Brest. Les mines du Bigorre peuvent fournir le port de Rochefort.

Si l'on trouve qu'il soit plus expédient de faire venir du cuivre ouvré de Hollande, il faut se servir des frégates doublées et armées en flûte; qui, n'ayant d'autre mission et marchant bien, éviteraient les croiseurs ennemis. On doit observer qu'il n'y a point d'endroits dans le royaume d'où l'on ne puisse faire transporter dans un des trois grands ports pour 15 francs par quintal; la matière étant chère par elle-même, les frais de voiture deviennent un petit objet.

On trouvera aisément au contrôle général l'état des mines du royaume, des engins, etc.; elles ne peuvent fournir toutes les places de commerce : le Levant, l'Allemagne en peuvent fournir plus ou moins.

On ne doit rien négliger pour engager nos alliés à faire de même ; ils marchent si mal en général, qu'il est vraiment impossible de faire la guerre avec eux avec quelque espérance de succès. Dans ce moment nous sommes vingt-sept vaisseaux ; si l'amiral anglais , qui en a trente-six , venait dans ces mers , il conviendrait de manœuvrer de façon à éviter le combat; tâcher de le réduire à une canonnade et profiter de la première circonstance favorable pour se retirer avec honneur. Cela ne serait pas impossible si la marche des deux armées était à peu près égale ; mais, dans le cas présent, presque tous les vaisseaux anglais étant doublés en cuivre, plusieurs de notre armée, carénés depuis deux ou trois ans , nous serions joints de très-près, et les anglais , étant forts supérieurs en nombre et en forces, notre armée courrait les plus grands risques. Jugez si l'objet mérite considération et s'il était mis sous les yeux du conseil du Roi , pourrait-il y avoir deux avis ? Je sens que j'en dis trop ; mais, l'importance majeure d'une opération qui peut accélérer la paix, la faire faire glorieuse , mérite votre indulgence , et je finis , crainte d'en abuser.

VI.

État des vaisseaux de l'escadre de M. de Suffren , à son départ de l'Ile-de-France , le 7 décembre 1781, et avec laquelle il a livré trois combats.

Le *Héros,* de 74 canons, vaisseau neuf, construit à Brest (1799).

L'*Annibal,* de 74 canons, vaisseau neuf, construit à Brest (1799).

L'*Orient,* de 74 canons, vieux vaisseau , construit à Lorient en 1756, faisait partie de l'escadre de M. de Conflans, se perdit près de Trinquemalay.

Le *Sphinx*, de 64 canons, vieux vaisseau, construit à Brest en 1753, faisait partie de l'escadre de M. de Conflans, se perdit près de Trinquemalay.

Le *Vengeur*, de 64 canons, vieux vaisseau, construit à Lorient en 1756, refondu en 1778, condamné à Bourbon en mars 1784, malgré un radoub complet en 1783, à Trin-malay, et un nouveau à l'Ile de France; il était arqué de 36 pouces.

Le *Bizarre*, de 64 canons, vieux vaisseau, construit à Brest en 1750, fit les campagnes de 1755 et 1757, sous Dubois de la Mothe, refondu en 1779, se perdit à Goude-loure.

Le *Flamand*, de 50 canons, vieux vaisseau, construit à Rochefort en 1764, était dans l'Inde depuis 1777.

Le *Brillant*, de 64 canons, vieux vaisseau, construit à Brest en 1759, était dans l'Inde depuis 1776.

L'*Artésien*, de 64 canons, vieux vaisseau, construit à Lorient en 1763.

L'*Ajax*, de 64 canons, vieux vaisseau, construit à Lorient en 1768; il était parti armé en flûte.

Le *Sévère*, de 64 canons, vieux vaisseau, construit à Lorient en 1703; il était parti armé en flûte. M. de Cillard, dans son rapport au Ministre, dit que ce vaisseau n'était qu'un bâtiment de commerce nullement disposé pour faire la guerre, en un mot, un mauvais navire.

VAISSEAUX QUI ONT REJOINT SUFFREN, LE 21 AOUT 1782.

(Ils assistaient au 4ᵐᵉ combat livré par l'escadre.)

L'*Illustre*, de 74 canons, vaisseau neuf, construit en 1779.

Le *Saint-Michel*, de 60 canons, vieux vaisseau, cons-truit à Brest en 1739, refondu en 1763.

VAISSEAUX QUI ONT REJOINT SUFFREN, LE 9 MARS 1783,

(Ils assistaient au 5me et glorieux combat livré par l'escadre devant Goudeloure.)

Le *Fendant*, de 74 canons, vaisseau neuf, construit à Rochefort en 1776.

L'*Argonaute,* de 74 canons, vaisseau neuf, construit en 1779.

Le *Hardi*, de 64 canons, vieux vaisseau, construit à Rochefort en 1750.

L'*Alexandre*, qui fut condamné et brûlé à l'Ile de France avant d'avoir rejoint Suffren.

Le *Fier*, de 50 canons, vieux vaisseau, construit à Toulon en 1745, faisait partie de l'escadre de M. de la Clue, en 1759.

VII.

Extrait du journal de Trublet.

On s'étonnera, peut-être de voir un officier quitter le commandement d'un vaisseau de guerre pour prendre celui d'une simple frégate ; mais on observera que, communément la destination d'un vaisseau, pendant le combat, se borne à se tenir immobile dans sa ligne, exactement au poste qui lui est fixé, et à suivre avec attention les manœuvres générales ; rarement lui en prescrit-on de particulières. La bravoure et la bonne volonté sont les principales qualités qui doivent être communes à tous les deux ; celui qui commande une frégate doit réunir bien d'autres qualités. En escadre, il est, en quelque sorte, l'œil du général ; c'est lui qui l'éclaire, souvent qui le guide ; c'est à lui qu'est confiée la garde et la conduite du convoi détaché ; il doit joindre à l'activité et à l'intelligence dans ses missions, la vigilance dans la

croisière, la connaissance la plus parfaite de la manœuvre,
l'habileté dans l'exécution, la bravoure, le sang-froid
dans l'attaque, l'adresse à éviter le combat contre un ennemi supérieur. Toutes ces qualités étaient bien reconnues dans M. de Beaulieu etc.

VIII.

État des morts et des blessés sur les vaisseaux, après le combat du 3 septembre.

Vaisseaux.	Commandants.	Tués.	Blessés.
Le *Héros*	Suffren	30	72
L'*Illustre*	Bruyère.	24	82
L'*Ajax*.	Beaumont. . . .	10	24
L'*Artésien*	Saint-Félix . . .	4	12
Le *Vengeur* . . .	Cuverville. . . .	1	20
Le *Brillant* . . .	De Kersauson. .	5	8
Le *Bizarre* . . .	De la Landelle .	2	16
La *Consolante*. .	De Péan.	3	8
Le *Flamand*. . .	De Salvert. . . .	1	13
Le *Saint-Michel*.	D'Aymar	2	»
L'*Annibal*	Tromelin	»	»
Le *Sphinx* . . .	De Chilleau . . .	»	»
Le *Sévère*	De Langle. . . .	»	»
L'*Orient*.	De la Pallière . .	»	»
Le *Petit-Annibal*	De Galles	»	»
	En tout . . .	82	235

(*Archives de la Marine.*)

L'amiral Hughes, dans son rapport du 30 septembre,
n'accusait que cinquante-un tués et deux cent quatre-vingt-cinq blessés.

IX.

Lettre de M. de Piveron de Morlát à M. Suffren.

Monsieur le général,

A l'instant même je reçois une lettre du 23 septembre dernier, de M. de Montigny, qui me marque qu'on peut être tranquille sur les dispositions actuelles de la cour de Poonah ; qu'il n'y a ni trève, ni paix entre elle et les Anglais; que Manafermis (c'était le premier ministre du Peshova) l'en assure chaque fois qu'il traite avec lui des intérêts de la nation ; mais que cependant il ne répond des dispositions de cette cour que pour le moment, et qu'elles seront *soumises dans la suite au développement des évènements* lors de l'arrivée de M. le marquis de Bussy.

X.

Edward Hughes, amiral de l'escadre de Sa Majesté Britannique, à M. le Bailli de Suffren, chevalier grand-croix de l'ordre de Saint-Jean-de-Jérusalem, amiral et commandant les forces navales de S. M. très-chrétienne, dans les Indes.

Madras, le 25 juin 1783.

Monsieur, à mon arrivée dans cette rade avec l'escadre de S. M. Britannique, qui est sous mes ordres, j'ai reçu des instructions authentiques, par lesquelles il me paraît certain que les articles préliminaires de la paix entre la Grande Bretagne, la France et l'Espagne, ainsi qu'avec les Américains, ont été signés par les ministres plénipotentiaires à Versailles, le 20 janvier, et ratifiés en France le 9 février suivant. Je prends donc la liberté de vous adresser cet avis qui doit nous porter à faire cesser toute hostilité entre les sujets de la Grande Bretagne et de la France, à commencer au 9 juillet. Je suis persuadé que votre Excellence rendra justice à mon caractère d'officier qui a toujours conservé dans son cœur les principes d'humanité, et qui vous manifeste sa résolution actuelle. En conséquence, il ne me reste qu'à prier votre Excellence, après avoir réfléchi sur mon paquet, de me mander franchement, et le plus tôt possible, si elle veut continuer de dévaster ces mers ; sur quoi, j'attends une réponse claire et décisive.

Le sieur Goiverd, capitaine de la *Médée*, frégate de S. M. Britannique, aura l'honneur de vous remettre mon paquet, sous l'auspice du pavillon de vérité ; en cas qu'il ne vous rencontre pas, il est chargé de le remettre à M. le marquis de Bussy, pour vous le faire tenir, parce qu'il est de notre devoir, comme officiers de nos souverains respectifs, de faire cesser toute hostilité. J'espère trouver un ami dans votre Excellence, et j'ai l'honneur d'être, avec le plus profond respect, Monsieur, votre très-humble et très-obéissant serviteur.

V. HUGHES.

XI.

Lettre de M. de Suffren à M. de Bolle, sur le combat du 3 septembre 1782.

J'ai reçu, Monsieur, les lettres que vous m'avez fait l'honneur de m'écrire par le *Convoi* et par le *Columbo*. J'accepte avec plaisir l'honneur que vous voulez bien me faire de faire baptiser votre enfant ; vous n'avez qu'à choisir la commère, même les noms, si vous ne voulez pas

donner les miens. Je vous envoie la lettre pour le ministre ; je désire qu'il y ait égard. Il y aurait une place
qui vous aurait bien convenu, c'eût été d'être auprès de
M. de Bussy, pour l'éclairer sur les objets de marine;
mais ce qui m'a empêché de le proposer, c'est la crainte
que les gens qui l'entourent ne vous eussent donné des
désagréments qui auraient retombé sur moi.

Je vous suis bien obligé de ce que vous me dites du
combat du 3 septembre ; la seule ressemblance qu'a cette
affaire avec celle du 17 février, c'est qu'on ne s'est pas
plus soucié de se battre à l'une qu'à l'autre. Voici le fait :
c'est que depuis six heures jusqu'à trois, on n'a pu se
mettre en ligne. Enfin, à cette heure là étant venu à bout
de faire passer de l'avant les charrettes telles que le *Sévère*
et le *Brillant*, la ligne passablement formée à grande
portée du canon anglais, je fis signal d'arriver et tirai un
coup de canon pour le faire remarquer ; le feu partit des
deux lignes. Comme je ne voulais commencer que de
très-près, pour réparer cette erreur, je pris le vent, fis
cesser le feu et fis sur le champ signal de s'approcher à
portée de pistolet, et j'exécutai le signal. Tous, oui, tous
pouvaient en faire autant. L'*Illustre*, marchant passablement, l'*Ajax*, mal, se sont mis en ligne ; tous, oui, tous
ont pu en faire autant ; ils ne l'ont point fait ou point
voulu. M. de la Landelle dit qu'il a parcouru toute la
ligne : pourquoi quitta-t-il son poste ? L'*Annibal*, en
panne au vent à moi, etc. Je crois qu'une source de
leur mauvaise manœuvre, c'est qu'ils ont cru que les
Anglais, qui couraient à dix et même à douze aires
de vent, étaient au plus près, qu'ils n'ont pas vu que,
quoique avec le grand hunier sur le mât, je gouvernais et
faisais grand chemin, et qu'eux ont mis en panne la barre
sous le vent. C'est la plus lâche des défections. Les Anglais
leur ont bien rendu justice : il faut voir la *Gazette de
Calcutta*, qui dit, dans un article, que j'ai été fort mal

secondé ; dans un autre, que le commodore et sept autres vaisseaux ont eu peu ou point de part à l'action ; dans un troisième, que j'ai été obligé de casser sept capitaines; dans un quatrième, que, quoique trois vaisseaux tirassent sur moi, j'ai toujours fait un feu très vif. C'est assez parler d'une affaire sur laquelle ces Messieurs devraient avoir la pudeur de ne rien dire. Nous pouvions détruire M. Hughes et rester les maîtres de l'Inde. Dieu le leur pardonne !

Je suis inconsolable du parti que l'on a pris pour l'*Alexandre* ; il semble qu'un vaisseau, pour venir dans l'Inde, ne doit pas être examiné rigoureusement comme pour croiser sur le cap Clark ou Ouessant. Les Anglais ont dix-sept vaisseaux plus forts que nos quinze, et sûrement mieux commandés. Si vous partez pour France, tâchez de revenir avec un vaisseau ou une place agréable.

Agréez, je vous prie, l'assurance du respectueux attachement avec lequel j'ai l'honneur d'être, Monsieur, votre très humble et très obéissant serviteur.

Le chevalier de SUFFREN.

(28 Avril 1783).   (*Lettre confidentielle*).

XII.

Lettre de M. le Marquis de Castries à M. le Bailli de Suffren.

Versailles, 6 Avril 1783.

N'ayant eu, Monsieur, aucune nouvelle de M. de Bussy depuis le mois de juillet de l'année dernière, et plusieurs avis remis indirectement, me donnant les plus vives iuquiétudes sur le dépérissement de sa santé, j'ai cru devoir prendre les ordres du Roi, pour le cas ou mon dit sieur de Bussy serait mort, ou viendrait à manquer avant l'exécution du traité définitif, S. M. a senti la nécessité d'y pourvoir et de prévenir les inconvénients qui pourraient résulter du partage de l'autorité, et jugeant ne pouvoir mieux placer sa confiance qu'entre vos mains, au défaut de M. de Bussy, elle vous donne le commandement en chef de ses forces et de ses établissements au-delà du Cap de Bonne-Espérance, avec les mêmes pleins pouvoirs qu'elle avait accordés à mondit sieur de Bussy.

Et elle ordonne que ledit cas prévu arrivant, vous soyez reconnu, par qui il appartiendra, comme commandant en chef, sans autre ordre de sa part que la présente lettre.

J'enverrai, par la frégate du Roi, la *Surveillante*, les ordres de S. M. à ce sujet, à l'Ile-de-France et au Cap de Bonne-Espérance.

(*Archives de la Marine*).

XIII.

Brevet du 1ᵉʳ Mars 1780.

Le 1ᵉʳ Mars 1780, le Roi a accordé à M. le Commandeur de Suffren, capitaine de vaisseau, une pension de *quinze cents livres,* pour lui marquer sa satisfaction du zèle et de l'activité qu'il a apportés à remplir diverses missions particulières, commandant le vaisseau le *Fantasque*, de l'escadre de M. le comte d'Estaing, ainsi que de la bravoure et de l'habileté dont il a donné des preuves dans les combats qu'il a eu à soutenir, et particulièrement dans celui de la Grenade, où il était chef de file de cette escadre.

Cette grâce aura lieu à compter dudit jour 1ᵉʳ mars.

BLOUIN.

(*Archives de la Marine*).

XIV.

4 Avril 1784.

Le Roi a jugé à propos de créer une quatrième charge de vice-amiral, en faveur de M. le Bailli de Suffren, Saint-Tropès, ladite charge devant rester supprimée après lui.

Pour extrait de la décision de Sa Majesté.

BLOUIN.

(Archives de la Marine).

XV.

Nous trouvons encore aux archives de la Marine, dossier de M. de Suffren, une série de lettres.

Sous les numéros 1 et 2, nous trouvons le mémoire de M. de Suffren pour l'obtention du grade de Maréchal.

La lettre n° 4 est datée du 8 mars 1782, Suffren demande des officiers de santé et de l'argent pour son escadre qui en est dépourvue.

Le n° 4 a trait à des demandes de rechanges pour être en état de doubler le Cap de Bonne-Espérance.

Le n° 82 est un ordre donné à bord du *Héros*, le 21 février 1782, à M. de Salvert, commandant la *Fine*.

La lettre 53 contient les plaintes de M. de Maurville, à M. de Salvert, relatives à la façon dont l'accueillit le commandeur après sa défection.

Le n° 14, est un ordre à la frégate la *Fine*, Suffren l'envoie à Goudeloure débarquer les malades et de là établir sa croisière devant Madras et Tranquebar, 12 juin 1782.

XVI.

VILLE DE PARIS.

—

Extrait des registres des actes de décès de la paroisse Ste-Madeleine, Ville l'Évêque, pour l'année 1788.

L'an mil sept cent quatre ving-huit, le dix décembre, a été présenté en cette église et transporté en celle de Ste-Marie du Temple, à Paris, le corps de très illustre religieux, seigneur frère Pierre-André de Suffren, Saint-Tropés, Bailli, grande croix de l'ordre de Saint-Jean de Jérusalem, vice-amiral de France, chevalier des ordres du Roi, ambassadeur extraordinaire de la religion auprès de Sa Majesté très-chrétienne, ancien capitaine et général des galères de son ordre ; Commandeur des commanderies de Jalès, Trinquetaille et Puimoisson, au grand prieuré de St-Gilles et de Troyes, au grand prieuré de France, décédé d'avant hier, en son hôtel, Chaussée d'Antin, âgé de cinquante-neuf ans et quatre mois ; en présence de très-illustre religieux seigneur Marie-Gabriel-Louis Texier d'Hautefeuille, commandeur des commanderies de Plype et de Laon, ancien mestre de camp de dragons et prieur du prieuré conventuel de Saint-Jean Goulf de Varenne, ordre Saint-Benoît, et diocèse de Langres, procureur du vénérable commun trésor de son ordre ; et de très-illustre religieux, Charles-Gabriel-Dominique de Cardenat d'Havrincourt, bailly, grand-croix de l'ordre de Saint-Jean de Jérusalem, commandeur de la commanderie de Beauvoir-lez-Abville, maréchal des camps et armées du Roi ; et de haut et puissant seigneur Pierre-Marie de Suffren, comte de Saint-Tropès, gouverneur, pour le Roi, de la ville et citadelle de Saint-Tropès, et colonel du régiment de Bassigni ; et de messire Charles-Eugène de Bernier de Pierre-Vert, vicaire général du diocèse d'Aix, abbé commandataire de l'abbaye de Mazan, tous deux ses neveux témoins soussignés.

Signé, le chevalier d'Hautefeuille, le bailly d'Avrincourt, le comte de Suffren Saint-Tropès, l'abbé de Pierre-Vert, de Bruny de la Tour d'Aigues.

OUVRAGES CONSULTÉS PAR L'AUTEUR.

Essai historique sur la vie et les campagnes du bailli de Suffren,
par Hennequin.

Histoire de la Marine Française, par A. Renée.

Histoire philosophique des deux Indes, 1780. Raynal.

Intérêts de la France dans l'Inde, par Labarthe.

Histoire du bailli de Suffren, par Ch. Cunat.

L'Inde en rapport avec l'Europe, en deux parties, 1798. Anquetil-
Duperron.

Recherches historiques et géographiques sur l'Inde, M.DCC.LXXXVI.
Anquetil-Duperron.

Essai sur le commerce de Marseille, par M. Julliany.

*Le Politique indien ou considérations sur les colonies des Indes-
Orientales*, 1768.

*Relation de l'établissement des compagnies françaises des Indes-
Orientales.* •

Mémoire sur la situation actuelle de la Compagnie des Indes,
1769.

Mémoire historique et politique sur les Indes-Orientales, par
Molines, an III de la république.

Histoire de la Marine, par M. Léon Guérin.

Histoire de Hyder-Ali-Khan-Nabab-Bahader etc., par Maistre
de Latour, ancien officier au service d'Hyder.

Histoire des évènements militaires arrivés dans l'Hindoustan,
depuis l'année 1745 jusqu'en 1755, en anglais, 1784.

Évènements dans l'Inde jusqu'en 1770, en anglais. 1765.

Affaires de l'Inde, depuis le commencement de la guerre avec la
France en 1736 jusqu'à la conclusion de la paix 1783, traduit
de l'anglais par Soutes, 1788.

Histoire des progrès et de la chute de l'empire de Mysore, sous
les règnes d'Hyder-Aly et de Tippoo-Saëb, par Michaud,
1801.

Description historique et géographique de l'Inde, par le P.
Teiffenthaler, traduit du latin par Bernouilli.

Recherches historiques et chronologiques sur l'Inde, description
du cours du Gange et du Gayra avec cartes, par Anquetil-
Duperron.

Carte générale du Bengale et du cours du Brahmapoutre, par
J. Rennel, 1786.

India-Orientalis christiana, auctore Paulino Bartholomæo,
carmelita discalcato, 1734.

Voyages dans l'Indostan, par M. Perrin, ancien missionnaire,
1808.

Lettres édifiantes des missionnaires dans l'Inde, pendant le
xviii° siècle.

Histoire générale de l'Inde ancienne et moderne, depuis l'an
2000 avant J.-C. jusqu'à nos jours, par M. de Marles, 1828.

Lettres sur Adam de Craponne et le bailli de Suffren, par
M. Roux-Alphéran.

Archives du ministère de la marine, de la ville de Salon, de la
commune de Saint-Cannat, etc.

Batailles de terre et de mer, par M. le comte Bouët-Willaumez,
vice-amiral.

Lettres inédites de M. de Suffren, par M. Ortolan, capitaine de
frégate.

TABLE DES MATIÈRES.

LIVRE PREMIER.

—

Les Colonies Françaises dans les Indes Orientales avant l'arrivée du bailli de Suffren. — 1665—1781.

LIVRE DEUXIÈME.

—

Départ de Brest.—Combat de La Praya.—Le Cap protégé.
1780, 20 Décembre. — 28 Août 1781.

LIVRE TROISIÈME.

—

Arrivée de M. de Suffren dans l'Inde.—Combat de Madras et du Provédien.—1781, 25 Octobre. — 17 Novembre, 1782.

LIVRE QUATRIÈME.

—

Combat de Negapatnam. — Prise de Trinquemaly.
Du 20 avril au 2 septembre 1782.

LIVRE CINQUIÈME.

—

Combat de Trinquemalay. — Hivernage à Achem.
1782, 3 septembre. — 12 mai 1783.

Arrivée de l'amiral Hughes devant Trinquemalay. — Quatrième
combat. — Défection de plusieurs capitaines. — *L'Orient* se
perd près de Trinquemalay. — Quatre capitaines demandent
à rentrer à l'Ile-de-France. — Mort de Duchemin. Le comte

LIVRE SIXIÈME.

—

LIVRE SEPTIÈME.

—

LIVRE HUITIÈME.

—

Résultats des victoires de M. de Suffren. — Situation de l'Inde après le traité de Versailles.

BIN TRAVELER FORM

Cut By: _Jose Franco_ **Qty** _51_ **Date** _07-31-26_

Scanned By: ___________ **Qty** _______ **Date** ___________

Scanned Batch ID's

_______________ _______________ _______________

Notes / Exceptions

____